大学教育経営の構造改革

硬構造から柔構造へ

青木 薫

大学教育出版

まえがき

大学を経営という立場から考えると今日ほど暗い時代はない。そしてますます暗くなっていくことが確実である。少子化によって一八歳人口は減り続け、まもなく受験者数が全国の大学の入学定員と同じ七〇万人になる。その結果、全国的規模で定員割れの大学が続出し、さらに地方の大学の定員割れに拍車がかかる。中国地方の定員割れは平成一七年度で全国一の六一％である。

山口県の萩国際大学は開学（一九九九年）当初より大幅な定員割れが続き、遂に平成一七年六月に民事再生法の適用を受けることを決定した。今後は社会福祉系の大学として再出発する予定である。民事再生法適用の際に、大学側の責任者がテレビで「いったん受験生が減少してくると回復は非常に難しい」、「どんなに有名な人を講師につれてきてもだめだ」というような意味のことを言われたが、まさに現在の大学の状況を端的に指摘しておられ印象的であった。

このような状況に対して日本の大学は手を拱《こま》ぬいていたわけではない。各地でさまざまな改革が試みられてきた。財団法人大学コンソーシアム京都を嚆矢として、長崎県の国・公・私立全大学の単位互換といった地域全体で協力し合う大学改革が実施されている。岡山県でも平成一八年四月よりコンソーシアムが開始されると聞いているが、単に単位互換をすればよいというものではない。

大事なことは徹底的にメリット、デメリットを検討し、個々の大学が経費を削減し、受験生にとって魅力的になるということだ。そのためには各大学が思い思いに互換科目を提供するというのではなく、自分の大学はどのような科目を補充すれば、これまでのイメージを一新し、新たな魅力を生み出すことができるかという構想力が最重要視されるであろう。背伸びした構想を描くことが大切である。地域に存在する各大学の資源（物的・人的）を徹底的に棚卸して、各大学が新たな魅力を発揮できるよう調整していくことが大切である。さらには、地域の大学全体として魅力を発揮し、地域が学園都市として発展することも模索すべきである。

もう一つの改革は評価である。さまざまな角度から教員の評価が行われ、それを基にして研究費の傾斜配分をしたり、給与に反映したりしている。評価が大切なことは誰しも認めることであるが、客観的な評価方法が第一に求められる。そして単に研究費への傾斜配分や給与への反映にとどまらず、大学の持続的発展につながるものでなければならない。大学の持続的発展はどうしたら可能かという前提をしっかりさせる必要がある。

いくつかの大学や地域で改革が試みられてきているが、いまだ多くの大学や地域では抜本的な改革に踏み出せないいまである。このままでは、大学を取りまく外的条件（少子化、財政難）は悪くなる一方であり、大学は「座して死を待つ」だけである。本書は、そのほとんどを公立大学在職中に執筆したものであるが、現在私立大学に籍を置く身となり、大学改革は明日の問題ではなく、今日、いまただちに取り組まなければならない喫緊の問題であることを痛感している。

定員割れを生じた大学ではなんとか受験生を増やさなければならないという立場から、あの手この手の対策がとられている。残念ながら小手先の対処になる傾向が見られる。たとえば、前記の萩国際大学でも中国人留学生を多数入学させることで定員充足をしようとしたがうまくいかなかった。また、著名なプロゴルファーを迎えて国際学科の中に「ゴルフ文化コース」というコースを設けたが、多くの受験生を引きつけることはできなかった。小手先ではなく、基本的な改革の考えを持つ必要がある。本書で「硬構造から柔構造へ」に焦点を当てたゆえんである。

本書の特色は、①教育経営学から大学教育経営を本格的に研究した最初の書籍であり、大学教育経営の構造改革の枠組も筆者のオリジナルなものである。②日本だけでなく、欧米の大学や政府機関を訪問し、インタビュー調査を実施し、蒐集した資料の丹念な分析による研究である。③広島市立大学で教務委員長（四年）、評議員（四年）、学部長（二年）の管理職の立場からの大学教育経営の構造改革—硬構造から柔構造へ—の具体的な提案である。

本研究は広島市の特定研究費を度々いただいて完成することができた。市当局に厚く御礼申し上げます。広島市立大学藤本黎時学長、同坂井秀吉副学長、同山本雅国際学部長、同青木信之教授、同御園生伸二庶務課長、同河村千鶴子主査に御礼申し上げます。原稿をワープロで打ってくれた国際学部四年木戸口英史君、調査にご協力いただいた高知工科大学坂本明雄工学部長、同栗山典久総務部長、下関市立大学西田雅弘附属図書館長、同堀内隆治教授、同正村豊事務局長、倉重隆事務局次長、瀧保明教務主任、北九州市立大学晴山英雄経済学部長、財団法人大学コンソーシアム京都副事務長折田章宏氏に厚く御礼申し上げます。

最後になりましたが、現在研究と教育の場を与えて下さっている岡山商科大学井尻昭夫学長、本書の出版を快諾いただいた大学教育出版佐藤守代表取締役に厚く御礼申し上げます。

平成一八年三月吉日

大学教育経営の構造改革

―硬構造から柔構造へ―

目次

まえがき　i
第一章　大学教育経営の概念、「外圧」、「内圧」　3
第一節　大学教育経営の概念・コンセプト　3
第二節　「外圧」　9
一　少子化　9
二　財政難　11
三　COE（Center of Excellence）　17
四　スタンフォード大学の改革　23
第三節　「内圧」　38
一　魅力、ユニバシティ・アイデンティティ、ミッション　38
二　ノートルダム大学のミッション　40
第二章　カリキュラムの国際化と単位互換制度　48
第一節　日・米・英の大学・大学院国際学部・国際関係研究科のカリキュラム　48
一　広島市立大学国際学部の教育　50
二　コベントリー大学国際関係学部の教育　53
三　コロンビア大学大学院国際学研究科の教育　60
第二節　大学教育カリキュラムの国際化　71
一　わが国の政府関係機関におけるこれまでの大学の国際化に対する提言　72

二 ヨーロッパ連合（ＥＵ）における大学教育カリキュラムの国際化 73
三 ヨーロッパ連合（ＥＵ）におけるカリキュラムの国際化の事例 75
第三節 ハノーバー専科大学の単位互換の事例 80
一 ＥＣＴＳ 81
二 ＥＣＴＳ情報パッケージの中に記されたハノーバー専科大学経営管理学部のカリキュラム、科目、授業時間数、および単位数 84
三 ハノーバー専科大学と提携しているヨーロッパの大学 89
第四節 ヨーロッパの大学における単位互換制度—ERASMS・SOCRATES/PROGRAMME, NARIC— 95
一 エラスムス計画 96
二 ソクラテス計画 98
三 ナリック 103

第三章 日本の大学の教育経営改革 109
第一節 財団法人大学コンソーシアム京都 109
一 財団法人大学コンソーシアム京都の目的 109
二 コーディネート科目 116
三 シティーカレッジ 116
四 高大連携 117
五 インターンシップ 119
六 学術コンソーシアム 123

第二節　長崎県における国・公・私立大学の単位互換制度　125
一　単位互換事業　125
二　提供科目　126
三　履修の手続き　131
第三節　北九州市立大学の改革、独立行政法人化、教員評価制度　134
一　北九州市立大学の改革　134
二　独立行政法人化　137
三　教員評価制度　142
第四節　高知工科大学の人事制度と教員評価システム　150
一　大学の沿革、基本理念　150
二　高知工科大学の教員評価システム　155
三　自己研鑽プログラム　162
第五節　広島地域の大学教育経営改革の提案　166
一　広島地域の大学　166
二　広島地域の大学教育経営改革（私案）　168

第四章　大学教育経営の構造改革—硬構造から柔構造へ　175

第一節　大学教育経営の構造改革をはばんでいるもの　175
一　法規中心主義　175
二　経営観念の欠如　178

三　人事問題　179
四　教授会　184
五　財政の問題　185
第二節　どうやって柔構造に移行するか　188
一　行政から経営へ　188
二　人事制度の改革　190
三　留学制度の拡張　193
四　インターンシップの充実　196
五　魅力―差異化　197
六　大学経営者の育成　202
七　組織風土の改革　208
あとがき　212

大学教育経営の構造改革

―硬構造から柔構造へ―

第一章　大学教育経営の概念、「外圧」、「内圧」

第一節　大学教育経営の概念・コンセプト

本研究の目的は、筆者がこれまで行ってきた大学教育経営改革に関する研究を踏まえて、構造改革―硬構造から柔構造への転換の提案をすることである。本研究の基本的立場は、筆者が広島大学大学院入学以来持ち続けてきた教育経営に関する考えに立脚し、広島市立大学国際学部に赴任して一一年間、教務委員長（四年）、評議員（四年）、国際学部長（二年）を務めながらの教育経営経験を基にしている。したがって研究の主たる対象は国際学部を中心とした広島地域の大学の改革であり、実際の改革案の提案である。第一章では、大学教育経営の概念、「外圧」、「内圧」について考察する。

慶応義塾大学商学部で経済学や経営学を学んだ後、広島大学大学院教育学研究科教育行政学専攻教育経営学講座に入学した。その講座の教授であった石堂豊先生は日本で最初にできた教育経営学講座に大変誇りを持っておられた。入学してまもなく、教育経営とは何かについてお伺いしたところ、明確な答えが得られなかったので再度お伺いしたところ、「青木君、あまり細かいことにこだわるようでは偉くなれないよ。」と言われた。私はこれまで細かいことにこだわり続け、恩師の言われるように偉くなれなかった。

生まれつき細かいことにこだわる性格だったので、別の機会にまた教育経営とは何かについてお伺いした。いろいろなやりとりをした後、恩師は「青木君、日本の学校は『親方日の丸』だから君が考える民間企業の経営のようにはなかなかなれないのだ。」とおっしゃった。以来、この「親方日の丸」という言葉にこだわり続け、日本の学校や官公庁の経営について考えるようになった。まさに恩師の言われたとおりで、日本には私の考えるような教育経営の実態が存在しないことに気がついた。

それからアメリカでは自分の考える民間の企業経営と同じ考えに立脚する教育経営が存在するのではないかと思い、アメリカの教育経営について研究するようになった。千葉大学教育学部に就職し、一九七四年文部省長期在外研究員として一年間シカゴ大学で念願のアメリカの教育経営について研究することになった。出発前に当時千葉大学助教授であった宇佐美寛先生から、ハリス（William Torrey Harris）は研究に値する人物であることを教えてもらっていたので、そのことも考えながら研究に取り組んだ。

シカゴ大学での一年はアッという間に過ぎた。これといって具体的成果は何一つ上げることができなかった。あまりにも勉強しなければならないことが多く、的を絞って深く研究することはできなかった。唯一の成果は、アメリカの教育経営の歴史的研究をするということが決まっただけである。帰国に際してお世話になった教育経営学のトーマス教授（James Allan Thomas）と教育史のマッコール準教授（Robert Lawrence McCawl, Jr.）にアメリカ教育経営の歴史的研究をするにはどの大学のどの先生のところで勉強すればよいかと尋ねたところ一致して推薦されたのがスタンフォード大学のタイヤック（David. B. Tyack）教授であった。

三年後の一九七八年、フルブライト上級研究員としてスタンフォード大学に留学し、タイヤック教授の指導の下で宇佐美寛助教授からアドバイスを受けたハリスの研究に着手した。日本の学校経営が「親方日の丸」であるのに対して、アメリカの教育経営においては民間の企業経営のキー概念の一つである効率（efficiency）という用語がタイヤック教授の名著 The One Best System, A History of American Urban Education, 1974.をはじめアメリカ教育史研究の第一人者である元コロンビア大学ティーチャーズ・カレッジ学長クレミン（Lawrence A. Cremin）のThe Transformation of the School, Progressivism in American Education, 1876-1957, 1961, 同じく一九世紀のアメリカ教育史を扱ったラビッチ（Diane Ravitch）のThe Great School Wars, New York City 1805-1973, 1974、マサチューセッツ州の教育史を扱ったラゼルソン（Marvin Lazerson）のOrigin of the Urban School, Public Education in Massachusetts, 1870-1916, 1971、さらにはハリスの活躍したセントルイスの公教育の形成を扱ったトロエン（Selwyn Troen）のThe Public and the School, Shaping in the St. Louis System 1838-1920, 1975.にも数多く出てくる。

トロエンによれば、「学校を工場に変え、教育者を経営・管理者に変えることは二〇世紀の経営科学の発達を待たなかったし、実際待つことはできなかった。効率は、急激に拡大し、かつ、次第に複雑さを増した時の必要の故に生じたものであった。また、クレミンは「ニューヨーク、ボストン、フィラデルフィア、シカゴと同様に、セントルイスでもハリスが『数の圧力』（就学者の急増）に取り組んでいた。彼は『学年制学校』（graded school）を精緻化することで対応していた。学年制学校を完全に機能させるためには精巧な計画が必要であったが、彼のたぐいまれなる計画のセンスは、常に節約と効率の向上を求めてやまなかった。」(2)と述べている。

勉強すればするほどアメリカの教育経営が日本とは対照的であることを確信した。そこで、ハリスの教育経営の思想と実践を考察することによって何故《なにゆえ》にアメリカの教育経営が効率を重視するようになったかを究明することにした。シカゴ大学、スタンフォード大学での資料蒐集では不安があったので、ハーバード大学ガットッマンライブラリー（Monroe C. Gutman Library）を訪問し、そこでWorks of William Torrey Harris 六巻本を発見し、これによってハリスの資料蒐集を終え、約一〇年間かけてハリスの研究を完成することができた。

ハリスの研究（ウイリアム　T・　ハリスの教育経営に関する研究、風間書房、一九九〇）で明らかになったことは、ハリスの活躍したセントルイス市では、一八五五年頃から学校に入学する児童が増加し、座席数不足、教師不足、ひいては財政逼迫に陥った。当時、セントルイス市ではミルタックス（Mill Tax, 動産・不動産のドル価値に対する千分の一税）という教育税を課しており、その税率は年々増加していた。民主主義の国アメリカの納税者は、その税金に見合った教育の成果を要求するようになり、教育長の仕事はいかにして限られた資源をより効率的に使用するかということになった。ここにアメリカの教育経営が効率的にならなければならない理由を見いだすことができた。因みに、教育長はSuperintendent of schools と言い、ビジネスの世界で出てきた用語である。

この論文の完成に近づいた頃からひとつのことに気がついた。それは財政逼迫という「外圧」によって教育経営において効率が問題になったが、それは「できるだけ多くの者にできるだけ多くの教育を」という、いうなれば量的拡大の時代に出てきたキー概念ということである。しかし、今日のような豊かな時代にあっては量的拡大は終焉し、質的充実が求められる。質的充実という立場からは、教育経営者がどれだけ「魅力」的な教育を描き、それを実践したいと思うかが最も重要になってくる。いうなれば「内圧」が必要だということに気がついた。この二つのキー概念、すなわち「魅力」と「効率」が一緒になってはじめて教育経営という概念が出てくるというのが筆者の到達した立場である。

大学の経営においても、経営者がより魅力ある教育を構想し、それをどうしても実現したいと思うならば、お金をどれだけかけてもよいという気持ちになるだろう。しかし、現実にはお金は限られているので、その限られたお金をどのように効率的に用いるかということが問題になってくる。魅力ある教育を構想できない経営者は単なる経費削減をするだけである。大学が魅力的になり、多くの受験者が集まり、授業料は高額でもぜひ入学したいという学生が入学し、効率的な経営をすることが質的充実の時代の教育経営ということになる。これまでの量的拡大の発想のままでは、受験生は減少し、魅力的な教育を構想することもできず、したがって単なる経費削減ということになり、大学は縮小再生産を余儀なくされ、遂には廃校に追いやられる。

いずれにしても、教育経営は教育と経営の二つの概念の複合概念であり、教育＝魅力、経営＝効率、と考えた場合、教育が主であって経営は従の立場にある。理想的な教育を構想し、それをどうしても実現したいと思う時に後者が問題となってくるのである。それではなぜそれを大学教育経営ということから考えるかというと、現在までのところ初等・

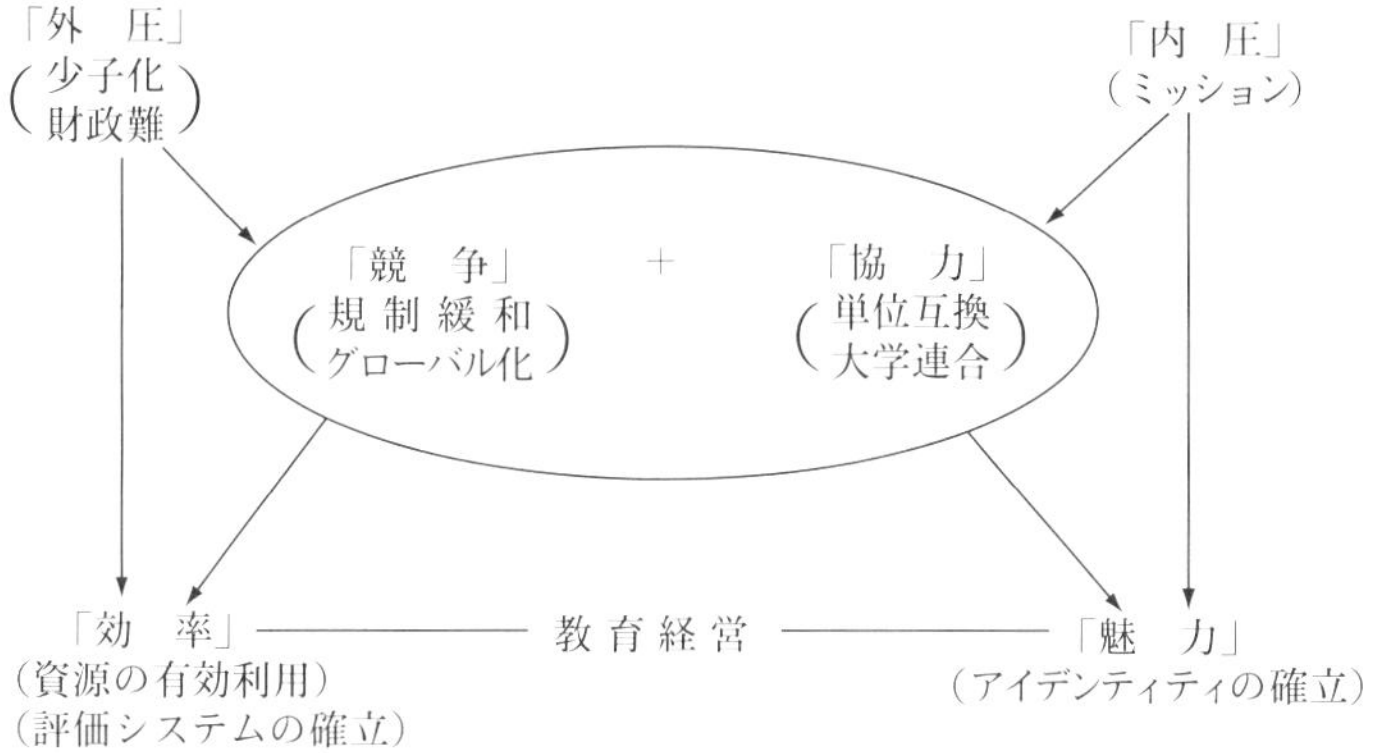

図Ⅰ-(1)-1　大学教育経の構造改革－キーコンセプト

中等教育は、教育経営が作動してくるために必要な「自由」と「競争」という状況にないからである。その点、大学はこれから論じていくように、「自由」と「競争」の中でどのようにして生き残っていくかが重要な問題となっており、四〇年以上前に筆者の抱いた教育経営が日本でもようやく求められてきたからである。

以上に述べてきたように、教育経営を教育＝魅力、経営＝効率ととらえ、教育と経営の複合概念とする。この概念に立って大学教育経営を考えるならば、より高い理想を掲げ、それを実現していくために資源をどうやって効率的に用いるかということになる。現在ならびに将来の大学にはすべてこのことが求められており、「大学教育経営の構造改革—硬構造から柔構造への転換」もこの教育経営の概念に立脚して考察していかなければならない。

これまでに、大学教育経営の概念の中でキーコンセプトとして、「外圧」、「内圧」、「効率」、「魅力」について言及してきたが、さらにもう二つのコンセプトとして「競争」と「協力」を加えたい。国や地方公共団体、さらには「家計」にとっても財政難の状況にあり、各大学は限られた資源でその大学の理念をよりよく具現化することが次第に難しくなってきている。そのために第三章第一節で取り上げる「財団法人大学コンソーシアム京都」に見られるように、地域の大学が連携して協力し合い、単位互換等を通じて地域の大学全体として限りある資源をより有効に用い、各大学はそれぞれのアイデンティティを確立し、魅力ある大学となることが期待される。各大学は、それなしには生き残れない時代になりつつある。以上にとりあげた六つの大学教育経営のキーコンセプトの構造は図Ⅰ－(1)－1のように考えられる。

註

(1) Troen, S.K., 1975, The Public and Schools : Shaping the St. Louis System 1838–1920, University of Missouri Press. p.151.

(2) Cremin, L.A., 1961, The Transformation of the School, Progressivism in American Education, 1876-1957, Vintage Book, Random House, p.19.

第二節　「外圧」

一　少子化

大学、とりわけ国・公立大学がこれまで改革されてこなかった最大の理由は「外圧」が存在しなかったからである。江戸幕府が三六八年間の長きにわたってその体制（硬構造）を保持してきたのもその間に強力な「外圧」が存在しなかったからである。しかし、黒船がやってきて開国を迫られ（外圧）、遂に開国した。日本の高等教育は、明治以来、ごく最近まで就学人口が増加し続け、それに応じて大学は拡大し続け、改革を迫られることはなかった。それが最近になって数々の「外圧」が出てきて、大学改革は待ったなしの状況になってきた。

「外圧」の第一は、「少子化」である。表I—(2)—1に見るように、少子化が進行し、大学受験者が激減し、独立行政法人化に移行して、大学改革は一刻の猶予も無い状況になっている。表I—(2)—1に見られるように、二〇〇七年には、大学受験者数は七〇万人と予測され、これは日本の大学入学者定員数とほぼ同じになるということである。

大学・短大への進学率は上昇しているにもかかわらず、一八歳人口は一九九〇年代のはじめから減少し続けており、先に示した表I—(2)—1のように、二〇〇九年（最近の報道によると二〇〇七年に繰り上がる）には大学・短大進学希望者と大学・短大一年次収容数がほぼ同じの七〇万人になることが推定されている。これが現在最も懸念されている定員割れを招来する最大の要因と考えられる。

二〇〇七年には全国的に定員割れになることが予想されるわけであるが、現実には表I—(2)—2に見るように地方ではすでに定員割がかなり進んでいる。

山口県内では私立大学・短期大学一二校中九校で定員割れになっている。表I—(2)—2からもわかるように、山口県の私大・短大の総入学定員数は三二三〇〇名で、それに対する入学者数は平成一六年度二三〇〇名であり、充足率は全体

表Ⅰ-(2)-1　平成12年度以降の高等教育の将来構想について（答申）—平9.1.29

全体規模の試算①（大学・短期大学）
（臨時的定員をすべて解消した場合）

（千人、%）

	8年度実績	11年度	16年度	21年度
18歳人口	1732	1545	1411	1201
志願者数 （現役志願率）	1096 (54.4)	934 (54.9)	905 (58.9)	769 (62.9)
入学定員	693	706	619	641
入学者数	800	748	681	701
志願者に対する収容力	73.0	80.1	75.3	91.1
進学率 （高卒進学率）	46.2	48.4 (45.5)	48.3 (45.1)	58.3 (54.6)

（出所：大学審議会14年間の活動の軌跡大学審議会28答申・報告集と大学改革、高等教育研究会編集ぎょうせい、平成14年）

表Ⅰ-(2)-2　山口県内の私立大の2004年度入学定員充足率（県調べ）

	入学定員	入学者数	充足率(%)
徳山大	400	304	76.0
山口東京理科大	200	210	105.0
東亜大	650	345	53.1
梅光学院大	200	171	85.5
萩国際大	300	22	7.3
宇部フロンティア大	200	96	48.0
大学（6校）計	1950	1148	58.9
宇部フロンティア大短大部	350	338	96.6
下関短大	150	120	80.0
梅光学院大女子短大部	150	64	42.7
山口短大	150	174	116.0
山口芸術短大	280	235	83.9
岩国短大	200	221	110.5
短大（6校）計	1280	1152	90.0
合計（12校）	3230	2300	71.2

（出所：中国新聞、2004年8月18日）

で七一．二%にとどまっている。これまで述べてきた少子化の加速によって受験者の獲得が困難になってきていることを如実に物語っている。

特に目立って充足率の低いのが萩国際大学である。定員三〇〇名に対して入学者は一割にも達しない二二名である。この大学はかなり前から定員割れになっており、そのために中国人留学生を多数入学させる政策をとっていたが、所在不明等で除籍処分となり、大幅な定員割れに拍車がかかった。萩は伝統のある美しい街で、幕末の志士吉田松陰を輩出したところであり、教育には絶好の場所と考えられるが、人口も少なく、何といっても交通が不便であり、若者を引き寄せることができない（萩国際大学は平成一七年六月経営難から民事再生法適用の申請を決定した。）。

二　財政難

このように、少子化による大学受験者の減少、定員割れという問題は、私立大学のみならず、国・公立大学にとってもその存在にかかわる重大問題であり、これまで大学改革に消極的であったすべての教職員にとって改革の必要性を最も直接的に認識させるものといえる。民間企業で倒産が相次ぎ、多くの失業者が出てきているが、大学もその例外ではなくなった。この少子化による「外圧」をより切実な問題とせざるを得ない状況が自治体の財政難である。今や国をはじめとして、ほとんどの都道府県、市町村が財政難にあえいでいる。

たとえば広島市では、図Ⅰ―(2)―1に見るように、平成一八年度（二〇〇六年度）まで、これまでどおりの大規模プロジェクトを予定どおりに実施した場合、平成一七年度（二〇〇五年度）にも、「財政再建団体」へと転落してしまう。そこで、広島市では現在大規模プロジェクトの見直しを行っているところである。

財政再建団体への転落は「自分たちのまちは、自分たちでつくり、自分たちで守る」という地方自治体本来の姿を、広島市自らが否定し、放棄するに等しいといえる。したがって、今後、あらゆる手段を講じ、財政再建団体への転落を回避しなければならないというのが、広島市財政局財政課の「広島市の中期財政収支見直し」である。しかし、平成一

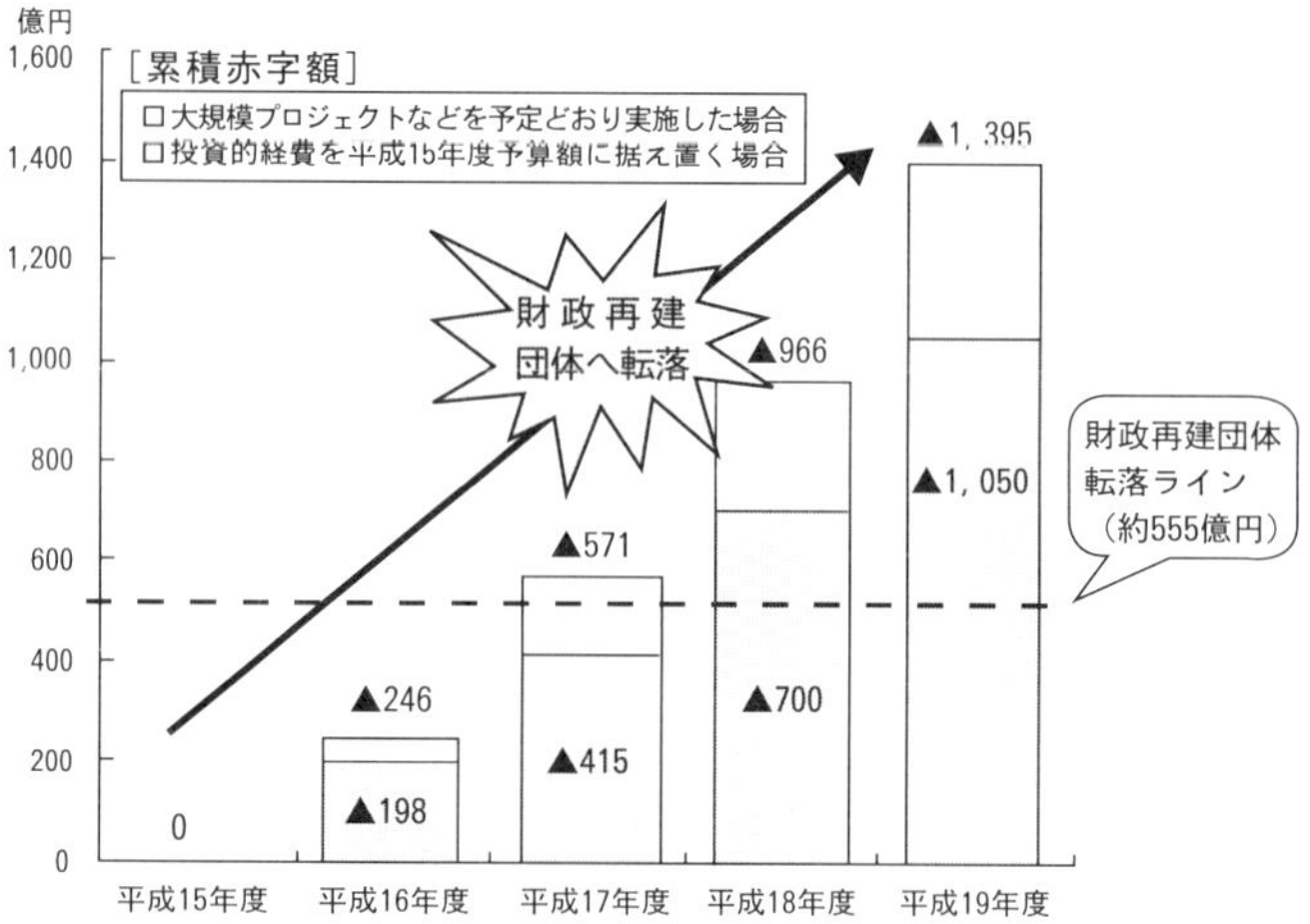

図Ⅰ-(2)-1　広島市の財政状況
（出所：広島市の中期財政収支見通し、財政局財政課、平成15年（2003年）7月、25頁）

七年度には累積赤字額が五五〇億円を超え、財政再建団体に陥るという見通しである。日本全国のほとんどの市町村が同じような状況にあると考えられるが、このような見通しは統計的にはもっと以前から判明していたことが考えられる。ぎりぎりにならないとこのようなことを発表しないという姿勢と、経営的戦略が無いという体質こそ問われなければならない。

　このような財政難は広島市立大学の運営にどのような影響をもたらしているだろうか。ここ二、三年の間に行われたのはまず第一に事務職員の削減である。最初五九名いた事務職員が現在四六名となり、各学部に配属されていた事務長職が無くなった。非常勤の職員が仕事をマスターしているので、教員の側にそれほど不満は聞かれないが、教員と事務局の間で学部運営を行う学部長にとっては大きな痛手である。従来、事務長が教員と事務局の間で両者の立場を尊重して物事を行ってきたが、そのほとんどすべての仕事を学部長は引き受けなければならなくなった。仕事が多くなっただけでなく、本来研究者として、研究と教育を行ってきた者にはどうしても事務の側の立場が理解できない場合があり、反対に事務局には教員の立場が理解できないということがしばしば生じ、大学全体の人間関係を難しくしている。

　現在のところ事務職員の削減だけにとどまっているが、財政再建が順調にいかない場合には、教員定数の見直しが行われるのは必至である。そのために大学としての今後柔軟な人事政策が行えるような体制（硬構造から柔構造）への転換を図るべきである。

財政難が惹起する第二の問題は研究費の削減である。実際、平成一六年度は三〇％の削減になった。もともと広島市立大学の研究費は他の公立大学より潤沢であったので、教員の間に現在のところ不満は聞かれない。この研究費以外に特定研究費というのがあり、これまで研究計画を提出して、審査を受ければ比較的に高い確率でこの研究費を得ることができた。

しかし、今回の財務局財政課の発表を契機にして、この特定研究費（広島市立大学独自の研究費）のあり方にも見直しがなされた。大学としては、予算難の時代にかんがみて、外部資金の獲得ということを前提にすることになった。そこで提案されたのが、特定研究費を申請するには科学研究費を申請している者に限定するということであった。この提案に対しては、科学研究費の申請になじまない分野もあるということで反対する者もいたが、結局、科学研究費を申請していることという提案は承認された。市の財政難は一つの「外圧」として、これまでには承認されないような事柄も承認せざるを得ないようになったということである。

公立大学の財政

公立大学の財政収入を平成一五年度予算の大学財源調で見てみると表Ｉ―(2)―3のとおりである。そのうちでいわゆる大学収入（入学検定料、授業料、その他）は全国平均で二七・七％であり、一般財源都道府県市負担率は六八・三％である。いかに多くの財源を都道府県市に依存しているかがわかる。当然のことながら理科系の大学、とりわけ医学部や歯学部を有する大学の学生が納付する金額の割合が少なく、一般財源の全体に占める割合が高くなっている。

中国地方で特に目を引くのが下関市立大学である。市立大学とはいっても一般財源からの収入は百万円足らずである。九九・九％を学生の納付金に依存している。図Ｉ―(2)―2は経常費にのみに限定した自主財源率である。同じ県内の山口県立大学が三〇％から三五％で推移しているのに対して下関市立大学は経常費のほとんどを自主財源

表Ⅰ-(2)-3　大学財源調（平成15年度予算）

No.	大学名		一般財源都道府県市負担額 I	一般財源総額 a	I/a% aは一般財源総額	大学収入J					国・都道府県市支出金K			
						入学検定料	入学料	授業料	その他	小計	国庫支出金	科学研究費（間接費）	都道府県市支出金	小計
49	兵庫看大	経常費	854,618	1,012,673,000	0.08%	12,623	49,292	234,797	17,654	314,366				
		臨時費	56,654		0.01%									
		計	911,272		0.09%	12,623	49,292	234,797	17,654	314,366				
50	神戸市外大	経常費	1,090,371	428,810,465	0.25%	41,289	178,714	839,166	5,992	1,065,161	2,000			2,000
		臨時費	300		0.00%									
		計	1,090,671		0.25%	41,289	178,714	839,166	5,992	1,065,161	2,000			2,000
51	神戸市看大	経常費	725,180	428,810,465	0.17%	11,257	54,223	224,522	18,090	308,092	2,000			2,000
		臨時費	1,805		0.00%									
		計	726,985		0.17%	11,257	54,223	224,522	18,090	308,092	2,000			2,000
52	奈良医大	経常費	4,134,189	352,010,438	1.17%	20,768	97,030	344,038	276,031	737,867	8,100	29,797		37,897
		臨時費	547,188		0.16%				3,831	3,831				
		計	4,681,377		1.33%	20,768	97,030	344,038	279,862	741,698	8,100			37,897
53	奈良県大	経常費	331,545	352,010,438	0.09%	7,500	18,128	136,104	3,564	165,296			23,499	23,499
		臨時費	1,500		0.00%									
		計	333,045		0.09%	7,500	18,128	136,104	3,564	165,296			23,499	23,499
54	和歌山医大	経常費	2,712,245	343,166,092	0.79%	9,430	40,930	277,771	26,350	354,481	28,383			28,383
		臨時費												
		計	2,712,245		0.79%	9,430	40,930	277,771	26,350	354,481	28,383			28,383
55	島根県大	経常費	872,514	346,240,502	0.25%	18,458	53,580	383,100	67,215	522,353		1,800		1,800
		臨時費	15,265		0.00%									
		計	887,779		0.26%	18,458	53,580	383,100	67,215	522,353				1,800
56	岡山県大	経常費	2,058,874	498,067,618	0.41%	45,471	86,574	720,813	2,767	855,625	9,975	330		10,305
		臨時費	27,107		0.01%									
		計	2,085,981		0.42%	45,471	86,574	720,813	2,767	855,625	9,975			10,305
57	広島女大	経常費	1,032,811	639,712,736	0.16%	19,750	79,298	529,654	10,426	639,128				
		臨時費												
		計	1,032,811		0.16%	19,750	79,298	529,654	10,426	639,128				
58	広島県大	経常費	1,194,484	639,712,736	0.19%	40,550	99,473	474,434	60,756	675,213				
		臨時費												
		計	1,194,484		0.19%	40,550	99,473	474,434	60,756	675,213				
59	広島保福大	経常費	1,626,679	639,712,736	0.25%	19,531	59,840	362,998	60,116	502,485				
		臨時費												
		計	1,626,679		0.25%	19,531	59,840	362,998	60,116	502,485				
60	広島市大	経常費	3,610,445	318,980,713	1.13%	32,620	187,107	963,542	112,219	1,295,488	9,725		7,808	17,533
		臨時費												
		計	3,610,445		1.13%	32,620	187,107	963,542	112,219	1,295,488	9,725		7,808	17,533
61	尾道大	経常費	482,444	21,509,035	2.24%	40,878	123,375	487,468	1,714	653,435				
		臨時費	42,071		0.20%									
		計	524,515		2.44%	40,878	123,375	487,468	1,714	653,435				
62	山口県大	経常費	1,240,028	450,262,798	0.28%	27,467	80,229	645,010	22,756	775,462	2,697			2,697
		臨時費	78,660		0.02%									
		計	1,318,688		0.29%	27,467	80,229	645,010	22,756	775,462	2,697			2,697
63	下関市大	経常費	959	55,914,836	0.00%	76,819	132,342	1,000,348	21,208	1,230,717				
		臨時費						60,000		60,000				
		計	959		0.00%	76,819	132,342	1,060,348	21,208	1,290,717				
64	高知女大	経常費	919,872	325,542,187	0.28%	24,722	62,745	530,347	4,072	621,886	2,500	1,680		4,180
		臨時費												
		計	919,872		0.28%	24,722	62,745	530,347	4,072	621,886	2,500			4,180
65	九州歯大	経常費	2,219,428	1,009,893,884	0.22%	15,922	52,862	361,367	17,273	447,424	294			294
		臨時費	4,504		0.00%									
		計	2,223,932		0.22%	15,922	52,862	361,367	17,273	447,424	294			294
66	福岡女大	経常費	790,184	1,009,893,884	0.08%	17,752	72,804	437,545	26,088	554,189	4,000			4,000
		臨時費	10,038		0.00%									
		計	800,222		0.08%	17,752	72,804	437,545	26,088	554,189	4,000			4,000
67	福岡県大	経常費	1,000,143	1,009,893,884	0.10%	36,475	103,230	386,190	23,230	549,125	2,000			2,000
		臨時費									2,354			2,354
		計	1,000,143		0.10%	36,475	103,230	386,190	23,230	549,125	4,354			4,354
68	北九州市大	経常費	1,538,850	251,111,410	0.61%	107,732	549,982	2,845,358	1,263,675	4,766,747	2,133		30,000	32,133
		臨時費	960,110		0.38%									
		計	2,498,960		1.00%	107,732	549,982	2,845,358	1,263,675	4,766,747	2,133		30,000	32,133
69	大分看科大	経常費	689,899	339,125,000	0.20%	10,837	26,672	173,244	8,529	219,282				
		臨時費												
		計	689,899		0.20%	10,837	26,672	173,244	8,529	219,282				
70	長崎県大	経常費	222,943	438,928,033	0.05%	51,600	134,493	1,011,924	780	1,198,797	2,568			2,568
		臨時費	44,418		0.01%									
		計	267,361		0.06%	51,600	134,493	1,011,924	780	1,198,797	2,568			2,568
71	シーボルト大	経常費	1,536,070	438,928,033	0.35%	21,850	65,377	518,820		606,047				
		臨時費	20,921		0.00%									
		計	1,556,991		0.35%	21,850	65,377	518,820		606,047				

	寄付金収入等L					公債収入	合計	I/N%	J/N%	K/N%	L/N%	M/N%	
備考（内訳）	設備負担金	寄付金	その他	小計	備考（内訳）	M	N	一般財源	大学収入	国庫支出金等	寄付金収入等	公債収	No.
							1,168,984 56,654 1,225,638	73.1% 100.0% 74.4%	26.9% 25.6%				49
設備整備費等補助金		1,000 1,000		1,000 1,000			2,158,532 300 2,158,832	50.5% 100.0% 50.5%	49.3% 49.3%	0.1% 0.1%	0.0% 0.0%		50
							1,035,272 1,805 1,037,077	70.0% 100.0% 70.1%	29.8% 29.7%	0.2% 0.2%			51
		438,000 438,000		438,000 438,000		 1,036,000 1,036,000	5,347,953 1,587,019 6,934,972	77.3% 34.5% 67.5%	13.8% 0.2% 10.7%	0.7% 0.5%	8.2% 6.3%	 65.3% 14.9%	52
							520,340 1,500 521,840	63.7% 100.0% 63.8%	31.8% 31.7%	4.5% 4.5%			53
							3,095,109 3,095,109	87.6% 87.6%	11.5% 11.5%	0.9% 0.9%			54
							1,396,667 15,265 1,411,932	62.5% 100.0% 62.9%	37.4% 37.0%	0.1% 0.1%			55
		1,000 1,000	148,687 148,687	149,687 149,687	受託事業収入 基金繰入金 基金積立金		3,074,491 27,107 3,101,598	67.0% 100.0% 67.3%	27.8% 27.6%	0.3% 0.3%	4.9% 4.8%		56
							1,671,939 1,671,939	61.8% 61.8%	38.2% 38.2%				57
							1,869,697 1,869,697	63.9% 63.9%	36.1% 36.1%				58
							2,129,164 2,129,164	76.4% 76.4%	23.6% 23.6%				59
							4,923,466 4,923,466	73.3% 73.3%	26.3% 26.3%	0.4% 0.4%			60
		9,500 9,500	10 10	9,510 9,510		23,000 23,000	1,135,879 74,581 1,210,460	42.5% 56.4% 43.3%	57.5% 54.0%		12.8% 0.8%	30.8% 1.9%	61
							2,018,187 78,660 2,096,847	61.4% 100.0% 62.9%	38.4% 37.0%	0.1% 0.1%			62
							1,231,676 60,000 1,291,676	0.1% 0.1%	99.9% 100.0% 99.9%				63
							1,545,938 1,545,938	59.5% 59.5%	40.2% 40.2%	0.3% 0.3%			64
						153,000 153,000	2,667,146 157,504 2,824,650	83.2% 2.9% 78.7%	16.8% 15.8%	0.0% 0.0%		97.1% 5.4%	65
							1,348,373 10,038 1,358,411	58.6% 100.0% 58.9%	41.1% 40.8%	0.3% 0.3%			66
							1,551,268 2,354 1,553,622	64.5% 64.4%	35.4% 35.3%	0.1% 100.0% 0.3%			67
公立大学等設備整備費等補助金(文部科学省)及び地域再就職希望者支援訓練事業委託金(福岡県)		67,500 67,500		67,500 67,500	奨学寄附金	 244,000 244,000	6,405,230 1,204,110 7,609,340	24.0% 79.7% 32.8%	74.4% 62.6%	0.5% 0.4%	1.1% 0.9%	 20.3% 3.2%	68
							909,181 909,181	75.9% 75.9%	24.1% 24.1%				69
							1,424,308 44,418 1,468,726	15.7% 100.0% 18.2%	84.2% 81.6%	0.2% 0.2%			70
		5,000 5,000	11,920 11,920	16,920 16,920			2,159,037 20,921 2,179,958	71.1% 100.0% 71.4%	28.1% 27.8%		0.8% 0.8%		71

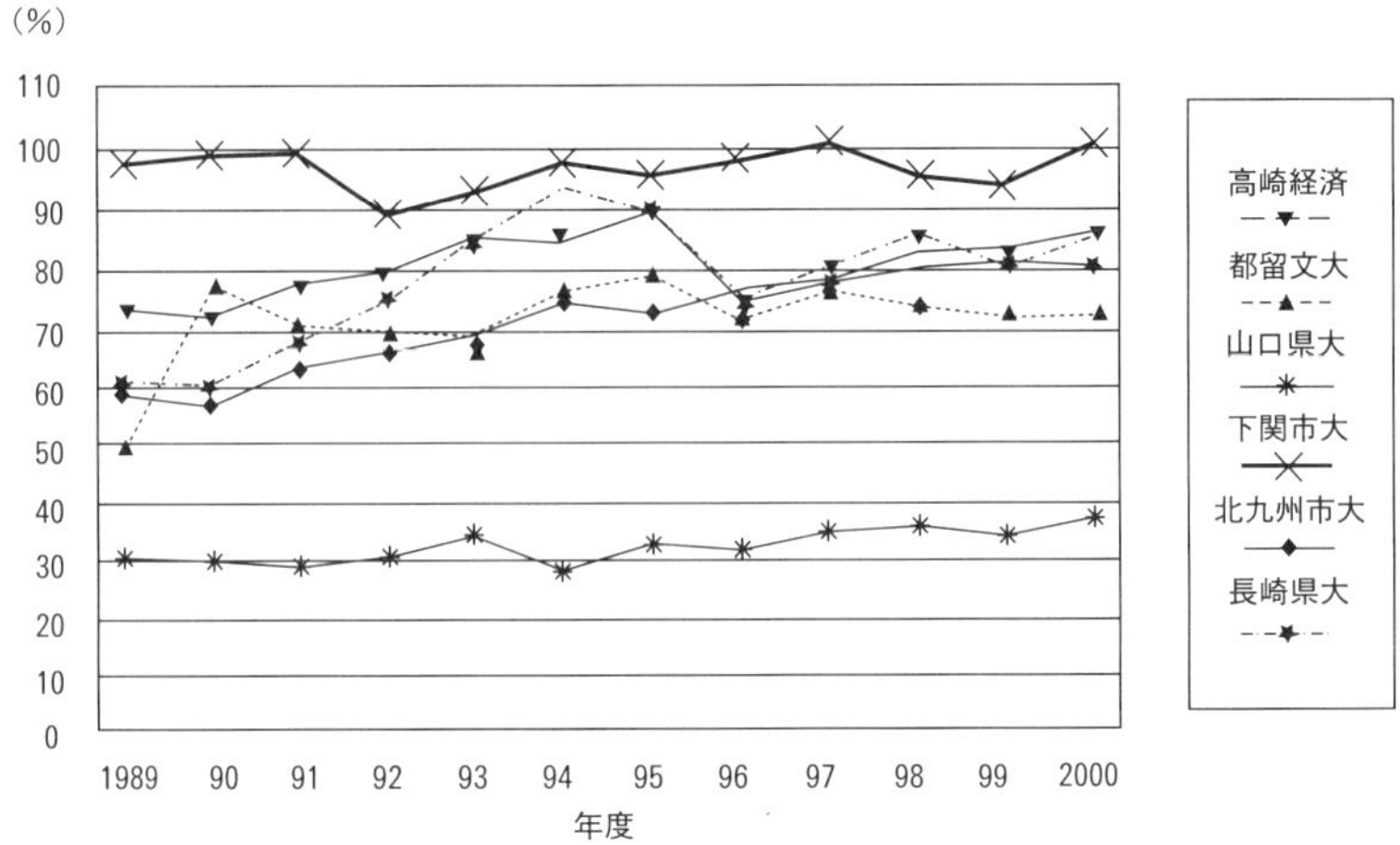

図I-(2)-2　自主財源率（経常費）

（出所：下関市立大学－地域貢献と財政構造、2001年9月下関市立大学大学点検評価委員会、57頁）

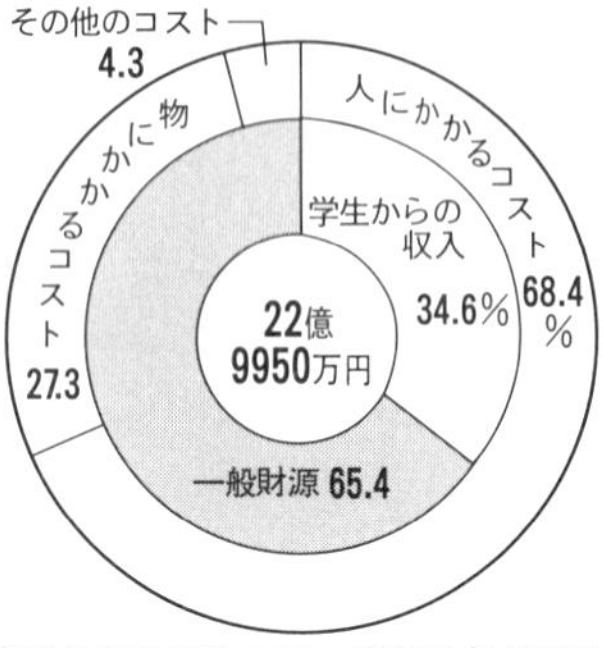

（注）外側は行政コスト。内側は収入項目

図I-(2)-3　山口県立大の行政コスト計算書

（出所：中国新聞、平成16年1月9日）

で賄っている。臨時費は設置者である下関市の一般財源で賄っているとのことである。平成一六年三月三〇日、同大学を訪問し、附属図書館長の西田雅弘教授をはじめ事務の方からのお話を聞いたが、大変苦しいとのことであった。しかし、このような大学の状況は、図I―(2)―2に見られるように、下関市立大学だけではなく、高崎経済大学、都留文科大学、長崎県立大学にも見られ、地方公共団体の財政が破綻寸前であるので、ほとんどすべての公立大学に及んでくるのである。

広島市のみならず、日本中のどの県のどの都市も財政赤字であり、これが公立大学の経営に「外圧」として今後のしかかってくることが当然考えられる。それではいったい公立大学の財務状況はどのようなものであろうか。これを図I―(2)―3「山口県立大の行政コスト計算書」から見ていくことにする。

図からもわかるように、全体の行政コストは二二億九九五〇万円である。このうち学生からの収入は三四・六％、一般財源からは六五・四％である。支出は人にかかるコストが六八・四％、物にかかるコストが二七・三％、その他のコストが四・三％である。このことは、大学全体の経費に占める人件費の割合が高く、収入の面では一般財源に非常に多くを依存していることである。この財政分析から今後の大学経営改革においてこの人件費をどうするかということが大きな問題となることが考えられる。

三　COE（Center of Excellence）

これまで大学は少子化や財政難に陥っているにもかかわらず、経営改革がなされてこなかったことについて述べてきた。とりわけ、国・公立大学は「親方日の丸」でまったくといってよいほど経営改革の努力をしてこなかった。ところが、二〇〇一年六月一四日、当時の文部科学大臣であった遠山敦子氏が、突然「遠山プラン」なるものを発表し、大学経営に対して非常に大きな衝撃を与えた。

この「遠山プラン」が発表される背景には、二〇〇〇年三月二七日に当時小渕恵三首相の私的諮問機関であった「教育国民会議」の意向が大きく反映していると言われている。この会議の最終報告が二〇〇〇年一二月に出され、「大事にした平等主義は一律主義、画一主義に陥る危険性をはらみ、新しい価値を創造し、社会をけん引するリーダーの輩出を妨げた」[1]と戦後教育の総括をしている。このような経緯を経て、二〇〇一年六月、小泉首相の指示を受けて前記の「遠山プラン」が発表されたのである。

これは二〇〇一年四月に第一次小泉内閣が発足し、「民間にできるものは民間に」、「地方にできるものは地方に」というかけ声とともに提案された構造改革の一環をなすものとしてとらえることができる。本書の副題が—硬構造から柔構造へ—という大学教育経営の構造改革の立場からの考察であり、この「遠山プラン」はそれまでの硬直化した、護送船団方式の大学経営を一八〇度転換させる出来事であり、筆者がこれまで提唱してきた教育経営の考え方と軌を一にするものであり、市場原理と競争原理を基本とするということができる。大学の改革には抵抗が多く、本当に小さなことで

2002年10月統合、03年春入学
2003年10月統合、04年春入学
統合を協議中

注）文部科学省の公表資料より作成
→は先頭に書かれている大学側のみの記述

図 I-(2)-4　統合に合意済み・協議中の国立大学

（出所：中井浩一、「勝ち組」大学ランキング、どうなる東大一人勝ち、中央公論新社、2002、7頁）

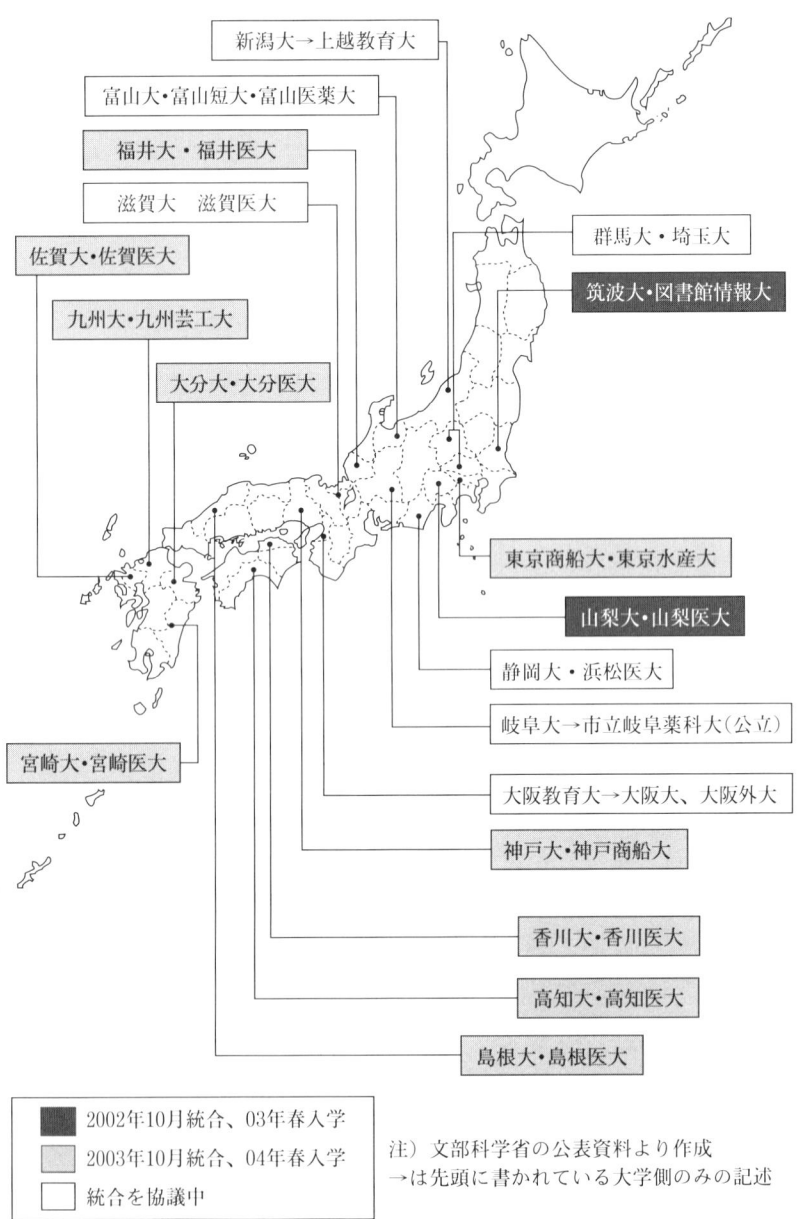

もなかなか改革することができないが、このような基本的な考え方の政府による変更には誰も反対できない。その意味でこの「遠山プラン」は、その是否は別にしても、大学教育経営が実際に大きく改革される大きな一歩を踏み出したと言える。

「遠山プラン」は、文部科学省が大学の構造改革の柱の一つとして打ち出したプランで、正式名称は「大学の構造改革の方針—活力に富み国際競争力のある国公私立大学の一環として」と言われるものである。それは三つの柱からなっている。まず第一に、国立大学の再編・統合を大胆に進める。これはすでに、図Ⅰ—(2)—4に見るように、二〇〇二年一〇月の段階で四つの大学、二〇〇三年一〇月の段階でが二〇大学、そして合意に向けて協議中が一六大学である。[2] 第二は、国立大学に民間的発想を導入すること。すなわち、後で詳述する「国立大学法人」に早期に移行すること。これもすでに平成一六年四月一日よりすべての国立大学が独立行政法人に移行している。第三に、大学に第三者評価による競争原理を導入すること、すなわち、国公私「トップ三〇」を世界最高水準に育成すること。これもすでにCOEということですぐれた教育研究をする大学に予算を重点配分するということで実施されている。

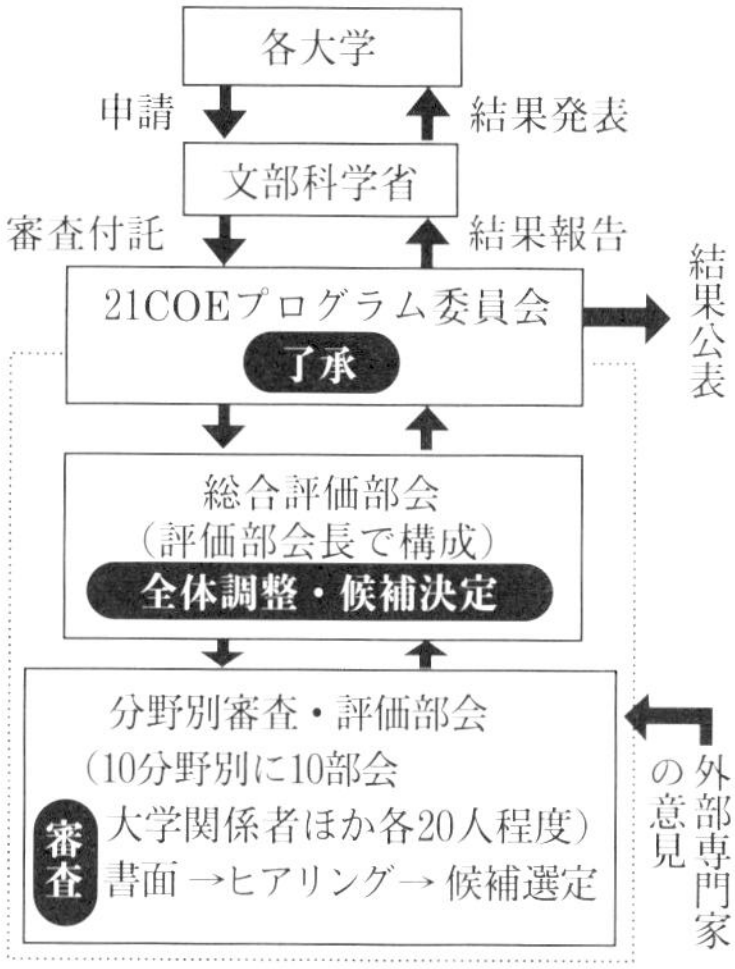

図Ⅰ-(2)-5　21世紀COE（トップ30）の審査の流れ
（出所：朝日新聞、2002年5月30日）

二〇〇二年五月三〇日の朝日新聞によると、「世界最高水準の研究教育機関づくりをめざし、一〇分野で予算を重点配分する国公私大を決める『二一世紀COEプログラム（トップ三〇）』の選考方法が五月二九日発表された。分野ごとに審査機関を設置して、高度な研究能力、個性的な将来計画、特色ある学問分野といった三点の審査方針を示した。文部科学省が細かな要領を作り、五分野については六月半ばにも公募、九月末には決めて今年度から実施する」。

二十一世紀ＣＯＥ（トップ三〇）の審査の流れは図Ｉ―（２）―５のごとくである。

文部科学省の『二十一世紀ＣＯＥプログラム』審査要綱（抄）によると二十一世紀ＣＯＥプログラムの審査方針は以下のとおりである。

一．二十一世紀ＣＯＥプログラムの研究教育拠点（大学院博士課程の専攻、大学附置研究所の研究組織）は、次の事項に留意して選考する。

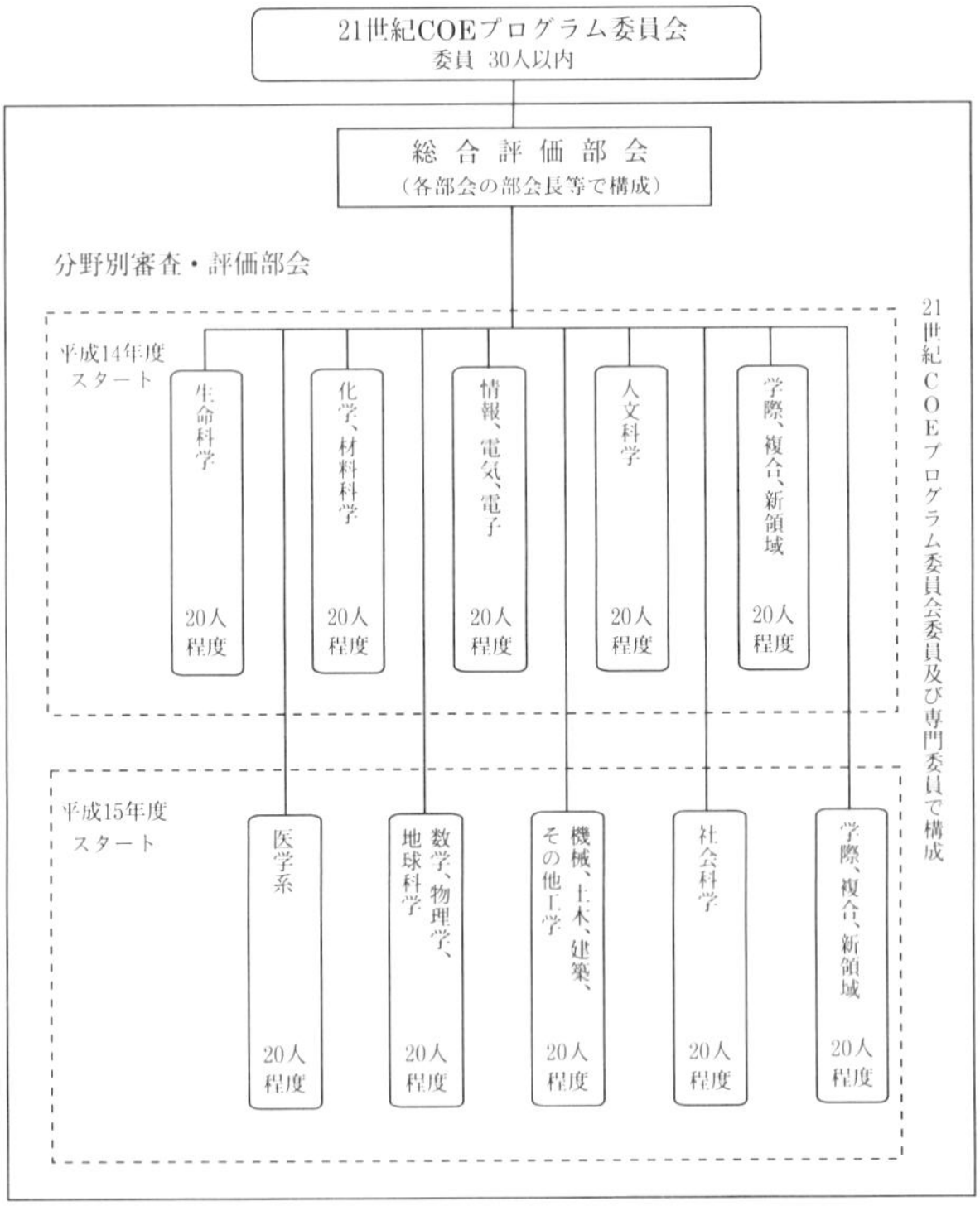

図Ｉ-(2)-6　21世紀COEプログラムの審査体制
（出所：21世紀COEプログラム委員会）

① 当該分野における研究上、優れた成果を上げ、将来の発展性もあり、高度な研究能力を有する人材育成機能を持つ研究教育拠点の形成が期待できるもの。

② 学長を中心とするマネジメント体制による指導の下、世界的な研究教育拠点形成が期待できるもの。

③ 特色ある学問分野の開拓を通じて独創的、画期的な成果が期待できるもの。

このＣＯＥプログラム事業にはその実施の期間は、五年間であるが、この審査に際しては、事業終了後も世界的研究教育拠点として継続的な活動が期待されるものを重視し

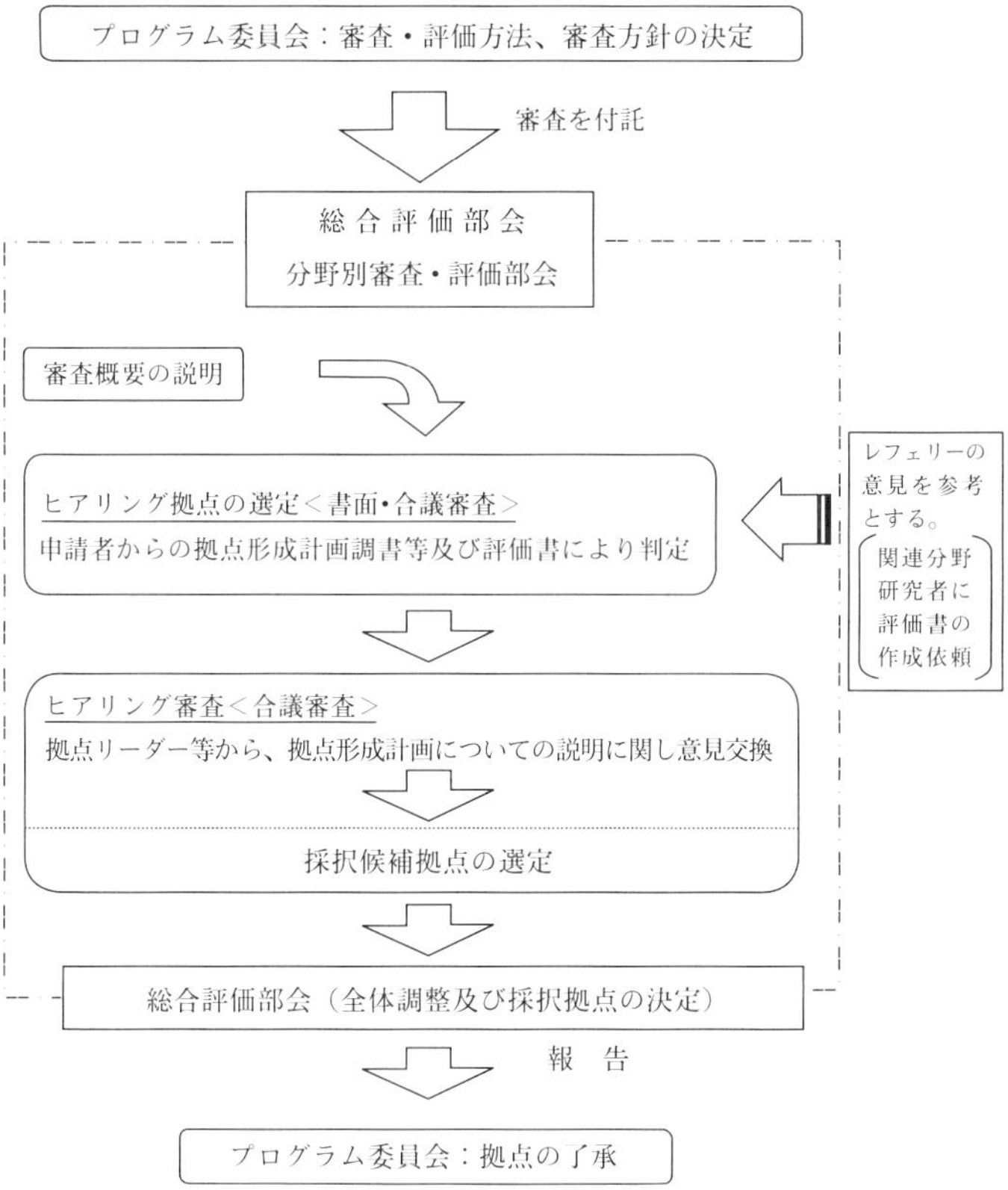

図Ⅰ-(2)-7　分野別審査・評価部会における審査手順
（出所：21世紀COEプログラム委員会）

ている。

二、審査は、大学からの申請に基づき、拠点規模の大小にとらわれず、特色ある研究を行っているものに配慮しつつ、次の二点を中心に、評価を行うものとする。

①　当該拠点の申請内容に係る研究教育活動の実績

②　大学の将来構想及び当該拠点を形成するための構想・計画[3]

図Ⅰ—(2)—5の最下段に分野別審査、評価部会とヒアリングというものがあるが、これは図Ⅰ—(2)—6、図Ⅰ—(2)—7のようになっている。図Ⅰ—(2)—5、図Ⅰ—(2)—6、図Ⅰ—(2)—7の手続きにしたがって審査が行われ、各分野で平均二〇機関程度の候補を決定、文部科学省が予算配分する。予算総額は平成一五年度は約一八〇億円。選ばれた機関は原則として五年間継続的に受け取ることになる。

このＣＯＥの考え方は、もともとトップ三〇として構想されてきたもので、第三者機関の評価による競争原理を導入

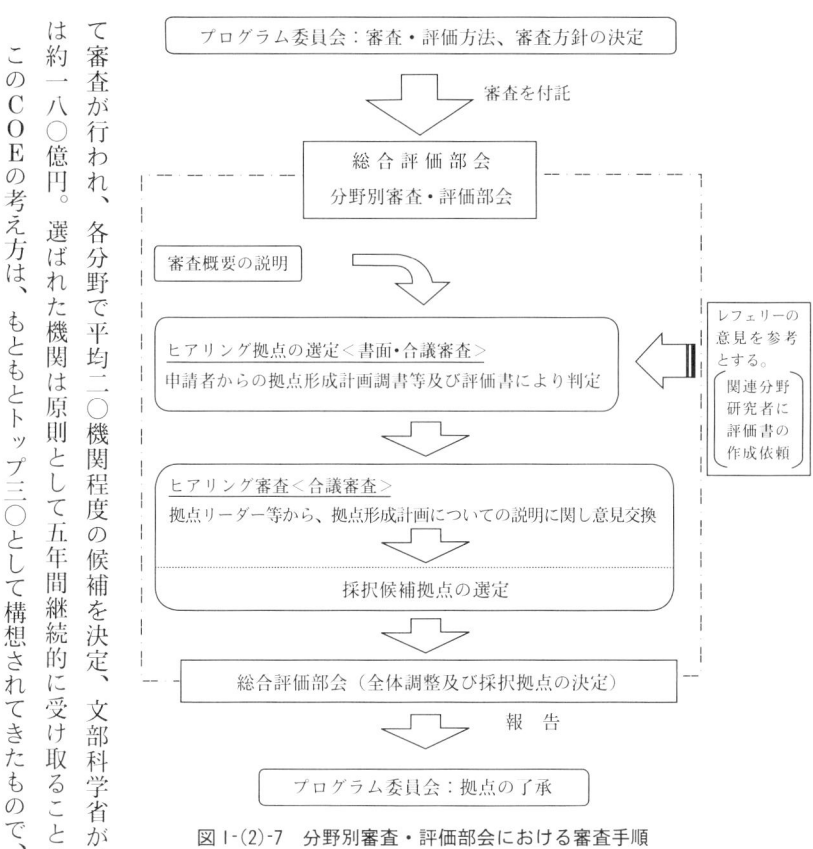

表Ⅰ-(2)-4　国公私立大学を通じた大学教育改革の支援の充実

大学教育改革の取組が一層促進されるよう、各大学が取り組む教育プロジェクトの中から、国公私立大学を通じた競争原理に基づいて優れた取組を選定し、重点的な財政支援を行うことなどにより、高等教育の更なる活性化を図る。

（平成16年度予算額　449億円）
平成17年度予定額　529億円

1.特色ある優れた大学教育の一層の展開　（449億円）予定額　494億円

(1) 総合的教育取組支援
●特色ある大学教育支援プログラム(特色GP)　（31億円）予定額　33億円
各大学の特色ある優れた大学教育改革の取組を支援
（17年度選定予定件数　申請件数の1割程度以内）

(2) 現代的課題等取組支援
●現代的教育ニーズ取組支援プログラム(現代GP)　（20億円）予定額　30億円
社会的要請の強い政策課題に対応した優れた取組を支援
（17年度選定予定件数　申請件数の2割以内又は50件程度）
［公募テーマ(案)］地域活性化、知的財産、英語教育、産学連携、e-Learning　など

●大学教育の国際化推進プログラム　（16億円）予定額　24億円
○長期海外留学支援……海外の大学等へ学生等を派遣する取組を支援（17年度選定予定数　100人程度）
○海外先進教育研究実践支援…教職員の海外における教育研究活動の取組を支援（17年度選定予定件数　20件程度）
○戦略的国際連携支援……海外の大学と連携して行う教育の取組を支援（17年度選定予定件数　15件程度）

(3) 高度専門職業人養成支援
●法科大学院等専門職大学院形成支援プログラム　（15億円）予定額　18億円
専門職大学院の教育内容等の充実に取り組む優れた取組を支援
●地域医療等社会的ニーズに対応した医療人教育支援プログラム　（新　規）予定額　7.5億円
地域医療など、社会のニーズに適切に対応できる大学病院の医療人養成教育の取組を支援
（17年度選定予定件数　15件程度）

(4) 世界的研究教育拠点形成支援
●21世紀COEプログラム　（367億円）予定額　382億円
世界的な研究教育拠点の形成を重点的に支援
（研究教育拠点の継続的支援、15年度採択拠点の中間評価の実施）

2.社会ニーズにマッチした創造的な大学院教育の展開支援　（新　規）予定額　30億円
●「魅力ある大学院教育」イニシアチブ
現代社会の新たなニーズに応えられる創造性豊かな若手研究者の養成機能の強化を図るため、大学院における意欲的かつ独創的な教育の取組を重点的に支援
（17年度選定予定件数　80専攻程度）

3.資質の高い教員養成を目指す高度・実践的な取組支援　（新　規）予定額　5.5億円
●大学・大学院における教員養成推進プログラム
高度な専門性と実践的指導力を兼ね備えた教員の養成に資する取組を支援
（17年度選定予定件数　30件程度）

※（　）は平成16年度予算額

（出所：「特色ある大学教育支援プログラム」文部科学省、平成17年2月）

しようとする意図がある。しかし、トップ三〇というのはあまりにも露骨な表現ということでCOEに名称が変更されたという経緯がある。トップ三〇という名称が示すように、各学問分野で優れた研究に重点的に予算を配分するという構想である。これは従来の画一的予算配分とは一八〇度転換したやり方である。優秀な研究者のいる大学はますます発展するが、そうでない大学は次第に社会的にその存在の意味を失っていく。このようにして、あらゆる面で大学は自分自身の責任で発展する努力をしなければならなくなった。

特色ある大学教育改革の支援

平成一五年度より「特色ある大学教育改革の支援」が募集された。その趣旨は「大学教育改革への取り組みがいっそう促進されるよう、各大学が取り組む教育プロジェクトに対し、国公私立大学を通じた競争原理に基づいて優れた取り組みを選定するとともに、重点的な財政支援を行い、高等教育の更なる活性化を図る。」というものである。

この趣旨に基づいて平成一六年度は「現代的教育ニーズ取組支援プログラム」……各種審議会からの提言等、社会的要請の強い政策課題に対応した取組みを支援する。

テーマとしては以下のものが挙げられた。

① 地域活性化への貢献
② 知的財産関連教育の推進
③ 仕事で英語が使える日本人の育成
④ 他大学との統合・連携による教育研究機能の強化
⑤ ＩＴを活用した実践的遠隔教育(e-Learning)

筆者は、これまで地域大学教育経営改革の研究を行っていたので、④のテーマで応募した。しかしながら、広島市立大学の学内審査委員会（学長、副学長二名）による面接が行われ、審査の結果、筆者の研究は広島市立大学では推薦されないことになった、なお、平成一七年度には表Ｉ—(2)—4のような事業が予定されている。

註

(1) 中国新聞　二〇〇四年　一〇月一七日。
(2) 中井浩一、「勝ち組」大学ランキング、どうなる東大一人勝ち，中央公論新社、二〇〇二年、七頁。
(3) 「二一世紀ＣＯＥプログラム」審査要綱（抄）、平成一四年五月二九日、二一世紀ＣＯＥプログラム委員会、一頁。

四　スタンフォード大学の改革

これまでに大学教育経営の概念、「外圧」、「内圧」について述べてきた。大学教育経営の構造改革を最も直接的に迫っているのが「外圧」であることも明らかになった。アメリカでは、日本よりも一〇年以上前から少子化が生じており、これに対して各大学は、筆者が長年抱いてきた教育経営、すなわち民間企業の経営と同じ手法で改革に取り組んでいると考えられるので、以下にスタンフォード大学の改革について考察することにする。

そこで本節では、大学教育経営改革を主に費用の問題から資源を有効に使うことを中心に論じてみたい。あくまでも日本のわれわれが勤務している大学の経営の問題に関心があるのであるが、ここではアメリカの戦略的高等教育財政と経営の問題に関するシンポジウム(National Symposium on Strategic Higher Education Finance & Management Issues; Proceedings. NACUBO. 1991)で議論されたスタンフォード大学の事例を中心に考察することにする。その理由は、日本の大学と比較してアメリカの大学には経営的発想がストレートに導入され、それがすぐに作動する風土が存在するからである。もう一つの理由は、日本の一八歳人口の減少にしても、またそれによる経営危機にしても、アメリカより一〇年以上も遅れてやってきているので、この経営危機に対してアメリカの大学がどのような方策をとったかを知ることは、わが国の大学の経営改革を考える上で大いに参考になると考えられるからである。

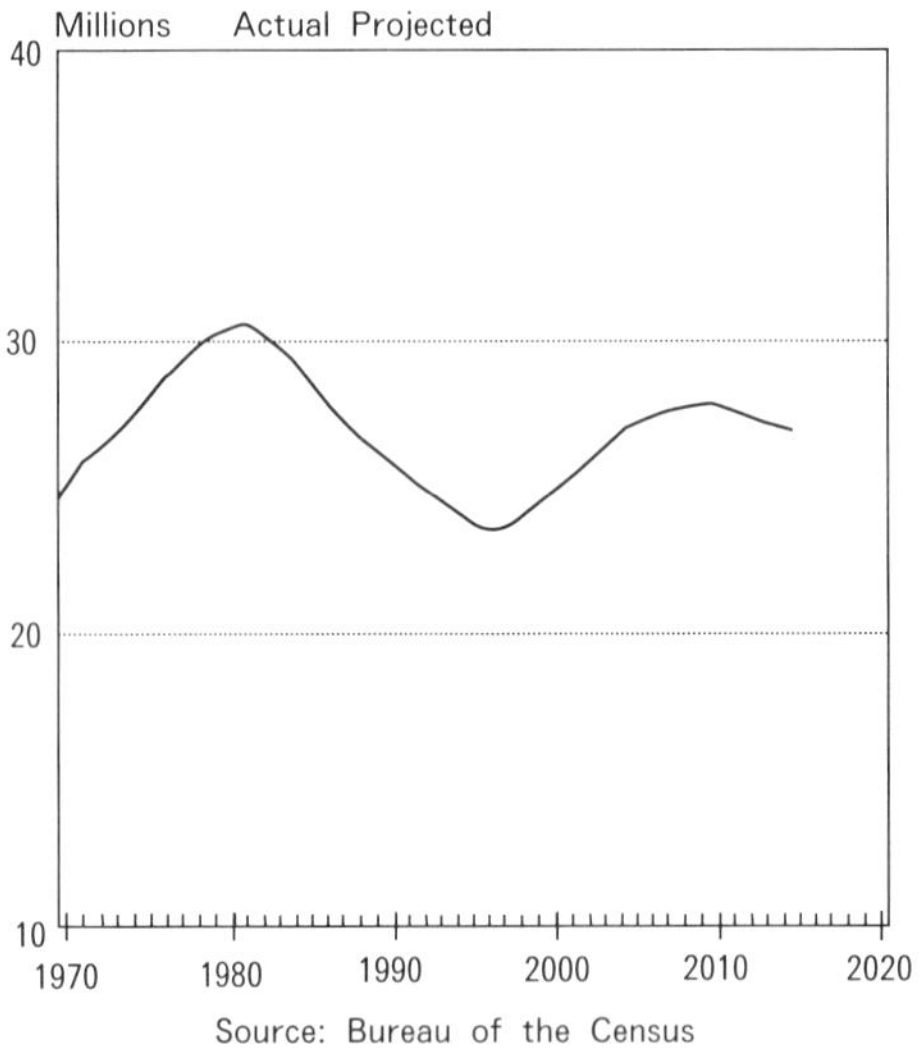

図 I-(2)-8　アメリカ合衆国における大学学齢人口（18〜24歳）の動向

（出所：Frances, C., "The Impact of Demographic Trends in Higher Education in 1990s"., in National Symposium on Strategic Higher Education Finance & Management Issus; Proceedings." NACUBO. p.129）

(1) 一八歳人口の減少と費用の問題

図I―(2)―8、アメリカ合衆国における一八〜二四歳人口を出生数を基にしてその推移を示したものである。この図からフランシス(Carol Frances)は一八〜二四歳人口(大学年齢人口)の増加に劇的な差を認める。一九七〇年から一九八〇年にかけて大学年齢人口の顕著な増加があった。しかし、一九八〇年代初頭から下降線を辿り、一九九〇年代中葉には一九七〇年の大学年齢人口以下になった。それ以後、二〇一〇年にかけて増加することが見込まれているが、それは一九八〇年代のピークには達しないだろうとフランシスは言う。(1)

上記のような大学学齢人口の減少は必然的に大学の収入減を惹起した。それとは対照的に、教育にかかる費用は上昇し、これが大学を改革をしなければならない最も重要な誘因となった。一九八〇～八八年に、アメリカで最も権威のある、スタンフォード大学でさえ経費が重み、それはインフレ率以上に上昇した。これは最終的に学生一人当たりの費用の上昇につながった。したがって、大学の経営改革の焦点がどうやってこの費用の上昇を押さえこむかということになったのは当然である。この費用の上昇にかかわったのが、いわゆる「経営の格子」(administrative lattice)と「アカデミック・レイチット」(academic ratchet)である。以下に「経営の格子」と「アカデミック・レイチット」についてルービン(Ruben, B. D.,)の編著"Quality in Higher Education. 1995"に大きく依拠しながら考察することにする。

(2)「経営の格子」

一九七五～八五年の一〇年間にアメリカ合衆国の大学の教員数は平均六%以下の上昇であったのに対して、経営スタッフの数は六〇%以上も上昇した。それはほとんどの大学で上級経営者(エクゼクティブ)、中級経営者(アドミニストレイター)、および下級経営者(マネジャー)の間でも相当の割合で増加した。(2)

一九八〇年代にはほとんどの大学が実質的な収入の成長を獲得することができたが、それと同時にその経営的でアカデミック・サポート・スタッフを増加させたことも確かである。その結果、大学はその内部より丹精こめた、こみ入ったリンケージを組み入れて成長している水晶の構造に似た「経営の格子」のスケールとスコープを拡張したのである。スタンフォード大学のマッシー(William F. Massy)とワーナー(Timothy R. Warner)は、この「経営の格子」という用語を、過去二〇年以上にわたって形成された大学の経営スタッフの増殖と塹壕を記述するものである(3)と述べている。

「経営の格子」は官僚制の拡大と意思決定のためのリスクと責任を効果的に拡散する「コンセンサス・マネジメント」

を伴っていた。この官僚制の拡大と「コンセンサス・マネジメント」は必然的に費用の増大をもたらし、その結果、大学の経営の効率を低下させる最大の要因となった。

それではどうしてアメリカの大学に「コンセンサス・マネジメント」が導入されたのであろうか。それは一九八〇年代のアメリカの民間企業での意思決定の方式の変化が考えられる。「コンセンサス・マネジメント」のアメリカ企業への導入は、日本ではじまったQC・サークル(4)への関心からである。これは、人的資源に関する専門家の研究が、QC・サークルが生産性を向上させるということに理解を示したことにその端緒を求めることができる。

一九八〇年代に、アメリカの多くの民間企業は、次第に参加型の意思決定の方式を採用するようになっていた。この民間企業の参加型意思決定、いわゆる「コンセンサス・マネジメント」が大学の経営に導入されたことは大学そのものの組織風土が大きく関係しているように思われる。すなわち、大学というところは、本来、いかなる形態のヒエラルキーも好まないという雰囲気がある。実際、どの教職員も等しく重要であるというコミュニティに誇りを持っている。(5)

「コンセンサス・マネジメント」は、民主的経営という立場や教職員の多くがその意思決定に参加するという立場から賞賛に値すると考えられてきたが、それには以下に示すような欠点のあることが指摘された。すなわち、この方式はリスクを避けようという態度が顕著になり、その結果アカウンタビリティが侵食されてくると考えられた。というのは、すべての人に責任がある場合には、どの一人も責任を負わなければならないという気持ちが弱くなってくるからである。誰もアカウンタブルでないという状況が現出してくる。

(3)「アカデミック・レイチット」

第二次大戦後の四〇年間にアメリカの大学教授職に量的にも質的にも大きな変化があったことが認められる。すなわち、量的には一九四〇年代に一七〇〇の大学に一四七〇〇〇人の常勤の教員がいたが、一九八〇年代の中葉になると大学の数はほぼ二倍になり、一方、教員の数は四倍以上になっていた。この量的拡大以上に重要な変化はこの四〇年間に教員の努力の方向にシフトが生じていたということである。第二次大戦終了以前の大学の教員は、教育に非常に多くの時間を費やしていたが、現在の教員は学生に指導、助言したり、自分の専門以外のコースを教えたりすることに多くの時間を費やしていない。彼らは、大学の教養的な共通科目の授業にかかわりたくないという強い感情を持つようになっている。(6)

このような時代的シフトは、アカデミックな仕事と大学教員のかかわりの変化を目に見える証拠として示している。前記ルービンの編著によると、教員と大学とのかかわりを過去四〇年間にわたって調べてみると、明らかにその結びつきはゆるくなっている。いわゆる「アカデミック・レイチット」が作動している。すなわち、各レイチットの転換点（歯車のギアがしまってくる）において、大学の教員の活動は、大学の定めた目標から離れて、論文の発表、書籍の出版、専門的サービスといった教員自身の目的追及に向けてシフトしていることは明らかである。(7) このようにして、教育よりも研究を重視する立場への変更は、結果として教員一人当たりの授業負担を減じることにつながり、ひいては教員の人件費を増大させることにつながったのである。

それではどうしてこのような「アカデミック・レイチット」が存在するようになったのだろうか。それは大学の教員が自分の地位を向上させるのは、立派な教育をすることや懇切丁寧な学生指導をすることではなく、さらには学部の運営にかかわることでもなく、論文を発表したり、書籍を出版したり、研究のための基金を集めるといった研究の世界で著名になることだということに気がついたからである。アメリカの大学教授市場はきわめて柔軟であり、研究の評価を基によりよい待遇を求めて人事異動が頻繁に行われる。

大学の教員の養成も大学院を中心にして専門的教育の中で研究者としての訓練を受け、その研究の優秀さによって大学に就職する。授業が上手だとか、学生指導に熱心だとかは大学教員に就くための評価基準にはほとんどなっていない。大学の教授になることを目指した時から研究ということが中心であり、教育や指導への比重はきわめて低い。論文や出

版物によってのみ評価される今日のやり方はどうしても教育よりも研究に重点が移ることは避けられない。(8)

このような訓練を受けて大学の教員になった者は、研究することこそが自己の職業的地位の向上につながることを熟知しており、授業を多く負担することを嫌う。さらに授業といっても自分の研究と直接結びつく専門科目のみを受け持ち、それ以外の教養的な共通科目の授業を負担することを嫌悪する態度が著しくなっている。さらに大学には教育を改善していくための各種の委員会が存在するが、これこそ彼らの個人的な目標の追及と直接的なかかわりを認めることができず、これを回避しようとする傾向はアメリカの大学に限らず、日本の大学でも著しくなってきている。特にこの傾向は研究一筋の若い先生に顕著である。

このようにして、アメリカでは管理・運営の仕事は教員以外が引き受けており、大学の教員は今や数の上でもその大学を支配することができないことを知っており、よりよい待遇を求めて大学間を移動することに拍車がかかっているとルービンの編著で述べられている(9)。大学は研究と教育が一体となってはじめてその顧客にとって魅力的と考えられるのであり、この点大いに問題がある。

(4)「経営の格子」と「アカデミック・レイチット」の打破―スタンフォード大学の挑戦

以上に述べてきたように、「経営の格子」と「アカデミック・レイチット」が形成されてきたのであるが、スタンフォード大学はこの「経営の格子」と「アカデミック・レイチット」を打破することに挑戦した。以下にマッシーとワーナー(Massy, W.F., Warner, T.R)の論文("Causes and Cures of Cost Escalation in College and University Administration and Support Services" 1991)に大きく依拠しながら説明する。スタンフォード大学は、経営スタッフと種々のサポート・スタッフの数を減らし、一九九〇年代の支出のダイエット化を自ら行い、「経営の格子」の打破にはじめて着手した大学の一つであった。スタンフォード大学でのこの経験は一九八〇年代の一〇年間であり、それはスタンフォード大学だけでなく、すべてのアメリカの私立大学が関心を持っていた時代であった。一九八〇～八八年度のスタンフォード大学資金の経費実質成長率は運営予算六・七%、後援を得た研究費五・六%、贈与金一〇%であった[10]。

マッシーとワーナーによれば、一九八〇〜八八年度のスタンフォード大学のスタッフ数は二八%増加し、それとは対照的に教員増加数は五%にとどまった。一九八七〜八八年度に思いもしなかった若干の欠損が計上された。スタンフォード大学理事会は、一九八九〜九〇年度の会計でしぶしぶこの欠損を承認しなければならなかった。大学の意思決定のプロセスとサポート・サービスの効果を上げることにかかわる多くの教員とスタッフがフラストレイションに陥った[11]。その結果、大学経営に関する主要な事柄に関しては、大学全体のコンセンサス意思決定に依存するようになった。大学の教授会やその他のアカデミック委員会でコンセンサス意思決定が標準的な運営方式になっている間に、それは経営の部門においても標準的になりつつあった。

コンセンサスには時間がかかり、問題を分析したり、交渉したりするために余分のスタッフを必要とし、意思決定のためにかなりの追加費用が必要となった。コンセンサスによる意思決定は、その結果が悪かった場合、だれがその責任をとるかが明確でなく、アカウンタブルではなかった。このような状況は、スタンフォード大学の経営のあらゆる面で生じていた[12]。

スタンフォード大学では、一九八九〜九〇年度の予算の欠損にかんがみて、健全財政への建て直しの戦略を開発するために、理事会は大学の経営スタッフと協働するインフォーマルな委員会を設けた。マッシーとワーナーによれば、その委員会で最も影響力のあるメンバーの一人がユニオン・パシフィック鉄道の改革を行ったウォルシュ(Michael H. Walsh)であった。彼が強力に進めた予算削減とリストラのためにとったアプローチは、①顧客第一主義、②コミュニケーション、および③アクション・チーム[13]であった。

第一に、顧客第一主義であるが、ユニオン・パシフィック鉄道の改革の方式を基礎にして、ウォルシュは、スタンフォード大学の経営組織を官僚的組織から非官僚的で、顧客を志向した組織へと組織文化を変えることとにした。それまでのスタンフォード大学の経営者たちは、だれが顧客であるべきかに関してすぐれたセンスを持っていなかった[14]。

顧客第一主義の概念が重視されるようになったのは、大学というものがそのサービスの需要者によってコントロールされる運営単位であることを自覚するようになったからである。この顧客志向の概念と結びついて、経営の組織文化を変革しなければならないという要求が出てきた。すなわち、時間とお金のかかるコンセンサスに基づく意思決定からより直接的で権威を持ったアカウンタブルな意思決定へ移行する要請であった。

ウォルシュがとった第二のアプローチはコミュニケーションであった。ウォルシュの大学経営改革の成功の鍵の一つは強力なコミュニケーション戦略であった。組織を救済するために、基本的事柄を被雇用者に説明するにあたって、何故《なにゆえ》に重要なアクションがとられているのか、そしてその対話に彼らを加わらせることは、変革の継続に影響を及ぼすために重要であったのである(15)。

かくして、組織のあらゆるレベルでコミュニケーションは重要な経営原理となったのである。スタンフォード・グループにとって、そのようなコミュニケーション戦略は、それまでには高い優先権が与えられていなかったので、それはさまざまな改革の中で最大の挑戦であったと言うことができる。

ウォルシュがとった第三の改革はアクション・プランである。アクション・プランを計画し、実施するためにはアクション・チームが必要である。これは、ウォルシュが組織を越えて問題に取り組み、改革をするための実践的で測定可能な勧告をする小グループを鉄道会社につくったことにはじまる。ウォルシュは、このアクション・チームについては以下のように言う。このチームは研究グループではない。むしろ実行するための戦略が成功するために重要なものである。

それではスタンフォード大学の経営改革のためにウォルシュが提案したアクション・プランとはいかなるものであったのか。ウォルシュは一九八九年秋に最初の組織的改革に着手した。改革のためのアクション・プランの主要な目的は、以下に述べる四つの運営原理をめぐって樹立された継続する組織改革を行うことであった。

① プロセスを単純にする

②　組織と構造を単純にする
③　顧客と供給者のよりよい効果的関係の創出
④　上記の三つの目的を支持するように組織文化を改革

この改革のためのアクション・プランはスタンフォード大学の経営者ならびに各学部の学部長を中心とする「かじとり委員会」によって実施された。それは大学の重要な問題点を洗い出すために一五〇名の教員にインタビューをすることでその活動を開始した。インタビューの結果、明らかになった問題を領域別に整理し、以下の領域でアクション・チームがつくられた。

①　学生サービスの組織
②　人的資源の組織構造と経営
③　施設・設備計画
④　図書館組織
⑤　中央経営報告機構

改革のためのアクション・プランのかじとり委員会は、各アクション・チームに対して特別の監督を開始した。どの監督も特別の費用削減目標を設定することを求めなかった。しかし、そのプロセスが進展し、財政問題が深刻化するにつれて、その見解は変化し、多くのアクション・チームの中には特別の目標が設定された。(16)アクション・チームは七〜九名で構成された。彼らは改革を実施するために、大学内の一、二名の意思決定者、あるいは権限を持った個人にその勧告を報告しなければならなかった。しかし、アクション・チームの報告は延期された。それはまず第一に、一九八九年一〇月サンフランシスコ地方を襲った地震によるものである。その地震によってスタンフォード大学は一億四千万ドルの損害をこうむった。第二は、スタンフォード大学の主たる所得源の予測の修正から生じたものであった(17)。一九八九年一二月、スタンフォード大学の役員は二つの所得源を抑制する提案を準備した。すなわち、授業料の成長率はインフレ率プラス一%、そして間接費用の割合は七八%に固定された。一九九一年一月までに、スタンフォード大学の財政の文脈の中に実質的な変化を大学管理者は確認することができた(18)。

① 間接費用と授業にかかる費用は一九八〇年代の率で成長し続けることはできなかった。

② 継続的に他大学との競争に打ち勝つために費用を抑制し、意思決定のプロセスを効果的にし、サポート・サービスのレベルを上げる必要があった。

③ 将来の投資は、今後の収入がどのくらい減少するかを慎重に考えて行わなければならない。

そのような立場に立って、年々の生産性を保障するために樹立されたメカニズムが標準的運営原理となった。(19)

(5) 改革のためのアクション・プランの結果

マッシーとワーナーは、アクション・プラン・チームの人たちには費用削減の目標が提示され、彼らは意思決定者に対してきわめてドラスティックな改革の勧告を行ったという。そして以下のように各アクション・プラン・チームの報告を列挙する。

人的資源チームは、スタンフォード大学のスタッフ/雇用者の割合は、他の比較可能な組織の二倍であることを見いだした。そこで人的資源チームは、人的資源の割合を合理化し、ライン・マネジメントをしっかりとさせるさまざまな方策によって三〇%の予算削減が可能であると報告した。

図書館チームは、学内にあるいくつかの図書館の組織を統合するよう勧告した。この大胆な勧告は、コンピューティングとネットワーキングの協働によって統合を達成することができると認識し、その結果長期間にわたって経費を削減できると考えた。

学生サービス・チームは、学生生活の若干の面に責任があったが、サービスを提供する職員が分散し、調整が上手くいっていないスタッフ機能を統合するために副学長制度を設けることを勧告した。これによって、従来さまざまな方向からの学長への直接連絡を減じることができるようになった。

施設・設備チームは以下のように結論している。スタンフォード大学の施設・設備に関する意思決定はめんどうで時間がかかった。そこで、多くの異なった分野で分割されていた計画、合理化活動を統合的に管理する専門家を雇用することが必要であると勧告した。

中央経営報告機構チームは以下の二つのことを勧告した。大学は経験豊富な教授とともに経営のリーダーシップについて話し合うこと、組織の立て直しはこれまでに確認されてきた原則に基づいて行うこと。[20]

以上のようなウオルシュの改革を考察してマッシーとワーナーは以下のような結論を導き出している。

アメリカでは半世紀近く前から高等教育機関に対する国の規制政策の流れが変化しはじめ、現在も進行中である。各大学は古いやり方で改革に挑戦することは困難になり、新しい挑戦によって自己主張しなければならなくなった。これまで問題にしてきたA&S（Administration and Staff）機能に対してかかる費用や時間をこれまでどおりに正当化する理由も無くなった。アメリカのビジネス界は、高等教育の世界よりも早く同じ挑戦に遭遇していた。

すなわち、アメリカのビジネス界は、平均的経費を含んだ運営費が継続的に増加することには、競争的環境の中では耐えることができなかった。高等教育機関の経営もそれと同じ教訓を学ぶ時期にきている。このような時期になって、各大学は自主的に目標を設定する際に、以下のことを留意すべきである。目標を達成するための教育費、調査研究費、一般支出費に対してA&Sの支出の割合はどうあるべきか。もし仮に大学のアウトプットとのかかわりでさまざまな経費を削減しようとする場合、アカデミックな活動とかかわるA&Sにかかる費用はどうあるべきか。このようなことを抜本的に解決していくことこそが、まさに「経営の格子」をターゲットとすることにほかならない。

かくして、大学のリーダーは、経営の効果を増進するためにA&S費用を含んだ「経営の格子」のダイナミックスを理解することを迫られた。さらに、それを取り扱う総合的なストラテジーを開発しなければならなかった。そのストラテジーとは、まず第一に、量的生産性の向上のターゲット—先に議論した教育、研究、および一般教育とA&Sの割合を制限―からはじめるべきであった。

マッシーとワーナーはスタンフォード大学の改革を考察した後、いくつかの鍵となる要因がその初期の成功に貢献したと言う。以下にその主なものを列挙することにする。

① 最高経営者は主たる費用の削減に精力的に努力しなければならない。

② 特別の資源の分配抑制―この場合、予算削減のターゲット―を設定することが大切である。費用・プラス・価格に固執するかぎり、つけ足しに対する圧力や変革のレジスタンスが大きくなるであろう。最大の効果をあげるために、資源抑制には背伸した目標が含まれるべきである。

③ 顧客がより良いサービスを要求するか、または拒否するか、または教育費を下げることを主張することができるということが基本的な原理となるべきである。A&Sサービスにかかる費用を徹底的に洗いなおすと、これはコスト・プラス・価格への追加的抑制を必要とする。経営者がサービスを向上させ、コストを削減するという信念を持つことがすべての問題を解決する基礎である。

④ コストを削減し、利益をあげるためのリストラこそが大学改革にとって重要である。

⑤ スタンフォード大学では、リストラに向けて初期の経営決定が行われた。

⑥ スタンフォード大学は、その初期のリストラの努力を経営とサポート・サービスに限定した。それはいかなる方法でもアカデミックな生産性に言及するものではなかった。一方、他の大学は経営の生産性とアカデミックな生産性を同時に請合うことによって異なった方向に進んでいった。これは、このアプローチが賢明でないということを意味するものではない。―まさに、それはスタンフォード大学の特殊な環境には適さないというべきものであった(21)。

このようなアクション・チームによるアクション・プランの結果、スタンフォード大学は実質的な便益を達成すると同時に、後知恵がいくつかの重要な問題に光明を投じた。すなわち、労働力を資本にとって代えるコンピュータ・システム、たとえば会計システムを導入して明らかになったことは、その投資は十分でないということであった。このことは仕事の性質を再考することによって、重要なシステムのインフラストラクチャーの整備が要請されてくるということを示唆している。

マッシーとワーナーによれば、これまで行われてきたやり方を崩壊させることなく、A&S文化を変革するためにはきわめて大きな作業が必要となってくる。スタンフォード大学では、先に述べた中級・下級レベルの経営者への報酬、認知、インセンティブに対して必ずしも十分に応えることができなかった。さらに組織の変革を推進する運営方法を実施する人材を養成することもしなかった。スタンフォード大学が力を注いできたのはパーフォーマンスに基づく報償であり、それは一九八〇年代に相当の額に達し、最大のインセンティブ・プログラムになったのである。(22)

おわりに

以上大学経営の改革についてスタンフォード大学の事例を中心に「経営の格子」と「アカデミック・レイチット」にしぼって考察してきた。この考察からわが国の大学経営については以下のようなことが言えよう。

「経営の格子」に関しては、わが国の大学は国・公・私立大学の別にかかわりなく、教員に対する事務職員の割合はアメリカの大学と比較して低いといえよう。とりわけかなり以前から総定員の削減が求められ、それが事務職員の削減にしわよせされている。次に「コンセンサス・マネジメント」であるが、まさに日本の大学の教授会はその見本のようなものであり、大学改革がなかなか進展しない一つの大きな理由になっている。しかもアメリカの大学に比して、日本の大学では学長の権限よりも教授会の権限が強く、改革が進まない状況が続いている。文部科学省もこの辺りに留意して最近学長のリーダーシップ、権限の増大、経営スタッフの充実に言及している。次に顧客第一主義であるが、日本の私立大学では、このことを意識して、大学案内等を通じて自分の大学の魅力について訴える努力をはじめている。しかし、国公立大学は最近になってようやくそのような意識は持つようになってきたが、それはまだアクションにつながっていない。

第二の改革の目標である「アカデミック・レイチット」であるが、わが国では大学教授市場はアメリカほどマーケットとしての環境は整っていないが、若手の研究者を中心に自分が評価されるのは教育ではなく、研究であるという認識は深まっているように思われる。筆者は、広島市立大学に在任中大学の教務委員長、評議員、学部長を経験し、カリキュラムの改革に取り組んだが、授業負担の公平について若手研究者から度々苦言を呈せられた。

日本の大学では、大学の管理・運営も教員が中心となって行っているが、各種の委員会の委員になることを嫌う研究者が多い。これは研究者として管理・運営にどれだけ努力し、貢献しても、学者としての地位向上につながらないことを知っているからである。さらに根本的な理由は、研究というものは重箱の隅をつつくという傾向があり、論理性や発見性が重視される。これに対して管理・運営は研究者の研究とはまったく関係無く、総合的判断や、妥協を常に迫られる。もともと研究と管理・運営は相容れない性格を有しているといえよう。その意味でもすでにわが国においても「アカデミック・レイチット」は存在し、これからもますますギアがしまってくることが考えられる。その意味からスタンフォード大学で実施されている「経営の格子」と「アカデミック・レイチット」の打破に対する挑戦は、わが国の大学の経営改革に対して多くの示唆を与えてくれるといえよう。

註

（1） Frances, C., 1991. The Impact of Demographic Trends in Higher Education in the 1990s, in National Symposium on Strategic Higher Education Finance & Management Issues; Proceedings, 1991, NACUBO. pp.132-133.

（2） Ruben, B.D., edit., 1995 Quality in Higher Education, Transaction Publishers, p.99.

（3） Massy, W.F., Warner, T.R., 1991 Causes and Cures of Cost Escalation in College and University Administrative and Support Services in National Symposium on Strategic Higher Education Finance & Management Issues; Proceedings. 1991. NACUBO, p.188.

（4）　ＱＣサークルは１９６２年、日本科学技術連盟によって提唱された純国産の小集団自主管理活動の第一号である。それは簡単にいえば、小集団でＱＣ的技法を実践し、仕事の改善を行っていこうとする活動の総称であり、それが個人個人の活動ではなくて、少人数の現場グループの活動によって推進されるところに特徴がある。同じく小集団自主管理活動（ＪＫ活動）の草分けであるＺＤ運動とともに、これらの行動科学的な意味は大きく、かつユニークである。〞３人寄れば文殊の知恵〞的な協働成果が期待できることもその一つだが、それとともに、協働から生まれる人間関係の改善や自発性の工場に関する期待が大きい（高宮晋慣習、経営行動科学辞典、創成社、１９８７年）。

（5）　Ruben, B.D., edit., op. cit. p.100.

（6）　ibid., p.103.

（7）　ibid., p.103.

（8）　ibid., p.104.

（9）　ibid., p.104.

（10）　Massy, W.F., Warner. T.R., op., cit. p.188.

（11）　ibid., p.188.

（12）　ibid., p.189.

（13）　ibid., p.189.

（14）　ibid., p.190.

（15）　ibid., p.191.

（16）　ibid., p.191.

（17）　ibid., p.192.

（18）　ibid., p.192.

（19）　ibid., p.192.

（20）　ibid., p.194.

（21）　ibid., p.196～197.

（22）　ibid., p.197.

第三節 「内圧」

一 魅力、ユニバシティ・アイデンティティ、ミッション

大学教育経営の概念のところで述べたように、大学教育経営の改革にとって最も大事なのは教育、すなわちどれだけ魅力ある教育を構想することができるかである。とりわけ豊かな社会になって質的充実が求められる今日ではあらゆる経営にとって魅力は最も大切な要素である。どの大学も魅力ある教育を模索している。特に定員割が現実の問題となっている現状では、大学にとって定員割はその財政の基礎を危うくするだけでなく、誰でも無競争で入学できるということになり、大学自体の魅力も無いということになってしまう。魅力が無いということは大学の存在理由自体も問われることであり、大学は生き残りをかけて、それぞれの魅力をアピールしなければならない。

大学教育経営改革にとって魅力が最も大切であることには誰も疑いの念を持たないであろう。しかしながら、誰も魅力とは何かを具体的に説明することはできない。ここに大学教育経営改革の最も難しい側面がある。そこで魅力とは何かに具体的に答えることはできないが、ユニバーシティ・アイデンティティということに置き換えると若干理解が容易になる。大学の特徴としてユニバーシティ・アイデンティティを考えると筆者の学生時代には慶応ボーイとか早稲田マンと言われ、制服や制帽でどこの学生かすぐにわかるようになっていた。

余談になるが、筆者が慶應義塾の学生になった昭和三〇年代の初期、経済的に困窮していたので日本育英会の奨学金に応募した。その際面接が行われ、当時商学部で社会学を育えておられた向井鉄一教授が面接官であった。大変温厚な先生は、数々の質問をされた後に、「君が経済的に困っていることはよくわかった。」、「しかし、君はもっと塾風にならなければいけないよ。」と言われた。何としてでも奨学金を貰わねばと思っていたので、「これから塾風になるように努力します。」と答えた。

東横線の日吉から渋谷に向かう電車の中で向井教授の「塾風になる」という言葉を反芻していた。しかしながら、いくら考えても自分が「塾風」になれるとは思われなかった。これは困ったことだと悩んだけれども、自分が応募したのは日本育英会の奨学金だということに気がついた。慶応義塾大学からお金を貰うのではないのだから「塾風」になる必要はまったく無いということで気が楽になった。

慶應義塾大学には筆者のようにまったく「塾風」でない学生もたまにはいるけれども、今でも向井教授の言われる「塾風」を維持しているものと思われる。それがこれまで早稲田大学と慶應義塾大学がともに日本の私立大学の雄として存続してきている理由である。それに比べ他の私立大学は部分的にはその特徴を発揮して、学生を集め、有為な人材を社会に送り出しているとはいえ、全体的にはこの両大学には及ばない。これは両大学が有形・無形にユニバーシティ・アイデンティティを長い歴史の中で形成してきているからである。

本書で取り上げるユニバーシティ・アイデンティティは大学の主体性や個性、独自性を確立し、自覚するということであるが、少子化時代の生き残りを強く意識する時、企業で言うコーポレイト・アイデンティティ（Cooperate Identity）のように、競争優位性という意味が付け加えられる必要がある。そこで、本書では、ユニバーシティ・アイデンティティを「大学の主体性や独自性を自覚し、競争優位性を確立することだ」というふうに定義することにする。

「内圧」をユニバーシティ・アイデンティティとして研究していたのだが、ひょんなことで「魅力」やユニバーシティ・アイデンティティの源になっているのはミッションであることに気がついた。一九九五年八月にコロンビア大学ティーチャーズ・カレッジの図書館で司書にユニバーシティ・アイデンティティで文献調査を依頼したところ、コンピュータを操作しながら、ユニバーシティ・アイデンティティではほとんど文献が存在しないとのことであった。

そこで、別の項目で調査することはできないかと尋ねたところ、ミッションで調べてみようと言い、ミッションという項目ではいくつかの論文がピックアップされた。ミッションとアイデンティティはかなり近い意味を有するが、ミッションがあって、そのミッションを達成しようと長期間にわたって努力した結果、アイデンティティが形成されてくるというように考えるのが適切であろう。先に述べた慶応義塾大学も創設者の福沢諭吉が独立自尊という立場から実学を教育しなければならないという使命感を持っていた。そのような使命感を持って設立された慶應義塾大学は、その後経済学部や医学部を中心に実学重視の学風を持って発展した。

二　ノートルダム大学のミッション

米国教育省の機関である通称エリック（Educational Resources Information Center）に登録されたミッションとアイデンティティに関する書籍と論文のタイトルを見てみると、圧倒的に多いのが、カトリック系大学のミッションとアイデンティティに関するものであり、ついで黒人の高等教育に関するものであった。そこで、本書ではアメリカのカトリック系大学、とりわけその代表と目されるノートルダム大学（University of Notre Dame）を取り上げ、その大学のミッションとアイデンティティを中心に考察することにする。

宗教団体の設立する大学は、その宗教そのものがミッションを持ち、ミッションそのものがその大学の存在理由である。別言すれば、ミッションなしでは大学は存在することすらできない。宗教団体が設立する大学がユニークさを持ち、アイデンティティを確立することができるのは、まさに明確なミッションがあるからである。

わが国では、一八五九年アメリカから最初のプロテスタントの宣教師が来日し、横浜のヘボン塾をはじめとして、長崎、東京、大阪などに塾を開き、英語の教育を行うという条件で熱心に布教活動を行った。このような布教活動からフェリス女学院、女子学院が一八八〇年に誕生し、明治学院、立教学院といった学校が次々に開設された。(1)

（1）カトリック系大学の特徴

いったいカトリック系大学のミッションとはどのようなものなのか。このことに関してノートルダム大学のオットー・バード教授（Otto Bird）は「教会としてのローマ・カトリック教会と教権があります。責任をもって天啓を広め、教え、守るように創始者イエス・キリストが教会に託し、その弟子たちや教皇とその司祭たちにより受け継がれてきたのであります。すなわち、教会の存在というまさにその事実こそが他の大学と決定的に違う点であります。」(2)と述べている。

バードによれば、「存在としての神、そして研究の対象としての神は、カトリック系大学の一部となっており、神学およびこれに近い学問である哲学に重きを置くことで、他の一般の大学とは一線を画している。すべての真理である神によって創られ、啓発されたカトリック系大学は、純粋哲学と同様、真理の探究、とりわけ宗教、神学、道徳上の真理の探究がその使命、責任であり、最大の目的」(3)ということになる。

（2）ノートルダム大学経営学部の教育

以上に述べてきたカトリックのミッションは学部の教育にどのように反映されているだろうか。以下にノートルダム大学経営学部のタビス教授（Lee A. Tavis）の論文「カトリック系大学における専門教育」(Professional Education in a Catholic University）によって考察することにする。

タビス教授は、経営学部の研究と教育について以下のように述べている。「企業に関する研究は、いわゆる企業倫理と称されるもので、実践を中心とした研究である。倫理の問題は、個人的レベル、組織的レベル、および制度的レベルの実践から生じる。具体的に言うならば、会社の経営者が、その社会のさまざまな制約の中で、自分の価値判断を追及する中で現れてくる。たとえば、生産性を向上させるという問題にしても、極端に多くの利益を得る者がいる一方で、取り残されてしまう者がいるという利益の不公平が生じるという問題を無視するわけにはいかない。また、地球資源の配分といった問題にしても、個人、とりわけ貧しい人たちに配慮するのがカトリックの教育の尊厳の中心である。たとえば、織物業をとりあげるとすると、衣服が作られている労働の条件はどのようであるかを考慮することが分析のための重要な要素となるだろう(4)」。

以上は経営研究において企業倫理やモラルを重視した研究であり、筆者が慶応義塾大学商学部で学んだ頃（昭和三〇年代）にはほとんど取り上げられなかった事柄であるが、今日の日本の状況、たとえばかなり前の薬害問題、最近では道路建設にまつわる談合の問題、さらには耐震強度偽造問題を考える時、このような企業倫理という立場からの研究の意義はきわめて大きいといえる。

それではノートルダム大学経営学部の教育はどのようなものであるのか。再びタビス教授の論文に依拠して考察すると、「カトリック大学に魅力を感じる学生は、自らの生活や社会におけるモラルの重要性についてすでに理解している。彼らは個人的な決定だけでなく、職業における決定においても倫理的配慮の必要であることを理解している。そこで、大学の教員の役割は、学生に対してすべての経営の決定事項について明白なモラルの重要性を理解させることである。(5)」と倫理感の育成の重要性について述べている。

カトリックの考え方がカリキュラム全体を統合するようになることが期待される。学生が倫理的思考の応用の仕方を理解するだけでは決して十分とはいえない。学生たちがあらゆる経営的決定事項に関して倫理的重要性を認識するようにならなければならない。自分の下した決定が倫理的に見た場合、どういうことなのかわからない経営者が多数存在するということが今日のゆゆしい問題である。この点に関してタビス教授は、「ノートルダム大学経営学部では、倫理的な考え方についての教育は十分に行われているといえるが、意思決定モデルに倫理的要素をどのように組み込むべきかという授業はいまだ十分ではない。」(6) と述べている。

ノートルダム大学経営学部では、研究と教育の両方に大学のミッションを反映させようとしているが、それは大学のアウトプットとしての人材育成とも当然かかわっており、研究と実践は、必ずしも統合されているとは言えないが、さまざまなケース・スタディを通じて、学生が会社の資源を用いて、自分が新しく見つけた実用的分析技術と価値をどのようにしたら生かしていくことができるかの指導も行われている。

以上はノートルダム大学経営学部におけるカトリックの使命の反映について述べたのだが、このようなミッションの反映は経営学部だけではない。ノートルダム大学ロー・スクールのデュティル教授（Fernand N. Dutile）は“A Catholic University, May be; But a Catholic Law School?”という論文で、カトリック系ロー・スクールとはどのようなものかについて以下のように述べている。「ノートルダムでは、ロー・スクールのミッション・宣言の最初の文に、学部のカトリック主義と『法律研究における理性と信仰の統合』に専念することが謳われている。この宣言は、法学部の責任とは、『ノートルダムが表す道徳観と価値観に導かれて決定を行う弁護士』を育てることにある。(7)」と述べている。

人間の尊厳という概念は、法律研究のメインテーマの一つである政府の適切な役割に関して多くのことを教えてくれる。「ガリレイ」と題するコースでは、学生たちは「都市の貧困層が必要とする法律」について直接学び、「宗教的価値観を将来の法律業務に取り込むのである(8)」。

以上に述べてきたように、ノートルダム大学経営学部や法学部ではミッションを学部の教育に浸透させているということが看取される。カリキュラムそのものには、必ずしもカトリックの考え方が前面に出ているとはいえないが、その教育内容、とりわけそれを教えている立場にミッションが強く反映しているということができる。

このような教育が可能であるのは、もちろん、この大学の伝統が大きく影響していると考えられるが、それ以外にも直接的な要因となっている事柄を二つ取り上げ、それについて考察することにする。第一は、大学のインプットにかかわる事柄であるが、ノートルダム大学では、学生募集に際して、カトリック系ハイスクールの最終学年の学生に対して、ノートルダム大学への受験を強くアッピールしているということである。大学のミッションが容易に受け入れられる学生の入学に対して努力をしていることがうかがわれる。

第二は、学生寮への学生の収容である。ノートルダム大学は一八四二年に創設されたときから、学生と教員はキャンパスのメインビルディングの一翼で起居をともにした。学問研究だけでなく、カトリックのさまざまな行事、たとえば、礼拝等に教員と学生は一緒に参加し、いうなれば生活ぐるみの勉強をしてきたということである。このことは当然に大学のミッションは完全に学生に受け入れられただろうと想像される。

ノートルダム大学のビュレッティンによれば、アカデミック・ミッションとカトリックの特徴について居住はノートルダム大学の特徴の中で最も重要なものである。現在あるノートルダム大学の二六の学部学生寮の各々は、それ自身の伝統を持ち、その住民の間に忠誠と友情の感情を生み出す。したがって、学生寮は、学生をヒューマナイズしていくのに大きな貢献をしている。現在ノートルダム大学の学生の八〇％以上がキャンパス内で生活しているということは、大学当局がミッションの受容にとって、ないしは大学の教育にとって居住の重要性を強く認識していることの証拠である。

（3）アイデンティティ・クライシス

社会の近代化は、宗教界に対しても近代化、すなわち世俗化の波が押し寄せてきた。具体的にはグリーリー（Andrew M. Greely）によると、「一九六〇年以来、アメリカでは三四〇〇人以上の牧師が司祭職を離れたと推計され、一九六六～七五年の間に約五〇〇〇人の牧師がやめたことが確認されている。このような状況は、数の上の嘆かわしい損失以上に、カトリック社会のエリートの間に、信頼と道徳に関して挫折感を味わわせたことは当然で、信仰に関しても大きな衝撃を与えた(9)」のである。

このような近代化の波、すなわち世俗化の波は、カトリックのカレッジや大学とそのほかの大学の違いはどこにあるのかという問題を提起した。カトリックの高等教育は、その根本的存在理由に対して、世俗化の増大、アカデミックの弱体化、権威的手続に対する不満の増大、そして時代遅れで、当惑される偏狭と同じと思われるカトリックのインテリの思考様式をどうやって折り合いをつけていくかという難題に遭遇している。カトリックのカレッジや大学のミッションに対するクライシスのもう一つの原因は、理科系の大学学部の教員がカトリックの信者ではなくなってきているという事実である。これは、教員のアカデミック・クライシスを重視した人事政策をとらなければ、大学自体の競争優位性を保持できなくなるという理由があるからである。そして、このカトリックの信者でない研究者が次第に増大しつつあるというのが現在の状況である。

大学の現在、とりわけわが国の大学の現状は開学当初の高い理念を実現しなければならないという使命感は、ほとんどの大学で影をひそめている。大学の理念は、便覧の最初の頁に書いてあるだけであり、それが実際の教育、とりわけカリキュラムに密接に反映している様子はまったく看取することができない。

大学のカリキュラムは、学問体系を中心としており、特に理科系の大学にそれは著しい。大学はますます専門化しており、それは必然的に学問の高度化とその高度な学問をいかに体系的に教えるかということが中心になっている。いうなれば、学問体系そのものがアイデンティティになっており、大学のアイデンティティとは言えない。そのような状況にあって、現在、雨後の筍のように出現している国際学部には、使命感も明確でなく、かつまた学問体系もまったくといっていいほど確立されていない。国際学部の使命感、どのような人材を育成すべきかが問われている。

おわりに

大学改革は、社会の変化とともに、さらには社会を進化させるために積極的に行われなくてはならない。最近では、各大学ともに、自己評価、自己点検を実施するようになり、改革の前進が期待される。しかし、大学というところはきわめて保守的なところであり、なかなか改革は実現できない。とりわけカリキュラムの改革は至難である。各教員は長い間、自分の専門領域で研究を行ってきており、学会で評価されるのもその専門領域であり、授業科目も専門領域と一致している。したがって、自分の授業名を変えたり、教育内容の変更を求められると、強く抵抗する傾向が見られる。

大学が改革されるためには、外圧と内圧の両方が必要である。外圧とは、まさに今日大学が直面している少子化時代への突入である。私立大学は受験料その他の収入が減り、何よりも入学者の学力が低下することを恐れ、懸命な努力をしている。短期大学は入学定員を応募者数が下回る状況が現出しており、大学自体の存続が難しくなっている。当然に競争原理が作動し、各短期大学は魅力ある大学を目指し、改革努力を迫られている。

　私立大学には大学改革に向けたさまざまな努力が見られるが、国・公立大学にはそのような姿はほとんど見られない。国・公立大学は依然として親方日の丸的体質から脱却しきれず、競争倍率が低下しても、それがすぐにわが身にふりかかってくるとは考えていない。特に、財政的に国や都道府県や市に依存しているので、大学が崩壊するという気持ちにはならない。しかし、最近の国・都道府県・市町村の財政状況はそのような国・公立大学の態度をいつまでも容認する状況ではない。

　大学改革にとって最も大切なのは内圧である。大学は教育・研究機関であり、当然に理想を持つべきである。どうしたらよりよい研究や教育ができるかを考え、実現していくのは大学経営者の責任である。その原点に存在すべきものが内圧、すなわち理想がこれまで論じてきたミッションであり、大学のアイデンティティでもあるが、カトリックやその他の宗教を中心とした大学以外にはこのミッションを持てないというのが現状である。大学は社会に対してアカウンタブルでなければならない。とりわけ、国民や市民の税金で賄われている大学は、どのような使命を持ち、それを実現するためにどのような努力をしているかを明快に国民や市民に開示する必要がある。その意味で、今後各大学はそのミッションを明示し、それがどのようにカリキュラムに反映し、人材育成につながっているかを示さなければならない。

註

（1）奥田真丈、河野重男監修、現代学校教育大辞典、6、ぎょうせい、1993, p.273.
（2）Bird, O., 1994, "The Difference of a Catholic University" in "The Challenge and Promise of a Catholic University" Theodoce M. Hesbarg, edit, 1944, University of Notre Dame Press, p.27.
（3）ibid, p.28.
（4）Tabis, L, A., 1994. "Professional Education in a Catholic University" Theodore M. Hesburg, edit, 1994, p.331.

（5）ibid, p.333.

（6）ibid, pp.333–334.

（7）Dutile, F, N., 1994. "A Catholic University, Maybe; But Catholic Law School?" in "The Challenge and Promise of a Catholic University" Theodoce M. Hesbarg, edit, 1994, p.77.

（8）ibid, p.78.

（9）Gleason, P., 1995. "Contending with Modernity, Catholic Higher Education in the Twentieth Century" oxford University Press, p.319.

第二章　カリキュラムの国際化と単位互換制度

第一節　日・米・英の大学・大学院国際学部・国際関係研究科のカリキュラム

研究の目的

これまでわが国の学校や大学の運営は法規を中心とした行政の立場から行われてきた。とりわけ、国立大学や公立大学にはその傾向が強く、それが将来に向けた教育改革に対する一つの大きな隘路要因になっている。国・公立大学は、国民の税金によって賄われており、国民のために効率的で魅力的な大学づくりが要請されるのは当然である。しかし、そのような方向になかなか進めないというディレンマに陥っている。

広島市立大学国際学部は、平成六年四月一日に発足し、平成十年三月三十一日で四年間が経過し、完成年度を迎えた。平成十年度からは大学が独自にカリキュラムを編成することが可能となった。平成九年度になって、完成後をにらんでカリキュラムの検討を行ってきたが(1)、「国際学とは何か」という基本概念が明確でなく、またいかなる人材を育成するかに関しても教員間に意見の一致は見られず、理想的カリキュラムの構築に関しては五里霧中のままである。

上記の問題を解決していくためには、基本的に行政的発想から経営的発想に転換する必要がある。経営的発想とは、目的を効果的に実現するということであり、目的自身に関わる個性の伸長とか独自性の発揮といった、いうなれば質的向上の面と資源有限の立場から効率を追及するという二つの面がある。ともあれ、十八歳人口の減少の継続という状況は、いやおうなしに国・公・私立に関係なく、上記の二つの課題の解決を迫っている。そこで本節では、上記の二つの課題のうち特に大学の独自性の発揮に焦点を当てて、大学経営をカリキュラムと教育の目的、人材育成との一貫性を中心に考察することにする。

先に述べたように、十八歳人口の減少によって、今や大学も民間企業と同様に、競争的環境下に置かれることを余儀なくされてきている。すなわち、大学は生き残りのために、それぞれの独自性（競争優位性）を模索することが求められている。大学がこの競争優位性を確保する一つの理論的方法としてＵＩ（University Identity）がある。これは、競争という環境の中で生きる民間企業の競争優位づくりのために、一九五〇年代から欧米で取り上げられ、実践されてきたＣＩ（Corporate Identity）という認識と方法を大学の経営に当てはめようとする考え方である(2)。本研究もこのＵＩの立場を意識しながら論を展開していくことにする。

研究の方法と対象

世界で現在国際学部ないしはそれに類する学部を多く持っているのはアメリカ合衆国、連合王国、それに日本である。日本に関しては、全国大学職員録一九九六（国公立大学編）、（私立大学編）広潤社によって日本全国の国・公・私立大学に設置されている国際学部を調べ、その約四割の大学を訪問し、分析を行った。

連合王国に関しては、東京にあるブリティッシュ・カウンシルに備えつけてある大学のカタログから国際学部を有する大学を抽出し、それらの大学を訪問し、インタビュー調査を行い、コベントリー大学国際関係学部（School of International Studies and Law, Coventry University）が最も充実した研究と教育を行っていることを突き止め、二度訪問し、資料を蒐集し、分析を行った。

アメリカ合衆国の大学（学部・大学院）における国際学部、国際関係研究科に関しては、Guide to International

Education Studies Program and Organization によってコロンビア大学大学院国際関係研究科（School of International and Public Affairs）が最も多彩でかつ充実したカリキュラムを編成していることを突き止め、一九九四年と一九九六年の二度にわたって訪問し、インタビュー調査を行い、資料を蒐集し、その分析を行った。

広島市立大学国際学部、コベントリー大学国際関係学部、コロンビア大学大学院国際関係研究科の教育理念、カリキュラム、人材育成に関して分析し、その特性を折出し、その後で比較検討することにする。比較の視点は広島市立大学が現在抱えている問題、すなわち教育理念、カリキュラム、人材育成の間にどのような一貫性を持たせるかという立場から検討することにする。

国際学部の教育は授業だけで完結できない特別の事情がある。それは、インターンシップであり、アメリカの大学や大学院、そして連合王国の大学でも非常に力を入れている。というよりもむしろ国際学部の授業にとってインターンシップは必要不可欠という考え方が浸透している。これは外国語教育の実質的な面、専門科目にしてもその実際を知るという観点からいくら強調してもし過ぎることはない。この面の教育が最も遅れているわが国の国際学部の教育にとって、アメリカや連合王国の大学や大学院におけるインターンシップを検討することはきわめて大きな意義があるといえよう。

一．広島市立大学国際学部の教育

広島市立大学国際学部は「多角的、多面的に世界をとらえ、知識、能力を高めていく、手づくりの教育(3)」を行うことをその基本方針にしている。二一世紀に入って、国際化は促進され、その速度はますます加速される。そのような状況にあって、グローバル化と学際化が国際学部の教育のキー・ワードになることは当然といえよう。そのことを前提として広島市立大学の平成一〇年度大学案内によって国際学部の教育について説明することにする。

広島市立大学国際学部は、上記のような基本方針と状況認識に立脚して、以下のような五つの「研究と教育」のモットーを示している。

①　学際的で総合的な教育・研究……既成の学問の枠にとらわれることなく、世界各地域の文化、政治、経済を関連づけて理解していく能力をはぐくみ、国際的な視野を広めていく。

②　比較地域研究……世界の一地域としての日本と世界の各地域を多面的に比較し、世界を複眼的にとらえていく地域研究を重視する。

③　英語の実際的運用能力……LL、AV、CALL（コンピュータ支援による言語学習）など国内最新鋭の語学センター施設と、外国人教員による直接指導などで実際に通用する語学力を養成する。

④　情報処理の実践的な運用能力……最新鋭の情報処理技術と最先端の情報処理センター施設を駆使して、実際的な運用能力を身につける。

⑤　少人数の学習指導……全学生が一〇名以内を原則とするグループに分かれ、基礎演習（一年次）、専門演習（三・四年次）に参加し、卒業完成まで一貫した少人数制による学習で、個別的な学習効果を期する。[4]

上記の五つの「研究と教育」のモットーにしたがって、広島市立大学は「手づくりの教育」を行うことによってグローバルな世界で実際に役立つ人材を育成することを目指している。表Ⅱ－(2)－1、表Ⅱ－(2)－2に基づいて教育内容（基礎演習、専門科目、専門演習）が設けられ、基礎演習では、定員一〇〇名の一年次を一〇名ずつのクラスに分ける。ここでは論文の読み方、書き方から、問題を構想し、展開する能力など専門的な学習方法の基礎を学び、それ以後独り立ちして研究していく足腰を鍛える。

専門科目……二年次に系列（文化系列、政治系列、経済系列）を選択し、学生は選択した系列の専門科目を中心に履修することになる。卒業論文はたいていの場合、所属した専門演習の教員の指導で仕上げられる。[5]

表II-(1)-1　広島市立大学国際学部授業科目（平成9年度）

専門基礎科目	1年次	総合比較文化論 総合国際政治経済論 基礎演習			
		国際文化系列	国際政治系列	国際経済系列	英語持論・地域研究
専門科目	1年次	日本生活史 メディア環境論	国際政法史	ミクロ経済学 現代日本経済史	
	2年次	比較文化論 異文化間交渉史 文化交流史 地域文化論Ⅰ （イギリス） 地域文化論Ⅱ （アメリカ） 地域文化論Ⅳ （中国） コミュニケーション技法論 言語比較論 音楽人類学	国際法 国際関係論 国際社会論 国際関係史特講Ⅰ （韓国） 国際関係史特講Ⅱ （中国）	マクロ経済学 経済統計学 国際経済学 多国籍企業論 比較企業論 情報経済論 比較経済システム論	英語読解法Ⅰ 英語読解法Ⅱ 英語討論技法Ⅰ 英語討論技法Ⅱ 英文作法Ⅰ 英文作法Ⅱ 日本研究Ⅰ （日本の文化） 東アジア研究Ⅰ （中国） 東南アジア研究 北米研究 ヨーロッパ研究 アフリカ研究
	3年次	西洋思想史 現代思想 地域文化論Ⅲ （フランス） 言語文化史 美術史 比較民族学 アラブ社会論 社会言語論 エスニシティ論 マス・メディア論 国際文化演習AⅠ （文化人類学） 国際文化演習BⅠ （思想） 国際文化演習CⅠ （異文化理解） 国際文化演習DⅠ （マス・メディア）	日本政治外交史 国際機構論 国際経済法 比較法制度 民族国家論 比較政治体制論 国際協力論 国際政治論 国際関係史特講Ⅲ （アメリカ） 国際関係史特講Ⅳ （ロシア） 国際政治演習AⅠ （国際法） 国際政治演習BⅠ （開発経済論） 国際政治演習CⅠ （国際政治史） 国際政治演習DⅠ	経済政策論 開発経済論 国際環境管理論 国際労働経済学 国際貿易論 国際金融論 地域経済計画論 公共選択論 国際企業行動論 （国際比較経営論） 国際経済演習AⅠ （経済政策論） 国際経済演習BⅠ （比較経済論） 国際経済演習CⅠ （開発経済論） 国際政治演習CⅠ （国際政治史） （国際政治演習DⅠ）	英語学概論 英文法論 英米文化概論 イギリス文学特講 アメリカ大学特講 英文構成法 英語コミュニケーション 英語聴解法 時事英語 日本研究Ⅱ （日本の社会） 東アジア研究Ⅱ （韓国） ロシア研究 ラテンアメリカ研究 アラブ研究
	4年次	国際文化演習AⅡ （文化人類学） 国際文化演習BⅡ （思想） 国際文化演習CⅡ （異文化理解） 国際文化演習DⅡ （マス・メディア）	国際政治演習AⅡ （国際法） 国際政治演習BⅡ （国際関係論） 国際政治演習CⅡ （国際政治史） 国際政治演習DⅡ （比較政治体制）	国際経済演習AⅡ （経済政策論） 国際経済演習BⅡ （比較経済論） 国際経済演習CⅡ （開発経済論） 国際経済演習DⅡ （多国籍企業論）	
		卒業論文	卒業論文	卒業論文	

卒業要件

本学を卒業するためには、四年（三年次編入学生にあっては、二年）以上在学し、次の表に定める単位を修得しなければならない。

しかし、科目の履修にあたっては、できるだけ三系列の壁を低くして、専門領域に固まることなく総合的で多角的な学習が進められるよう配慮されており、系列の選択を三年次に変えることもできる。一学年の学生数は一〇〇名（定員）、学部の総学生数は四〇〇名であり、教員数は五四名であるから、演習、卒論指導だけでなく、専門科目の授業もできるだけ少人数のクラス編成が可能になっている。

専門演習……三・四年次に開講される専門演習は文化系列、政治系列、経済系列の三つの部門にわたって設けられている（表II―(2)―1参照）。数名から一〇名前後でクラスが編成され、専門分野ごとに学習の幅を広め、深めていく。

表II-(1)-2　広島市立大学国際学部の卒業に必要な科目と単位数（平成9年度）

区分			国際学部
全学共通系科目	総合共通科目	総合科目	4単位以上
		共通科目A	10単位以上
		共通科目B	2単位以上
		共通科目C	2単位以上
		計	22単位
	一般情報処理教育科目		3単位
	保健体育科目		2単位
外国語系科目	第1外国語		10単位
	第2外国語		4単位
全学共通系科目等計			41単位
専門教育科目	専門基礎科目		6単位
	専門科目		88単位
	計		94単位
卒業必要単位数			135単位

二　コベントリー大学国際関係学部の教育

コベントリー大学国際関係学部は、法学と国際研究の結合した学部である。この学部では、全日制の学生は三年間で授業を修了し、その後一年間海外で実習を行うことになっている。パートタイムの学生は四年ないしは六年で授業を修了する。

コベントリー大学国際関係学部は、法学と国際研究だけでなく、学内の他の教育領域から選択科目を履修することができる。それは、いわゆるモデュール構造と称されるもので、学生が自分自身の研究プログラムを構築することができるよう柔軟性を装備している。そのプログラムの二〇%までは、言語、経営研究、社会科学といった関連教科から引き出されるであろう。

コベントリー大学のビュレティン（Coventry University, Full-Time Course Entry 1997）によれば、コベントリー大学には八つの学部があり、国際関係学部はそのうちの一つの学部である。そして国際関係学部には以下の七つのコースがある。

BA　ヨーロッパ研究
BA　国際研究と政治研究
BA　国際研究と経営
BA　法律と国際研究
LLB　刑法におけるLLB（法学士）
LLB　ヨーロッパ経営法におけるLLB（法学士）
LLB　刑法におけるLLB（法学士）(6)

一九九〇年代に、この大きな複合―学際学部には、三つの教科領域―法律、言語、国際的教科―が教育と研究での学際的協力を模索しながら独立して発展してきた。ヨーロッパ各国での実習活動ならびに国際的活動、学生が就職するために必要とされる転換可能なスキルを習得することの必要性が認識されてきている。さらに、企業でイニシアティブを取ることができることの重要性も次第に認識されてきている。(7)

上記に取り上げた国際関係学部の七つのコースのうち「国際研究と経営」のコースを取り上げ、そのプログラムの目標やどのような人材育成を考えているのか、およびそのカリキュラムについて以下に考察することにする。

「国際研究と経営」コースの目標は、企業経営の運営に関する知識を学生に提供することである。それは企業経営への複雑な環境の影響、とりわけ国際的影響力に関してさまざまな機会を通じて学生が理解することを可能にすることである。「国際研究と経営」コースが設置されるようになった契機は、一つには、産業や商業と関係するすべての活動が競争しなければならない国際的複雑さの認識とともに、国際的な諸問題を分析し、効果的なコミュニケーション技能を磨き、新しいスキルの開発を求める雇用者の期待に応えなければならなくなったからである。

ヨーロッパでグローバリゼーションが進展し、経営に対する倫理的、政治的、社会的問題の重要性がこれまで以上に顕著になりつつある。したがって、経営教育に対する国際的認識が強く求められるようになることが予想される。それゆえ、伝統的な経営教育の構成要素とともに、マーケティングやマネジメントといった専門的なスキルが、われわれの生活している国際社会の政治的、経済的プロセスやイベントとかかわって、その調査研究の必要性がますます強まってくるであろう(8)。このような状況に対応するために、コベントリー大学国際関係学部の「国際研究と経営」コースは以下のような内容と構造を有している。

「国際研究と経営」コースは、学生に対して国際研究モデュールと経営研究モデュールの間に学生が勉強する時間をできるだけ彼らの意に沿って配分できるように考慮されている。次に掲げるコベントリー大学の授業科目に見られるように、学生は両方の領域のコア・モデュールを履修することを求められるけれども、そこには、オプションという形でかなりの選択の幅が認められる。

学生のプログラムをできるだけ幅広いものとするために、コベントリー大学国際関係学部の教科のスコープは他学部で提供される幅広いコースから教科を選択することができるように、一学年と二学年で提供される教科に工夫が見られる。たとえば、それらは言語の研究に用いられる。国際経営セミナーは、第二学年のプログラムの重要な部分を形成し、経営研究と国際研究の構成要素を統合しようとする意図を持っている。

「国際研究と経営」コースの授業は講義とセミナーにおける討論とが中核となっている。それぞれの授業は、日本の大学やアメリカの大学の授業が単位数で表されているのに対して、コベントリー大学ではそのような表現にはなっていない。コベントリー大学副学長ミッチェル（Valerie A. Mitchell）氏の説明では、一科目当たり週約五時間の勉強になっているとのことである。本コースでは、上記の授業とともに、学生が授業を受けたり、研究をしたり、科目の選択に際して、個人指導の教員による個別指導によって学生のよりよい勉学ができるようにしている。

評価はいろいろな形で行われている。試験とコース・ワークの両方によって行われる場合が多い。先に述べたように、学生は三学年になると自分自身のテーマを探求するためにプロジェクトを履修する。

コベントリー大学国際関係学部「国際研究と経営」のコースのプログラムは二一のモデュールで構成されている（第一学年で二つのモデュール、第二学年で一つのモデュール、合計三つの選択モデュールをとることを認めている）。これらは言語を含む大学全体のモデュールないしは以下に掲載するリストの中から選択されるだろう。コベントリー大学の「国際研究と経営」の学部案内（School of International and Law BA Honors degree in International Studies and Business）によって説明する。

BA Honors学位ないしは国際研究と経営研究の学位の授与を考慮して、以下のモデュールがその研究プログラムに含まれなければならない。

コベントリー大学国際関係学部の授業科目

IPS　国際関係領域
CBS　ビジネス領域
LAF　言語（フランス語）領域
LAN　ヨーロッパ思想

第一学年
一〇一　IPS　国際システム／一〇二　IPS　国際関係における政策と権力

以上に加えて次の科目から少なくとも一つ
一〇三　IPS　実行可能な政治理念／一〇四　政治システムと行動／一〇五　ヨーロッパ近代国家の興隆／一一五　IPS　（一九〇〇—一九五一）の国家と社会／一〇一　CBS　経営情報システム／一〇二　CBS　経営システムの基礎
以上に加えて次の科目から少なくとも一つ
一一七　CBS　人事管理／一一八　CBS　財政学入門／一二七　CBS　国際政治経済学
加えて二つの選択モデュール

第二学年

以下の科目の中から一つ
二〇一　IPS　一九九〇年代のグローバルな変革／二〇二　IPS　現代世界の紛争と外交／二〇三　IPS　外交政策分析
※印のモデュールを含む次のリストから少なくとも二つのモデュール
二〇四　IPS※　比較外交政策／三〇五　IPS※　ヨーロッパ地域社会発展と政策／二〇六　IPS※　スターリン以後のロシア／二〇七　IPS※　一九九〇年代以降の国際史／二〇九　IPS　西欧民主主義の比較政治／二一〇　IPS　第二・第三世界における政治変革／二一三　IPS　英国政治…政党と選挙／二一四　IPS　英国政治…利害と制度／二一四　LAN　ヨーロッパ思想／二一六　IPS　国際経営セミナー／三〇一　CBS　経営システム／三〇二　CBS　経営金融入門
以下の科目から少なくとも一つ
二〇四　CBS　マーケティング／二六八　CBS　人事管理／二三七　経営情報システム／二四二　CBS　物的管理と生産

加えて一つの選択モデュール

第三学年　国際研究

三三四　ＩＰＳ　プロジェクト

以下から三つ。※印の一つのモデュールを含む。一つの言語モデュールはＩＰＳモデュールを代替するだろう、

三〇一　ＩＰＳ　アメリカと西ヨーロッパ／三〇二　ＩＰＳ　ロシアの政治／三〇三　ＩＰＳ　ＥＣとそのメンバー国／三〇五　ＩＰＳ　防衛政策分析／三〇八　ＩＰＳ　貿易政治／三〇九　ＩＰＳ　女性と難民／三一八　ＩＰＳ　宣伝と外交政策／三二〇　ＩＰＳ　開発援助と負債／三二三　ＩＰＳ　ヨーロッパの戦争と社会／三二四　ＩＰＳ　第三帝国／三二五　ＩＰＳ　第二次世界大戦、アメリカの介入／三二七　ＩＰＳ　近代インドとパキスタンの出現／三〇二　ＣＢＳ　経営政策

次のモデュールから二つ

三六〇　ＣＢＳ　国際マーケティング／三六二　ＣＢＳ　マーケティング・リサーチ／三六三　ＣＢＳ　マーケティング・コミュニケーション／三四八　ＣＢＳ　上級購入／三五二　ＣＢＳ　生産管理／三五六　ＣＢＳ　国際貿易金融／三五七　ＣＢＳ　財務管理／三五三　ＣＢＳ　雇用開発／三五四　ＣＢＳ　雇用関係／ＣＢＳ　雇用

資源

履修例

ルートＡ（この場合、学生は言語「フランス語」を学ぶために選択モデュールを用いる。ヨーロッパに強調を置いてモデュールを選んでいる。）

一〇一　ＩＰＳ　国際システム／一〇二　ＩＰＳ　国際関係における政策と権力／一〇二　ＣＢＳ　経営システムの基礎／一〇一　ＣＢＳ　経営情報システム／一一八　ＣＢＳ　財政学入門／一〇五　ヨーロッパ近代国家の興隆／一〇三　ＩＰＳ　実行可能な政治理念／一一五　ＬＡＦ　フランス語

第二学年
二〇二　CBS　経営財務入門／三〇一　CBS　経営システム／二〇四　CBS　マーケティング／二〇一　IPS　一九九〇年代のグローバルな変革／二〇三　IPS　外交政策分析／三〇五　IPS※　ヨーロッパ地域社会…発展と政策／二〇九　IPS　西ヨーロッパの比較政治／二一六　IPS　国際経営セミナー／二一五　LAF　フランス語

第三学年
三〇二　CBS　経営政策／三六〇　CBS　国際マーケティング／三六二　CBS　マーケティング・リサーチ／三〇三　IPS　ECとそのメンバー国／三〇一　IPS　アメリカ合衆国と西ヨーロッパ／三三四　IPS　プロジェクト（ダブルモデュール）／三一五　LAF　フランス語

ルートB
この例では、選ばれた一一の経営研究モデュールを持った経営研究に焦点が当てられている。国際研究の例では、第三学年モデュールの選択は学生に対して第三世界へのオリエンテーションとなっている。

第一学年
一〇一　IPS　国際システム／一〇二　IPS　国際関係における政策と権力／一〇五　ヨーロッパにおける近代国家の興隆／一〇二　CBS　経営システムの基礎／一一八　CBS　財政学入門／一一七　CBS　人事管理／一〇一　CBS　経営情報システム／一九九　LAN　経営法の基礎

第二学年
三〇一　CBS　経営組織／二〇二　CBS　経営金融入門／二〇四　CBS　マーケティング／二〇一　IPS　一九九〇年代のグローバル変革／二〇二　IPS　現代世界の紛争と外交／二〇三　IPS　外交政策分析／二一六　IPS　国際経営セミナー／二一五　LAF　フランス語

第三学年

三〇二　ＣＢＳ　経営政策／三六〇　ＣＢＳ　国際マーケティング／三五八　ＣＢＳ　国際貿易金融／三一七　ＩＰＳ　南アフリカ……アパルトヘイトのルーツ／三一九　ＩＰＳ　女性と難民／三三四　ＩＰＳ　プロジェクト（ダブルモデュール）(9)

三　コロンビア大学大学院国際学研究科の教育

アメリカでは現在、国際学部（国際関係研究科）を有する大学は約二一〇校ある。その名称としては①International Studies（64校）、②International Studies Programme（29校）、③International Programme（27校）、④International Education（11校）、⑤International Affairs（9校）、⑥Center for International Studies（38校）、⑦その他（32校）がある。

学位としては、ＢＡ、ＭＡ、Ｐh．Ｄがあり、Ｐh．Ｄを提供している大学は、Johns Hopkins University, Paul H. Nitz School of Advanced International Studies. University of South Carolina, International Studies Programmeの三大学である。以下にコロンビア大学大学院国際関係研究科のビュレティン（Columbia University Bulletin 1994, 1996. Master of International Affairs. School of International and Public Affairs. 1996）に依拠して説明する。

（1）コロンビア大学大学院国際関係研究科

歴史

① 一九四六年、外交官、知的専門家、政府官吏を養成するために設立された。はじめから地域研究と専門研究を結びつけ、革新的、学際的プログラムを実施した。

② 一九五〇年までに三つの地域研究所の設置

○ 一九四六年　ロシア研究所

○　一九四九年　アジア研究所

○　一九四九年　ヨーロッパ研究所

③　一九五〇～六〇年、Schuyler C. Wallaceのリーダーシップ、ロックフェラー財団、フォード財団、カーネギー財団の援助によって、国際関係研究科のプログラムの成長・拡大、継続が可能になった。

④　一九六七年までに、世界の全地域をカバーする地域研究所の設置。地域研究の基礎の確立、歴史、分析技術と計量技術を持つ比較研究、専門研究の拡充。

⑤　一九七七年、Public Administrationの修士学位を加える。一九八一年、名称をthe School of International and Public Affairsと改称。

⑥　一九八三年、Human Rights and Humanism, Environment Policy Studiesを加える。冷戦後の新たな状況に対応している。(10)

（2）コロンビア大学大学院国際関係研究科の目的とプログラム

①　目的

コロンビア大学大学院国際関係研究科は、政府、銀行、企業、国際組織で懸命にかつ効果的に活動できる教育を学生に施すことを目的とする。公企業も民間企業も次第に国内的な面と同様に国際的な面を取り扱う技術と訓練を有する人材の必要性を認識してきている。

国際関係研究科のプログラムは世界のさまざまな地域、国で発展してきた異なった文化や制度を国際的な見地から研究することを目的とする。したがって、この大学院のカリキュラムは、国際関係のエキスパート、コンサルタント、国境を越えて次第に複雑さを増してきている問題を理解し、解決する能力を有するエキスパートを養成するよう企画されている。(11)

コロンビア大学国際関係の大学院は、大きく分けて専門研究専攻（functional）と地域研究専攻（regional）とに分かれている。さらに、専門研究専攻は、政治・経済コース、環境政策コース、人権と人道主義コース、国際経済政策コース、国際政策分析と経営コース、国際メディアとコミュニケーションコース、国際保障コースに分かれている。また、地域研究専攻は、アフリカコース、東アジアコース、中東ヨーロッパコース、ハリマン（前ソビエト）コース、ラテンアメリカとイベリアコース、中東コース、南アジアコース、西ヨーロッパコースに分かれている。

② カリキュラム

コロンビア大学大学院国際関係研究科のカリキュラムは、大まかに①コア・カリキュラム、②専門研究科目と地域研究科目、③選択科目、それにインターンシップで構成されている。コア・カリキュラムは、すべての院生の履修の対象となる。これはすべての院生が国際事情、公共事業に関する基礎的で幅広い基礎を持つ学術的訓練を受けることをねらっている。具体的には、アメリカ外交政策、国際政策分析、経営学、経済学、統計学がある。

さらに院生は、外国語に上達したことを証明しなければならない。国際関係研究科のカリキュラムは、教科に関してきわめて幅広い範囲をカバーしているので、結果として柔軟性を提供する。院生は国際政治学の必要条件を満たし、ミクロ経済学とマクロ経済学の両方を履修し、国際政治学の基礎概念（U六八〇〇）を履修するよう要請される。その他のすべてのコア領域において、院生は修士の学位取得の必要条件を満たすために一定領域のコースから授業科目を選択することができる。その際、国際政治の基礎概念、ミクロ経済学、マクロ経済学、および統計学は一学年の間に修得しなければならない。その他の核となる必要条件は院生の研究プログラムを通じて分配される。

院生はまた専門研究に集中するか、地域研究に集中するかを決定しなければならない。院生は、学位を取得するために、一つの研究領域だけに集中することが要請されるかもしれないが、多くの院生は補足的な関心を追及するために、専門研究集中と地域研究集中の両方を選ぶことができる。たとえば、ある院生は国際金融と財政の専門研究を東アジアコースの地域研究と結びつけるであろう。また、ある院生は、人権と人道主義コースをラテン・アメリカコースと結びつけるかもしれない。これは、たとえば、「東ヨーロッパの経済組織」といった経済学のコースは、東ヨーロッパ、中央ヨーロッパの地域研究への集中、もしくは経済的、政治的発展といった専門研究への集中に向けて研究することができる。(12)

以下にコロンビア大学大学院国際関係研究科のビュレティンによって説明する。

学位取得のために必要な履修科目と単位数

A．コア・カリキュラム

（一）国際政治学（二コース）　6ポイント
（a）国際政治学の基礎概念（U六八〇〇）
（b）以下のカテゴリーから〝問題〟コース（一コース）：
国際安全保障/国際政治経済/国際組織と世界政治/国際法、紛争解決、人権/外交と国際契約
（二）外国の歴史的、政治的、社会的プロセス（一コース）　3ポイント
（三）アメリカ外交政策（一コース）　3ポイント
（四）国際政策分析と外交政策（一コース）　3ポイント
（五）経済学（三コース）　9ポイント
（a）国際事情のためのミクロ経済学
（b）国際事情のためのマクロ経済学
（c）地域特定コース、経済発展コース、貿易と貨幣政策コースを含むコース、リストラからの一つの経済コース

（六）統計学と計量分析（一コース）　3ポイント
（七）インターンシップ　3ポイント
B．地域集中、または専門集中
最低六コース、そのうち少なくとも一つはセミナーないしはコロキアム　18ポイント
C．外国語
試験またはコース・ワークのいずれかによる外国語上達の証明
D．選択科目　6ポイント
合計　54ポイント(13)

③
経済・政治開発専攻の授業科目
それでは、専門専攻のうちで「経済・政治開発専攻」を取り上げ、その授業科目を提示したい。
以下の三科目から一科目を選択
国際事情U四三三八　国際事情のための経済開発／経済学G四三四六　発展途上と世界の経済／ビジネスB八五一一　経済開発と国際企業
二つの政治／社会コース（たとえば、国際事情U六二四五　開発における諸問題、ないしは政治科学G六四四五第三世界における政治発展）
（1）分析的技術と経営政策（3ポイント）
国際事情U六八二七　EPD（Economic and Political Development）のためのプロジェクト・マネジメントプラニングA六二二七　プロジェクト評価の技術／ビジネスB六〇一三　企業会計／ビジネスB六〇一五オペレーションズ・リサーチ／ビジネスB八四五四　営利組織の経営／経済学G六四一一～G六四一二計量経済学／国際事情U六〇一四／国際事情六〇一六　費用・便益分析／公共事業U八二〇一　財務管理

（2）独立した焦点科目

（EPDのアドバイザーによって承認された以下の分野の一つの中から二つのコース）

経済開発／社会・政治開発／開発と経営／開発における健康と人口／財政と開発／開発政策分析

EPDの開発におけるワークショップ・セミナー（3ポイント）[14]

上記の専門研究とともに、もう一つの国際研究の核として地域研究があるが、その詳細は紙幅の関係でここでは省略する。

④　インターンシップ

院生は在学中に最低一つの実習（3ポイント）を行うことが要請される。コロンビア大学大学院国際関係研究科のインターンシップには二種類ある。一つはアカデミック・イヤーに行われるものであり、もう一つはサマーセッションに主に海外で行われるものである。たとえば、国際金融と経営のコースでは、American International Group, Bankers Trust Company, Newgate Management Associates, Chase Manhattan Bank, Chemical Bank, The Federal Reserve Bank of New York, Merrill Lynch, Morgan Stanley[15]がある。

海外での実地研修もまた国際関係研究科の教育にとってきわめて重要な意義を有する。夏季の海外でのインターンシップは、それまでの研究やアカデミック・イヤー・インターンシップでの活動の上に築き上げられるものである。海外でのインターンシップでは、言語能力に磨きをかけるとともに現場での実際的な専門的知識を身につけるよう努力する。

上記の夏期海外インターンシップは、コロンビア大学国際関係研究科の海外フィールド・ワーク・プログラムによって計画され、実施されるが、院生が自分自身で個人的ベースでインターンシップをアレンジすることを鼓舞される。

最近の夏期海外フィールド・ワークプログラムの主なものとしては以下のようなものがある。Arthur Andersen

(Beijing), AT & T (Caracas), Citibank (Hong Kong), Creditanstalt Securities (Budapest), Credit Lyonnais (Paris), JP Morgan (Tokyo), Raiffeisen Zentralbank Osterreich (R Z B) (Vienna), Price Waterhouse (Uzbekistan), Salmon Brothers (London, Frankfult)(16)

おわりに

以上、広島市立大学国際学部、コベントリー大学国際関係学部、コロンビア大学大学院国際関係研究科のカリキュラムの考察によって以下の諸点を広島市立大学の教育の改善の立場から指摘することができる。

広島市立大学国際学部には、現在、政治系列、経済系列、文化系列が存在し、政治学、経済学、文化人類学、その他の領域の研究が配置され、それぞれの専門分野の研究と教育を行っている。最初に述べた基本方針とそれに基づく五つのモットーは肯定されるべきものと思われるが、果たしてカリキュラムはどうであろうか。カリキュラムがモットー①、②で述べてあるように学際的で総合的であるとはとうてい考えられない。また地域を比較研究するほどの地域研究のスタッフもいない。カリキュラム分析をしても表面化しない最も大きな問題は、一人ひとりの教員が国際学とは何かを考えることなく、したがって自分の研究や教育が国際学部の基本方針に基づく人材育成にどうかかわっているかを考えないで、自分の研究と教育に没頭しているということである。

広島市立大学国際学部を含めて日本の大学の国際学部ないしはそれに類する学部（国際文化学部、国際関係学部等）のカリキュラムはだいたい多くの分野にまたがって多くの科目が揃えられている。広島市立大学国際学部の場合がその典型である。これに対してコベントリー大学国際関係学部のカリキュラムは、国際研究と経営研究をからませるというやり方であり、完全に融合しているとはいえないまでも、わが国のカリキュラムのように拡散するようにはなっていない。開設科目はそれほど多くない代わりに、一科目に週当たり五時間ぐらいかけているとの説明であり、また、一年、二年、三年、とそれぞれの内容が高度化するように配慮されている。

四年次はインターンシップを行うことになっているが、これもまた主にEU域内であり、選択した外国語との関係も重視した国での実習になっている。コベントリー大学国際関係学部の教育は、カリキュラムにしても実習にしても、またその教育方法にしても、拡散型ではなく、一つひとつをじっくりやっていく方式ということができる。

次にコロンビア大学大学院国際関係研究科であるが、この研究科の特色の第一は、教育の理念が明確であるということである。プロフェッショナル・スクールらしく、抽象的理念ではなく、専門家養成として、専門的職業と直結した理念が明確に述べられている。ここでの専門家、エキスパートには、国際的に活躍するという意味がこめられており、まさに国際学の教育ということができる。

コロンビア大学大学院国際学研究科の授業科目は、コベントリー大学国際関係学部の授業科目とは異なって、その数が多くかつ多彩をきわめているということが最大の特色である。この多彩な授業科目の履修が先に述べた専門家養成、専門的職業への就職を可能にしているといえる。アメリカでも有数の大規模の総合大学として他の研究科の授業も自由に履修することができる。たとえば、「人権」という科目にしても、法的見地からの研究のためには、ロー・スクールにある「人権」の授業を受け、また教育的見地からの研究のためにはティーチャース・カレッジにある「人権」の授業を受けることができる。

コロンビア大学大学院国際関係研究科はニューヨークのマンハッタンにあり、ニューヨークという地理的有利性を十分に活用している。周知のごとく、ニューヨークには国連本部があり、世界の商業の中心として世界の有名な企業や銀行が軒を並べている。世界最大の都市としてのその地の利を生かして、インターンシップがきわめて有機的に機能している。とりわけ、アカデミック・イヤーにおけるインターンシップが、大学院で授業を受けながら、国連やその他の国際機関、世界有数の銀行や民間企業などで実習を行うことができる。その職種や機関も世界最大である。

コロンビア大学大学院国際関係研究科の最大の特色であり、わが国の大学の国際学部が最も遅れているのが大学自体の国際化である。コロンビア大学大学院国際関係研究科には、アジア、ヨーロッパ、南米、オセアニア等世界各国から非常に多くの学生が留学してきている。冷戦後の政治に関してもアメリカ、ロシア、東ヨーロッパ諸国からの留学生がそれぞれの国が抱えている問題を踏まえて議論をたたかわせている。それは教室だけではなく、キャフェテリアでも大学の中庭でも行われている。中庭では数グループの院生がコーヒーをすすりながら数か国の言語で議論している。まさに国際化は日常的である。

大学院国際学研究科における意図的教育とともに、この無意図的教育の持つ意味は国際関係研究科の教育にとって計り知れない価値を有する。実際、同大学院のジョン・ラギー（John Gerald Ruggie）研究科長が「この大学院の最大の財産は、学生の皆さんなのです(17)」と言ったことの意味は、わが国の大学の国際学部の教育にとって今後考えていかなければならない最大の問題である。さらに、アメリカの大学院国際学研究科の教員の中で外国人教員の占める比重が非常に高いということも付言しなければならない。

以上の広島市立大学国際学部、コベントリー大学国際関係学部、コロンビア大学大学院国際関係研究科の教育理念、カリキュラム、人材育成の検討を踏まえて、これからの広島市立大学国際学部の教育のあり方について述べてみたい。広島市立大学国際学部は小規模な学部であり、規模的に見ればコベントリー大学国際関係学部に近い。しかし、カリキュラムそのものはアメリカの影響が強く、コロンビア大学大学院国際関係研究科のカリキュラムに近い。

コベントリー大学国際関係学部とコロンビア大学大学院国際関係研究科の特色を生かして広島市立大学国際学部のカリキュラムの改善について以下のような提案を行うことが可能であろう。まず第一に、広島市立大学国際学部のカリキュラムはアメリカ型で授業科目の数が非常に多いが、これをコベントリー大学国際関係学部のように精選し、少ない授業科目をできるだけ体系化していく必要がある。

体系化していくためには、コロンビア大学と同じように、コア・カリキュラムを基本にし、それは市立大学の現状と現有スタッフを考慮するならば、国際政治、国際法、ミクロエコノミックス、マクロエコノミックス、文化人類学、地域研究といった科目にすることができる。また学生に自ら国際学を学ぶという興味関心を喚起するために「現代社会の課題」といった科目を設け、「国際学とは何か」、「国際通貨危機」、「地球温暖化と環境問題」、「冷戦後の国際政治・経済」、「アフリカ・南北問題」、「東アジアの時代」、「日米問題」、「ＥＵ、通貨統合」といった科目をオムニバス型式で教育することが望ましい。

現在は文化系列、政治系列、経済系列に分かれているが、今後はコア・カリキュラム、課題科目を中心にし、どのような人材を育成するかを、公務員、ジャーナリスト、民間企業等に分けてそれぞれの進路にとって望ましい履修選択のモデリングを示し、三系列の壁をできるだけ低くする。それぞれの専門科目は国際学とは何か、を中心にして国際学の中でどこに位置づくか、その存在理由を明確にする努力をすることによって国際学の体系的教育がなされることが必要である。そのような努力の積み重ねの結果、上記三系列は国際学の体系に溶け込んでいくことが真の意味の国際学部の教育につながっていくものと考えられる。

註

（1）筆者は広島市立大学国際学部教務委員長、カリキュラム検討小委員会委員長として完成後のカリキュラムの改善に取り組んだ。
（2）ＣＩの考え方をＵＩに適用するという発想は広島市立大学福村満教授の発想である。
（3）広島市立大学平成一〇年度大学案内、八頁　広島市立大学、平成九年。
（4）前掲書、八頁。
（5）前掲書、一一頁。
（6）Coventry University Full-Time Course Entry 1997. pp.51–242.
（7）Focus news Friends of Coventry University, Coventry University. 1996. p.6.
（8）School of International Studies and Law BA Honours degree in International Studies and Business, Coventry University, 1996. p.1.
（9）Ibid, pp.3–7.

（10） Columbia University Bulletin 1994. 1996. Master of International Affairs. School of International and Public Affairs, 1996, p.7.

（11） Ibid, p.45.

（12） Ibid, p.51.

（13） Ibid, pp.52–53.

（14） Ibid, pp.93–94.

（15） Columbia University Master of International Program, International Finance & Business, The School of International & Public Affairs, 1996.

（16） Ibid, p.2.

（17） 鳥賀陽弘道、「キャンパスはまるで地球の縮図」、AERAMOOK 5『国際関係学がわかる』所収、一六六頁、朝日新聞社、1994。

第二節　大学教育カリキュラムの国際化

はじめに

現代社会の特徴を一言でいうならば、国際化、情報化の時代であると言うことができる。そしてこれは地球的規模でますます加速することが予測される。そのような社会の進展を考える時、大学のカリキュラムが国際化されるのは当然といえよう。

本節では、前節での日・米・英の大学・大学院国際学部、国際学研究科のカリキュラムの考察に立脚して、「高等教育の経営—危機管理のマネジメント戦略」という立場から大学教育カリキュラムの国際化について論じていくことにする。

ここでいう危機管理とは、「外圧」のところで述べたように、明治以来、ほぼ一貫して増加し続けた大学教育人口が数年前から減少に転じ、これからも減少し続けることが確実視されることにどう対応するかということである。このような時代状況にあって、大学も量的拡大から質的充実への転換が求められている。かかる転換期の大学改革のための経営戦略をどのように考えるかが本節の分析視点となり、その分析視点から大学教育カリキュラムの国際化を考察することにする。

大学教育人口の減少を引き金とする大学改革は、いうなれば「外圧」（すなわち受験者の減少、それは最終的に大学の財政逼迫につながる）への対応といえる。現在の大学には革新のための「内圧」、すなわちそれぞれの大学の教育の使命は、大学案内に理念という形で謳われてはいるが、それが直接にカリキュラムに反映されているのはミッション系の大学を除いてはほとんど存在しない。したがって、いきおい「外圧」に押された改革にならざるを得ない。高等教育人口の減少を引き金にして、私立大学のみならず、国・公立大学も国際的な競争の中で生き残っていく努力をすべきことは当然で、大学教育カリキュラムの国際化もそのような立場から考えなければならない。

そこで本稿では、大学教育カリキュラムの国際化を、①わが国の政府関係機関の大学教育カリキュラムの国際化への取組み、②最近ヨーロッパ連合（ＥＵ）諸国で進められているエラスムス（European Community Action Schemes for the Mobility of University Student）プログラムを中心にした大学教育カリキュラムの国際化について検討する。さらに③一九九四年にＯＥＣＤを中心に行われたグローバル規模での大学教育カリキュラムの国際化についての事例研究を考察することにする。

一　わが国の政府関係機関におけるこれまでの大学の国際化に対する提言

わが国は、明治五年の学制発布以来、国際化に関してさまざまな努力をしてきた。第二次世界大戦後は、一九五一年にユネスコに参加してから、本格的に高等教育の国際化に取り組んできた。一九七四年に、中央教育審議会が「学術の国際交流に関する懇談会」の勧告書を提出した。

これらの答申や報告書、ならびに「転換期の高等教育行政と大学経営」（地域科学研究会編、昭和六〇年発行）の中の国際化の項目を見てみると、国際理解教育の推進、外国語教育の充実、教育、文化、スポーツの各分野における諸外国との幅広い交流の推進、学術の国際交流の促進等が中心であった。(1)

最近一〇年間に関しては、「大学審議会答申・勧告総覧―高等教育の多様な発展を目指して」（文部省高等教育研究会編、ぎょうせい、平成一〇年一〇月）が刊行され、ここでは国際交流にはほとんど言及されていない。平成一〇年四月改訂の「教育改革プログラム(2)」でも国際交流を、外国語教育の充実、海外留学の推進、わが国の歴史や文化への理解、国際社会の直面する重要課題の認識、自らを主張し、明確な表現をする能力の育成等、国際舞台で活躍できる人材の育成の重要性を指摘するにとどまっている。

しかし、大学審議会は、平成一〇年六月三十日に「二十一世紀の大学像と今後の改革の方策について（中間まとめの要旨）―競争的環境の中で個性が輝く大学」を提言し、さらに今後の課題として国際交流の推進を強調し、「大学の国際化を進め、国際交流を進めていくため、セメスター制の導入を通じて海外の留学生の受け入れ先として魅力ある国際競争力の高い大学を目指すことが必要である」と指摘している。[3]

以上に取り上げた大学審議会等の政府関係機関の一連の提言を時系列に検討してみると、わが国においても、ようやく大学教育カリキュラムの国際化に向けての基本的な考え方が形成されつつあり、実現に向けての始動を感じることができる。

二　ヨーロッパ連合（ＥＵ）における大学教育カリキュラムの国際化

これまでわが国の大学の国際学部と連合王国コベントリー大学国際関係学部およびアメリカの大学院国際関係研究科のカリキュラムについて考察してきたが、わが国の大学教育カリキュラムがいかにアメリカの大学院のそれに大きく影響されているかを看取することができた。たとえば、第一節で見てきたように広島市立大学国際学部のカリキュラムは、専門研究（functional studies）と地域研究（re□ional studies）から構成されており、これこそまさにコロンビア大学大学院国際関係研究科のカリキュラムとまったく同じである。因みに、国際学部や国際学研究科はアメリカで発達し、今日でもその数は圧倒的に多い（学部、大学院合わせて二一〇校くらい）。ヨーロッパでは連合王国のコベントリー大学にのみアメリカや日本と同じレベルの国際学部が存在する。

これから取り上げるヨーロッパの大学教育カリキュラムの国際化は、日・米で発達している国際学部や国際関係研究科のカリキュラムの国際化とはまったく異なった方向を示している。それはヨーロッパ連合（ＥＵ）の形成とのかかわりで発展してきており、アメリカの大学とは異なった意味でわが国の大学教育カリキュラムの国際化に影響を及ぼすと考えられる。

（1） エラスムス・プログラム

周知のように、エラスムスとは、ヨーロッパ中世の有名な学者の名前であり、このプログラムのタイトル（The European Community Action Schemes for the Mobility of University Student）の頭文字である。一言で言うならば、ヨーロッパ中に大学生を移動させるプログラムである。

エラスムス・プログラムは一九八七年六月に開始された。ラウリーズ（Godelieve Laureys）によれば、それまでの留学生交流が学生の個人的努力によって行われ、したがって外国の大学での勉強は自国の在籍大学の履修とはまったくといってよいほど関係がなかった。大学自身も留学先の大学のカリキュラムに関心を持たなかった。留学する場合には、必ず自国の大学を休学にしていた。

これに対して、エラスムス・プログラムは江淵一公によると、在籍大学をパートナーとして考えており、休学させずにパートナーとなる大学の教育課程と自分の大学のカリキュラムの共通性を追及しようとする。そのために、相手大学のカリキュラムを熟知するという努力をしている。それは結果として、ＥＵ域内の大学の学部・学科の履修規程、運営システム、およびその他のシステムを共通にしていくという形での革新を迫るものである。(4) そういった形での国際化をしているところに大きな特徴がある。

（2） 連携のカリキュラムの開発およびそれにかかわる学科分野

ブルユメンタル（Peggy Blumenthal）等によれば、エラスムス・プログラムの実施以前には、学生の交流によって影響を受けた重要な学科の分野は、経営管理と工学で、これは従来からアメリカの一流大学から修士号を取得することを希望するヨーロッパの学生にとって大変魅力的な学科であった。(5)

これまでアメリカと比較してヨーロッパの大学では経営管理の教育が遅れていた。この遅れを取り戻すために、ＥＵ諸国内で経営管理に関するカリキュラムを共同開発することが望まれている。歴史的・文化的にそれぞれの長所を持つ大学が、互換性を増強して、さまざまな面で補い合い、世界の労働市場で競争に打ち勝つ人材の育成が求められている。その人材育成においてEUは最も恵まれた環境にある。

ＥＵ諸国の大学では、外国語の指導は、従来カリキュラムの一部とは考えられず、とりわけ伝統的な大学にその傾向が強かった。しかしながら、経営管理といった応用研究課程ないしは学科を持つ高等教育機関では、語学の集中講義を提供することが多く、外国語能力を最終学歴の必要条件、すなわち専門的資格の不可分の一部とさえしている。エラスムス・リンガ（LINGUA）計画によって外国語の教育の面で対策が十分でない国に対しては、「専門科目プラス語学」といった複合コースを設け(6)、外国語能力の向上を専門科目とセットにして推進している。

三　ヨーロッパ連合（ＥＵ）におけるカリキュラムの国際化の事例

「高等教育のカリキュラムの国際化」（Internationalisation of Higher Education, OECD, 1996）という論文でウェンデ（Marijk van der Wende）は以下のように述べている。

「新しい国際状況での教育に関するセリ（ＣＥＲＩ）研究の範囲内で高等教育の国際化のためのカリキュラム開発に関する国際比較研究が着手されてきている。その研究の実施のためのより詳細なガイドラインが一九九四年三月に開催された会合で専門家の間で議論された。多くの関心を持った加盟国がこのプロジェクトを採用し、それらの国の事例研究を行った。」(7)

これは、前述のエラスムス・プログラムを前提にしているのであるが、ヨーロッパ連合（ＥＵ）内の大学教育カリキュラムの国際化に関する調査研究である。

本調査研究の対象となった大学教育カリキュラムの国際化は、フォルツハイム専科大学（ドイツ連邦共和国）、筑波大学（日本）、オールボー大学（デンマーク）、マーストリヒト大学（オランダ）、マッケリー大学（オーストラリア）、ハンバーサイド大学（連合王国）、ルイ・パスツール大学（フランス）、オッフェンブルグ専科大学（ドイツ連邦共和国）

である。

ここでは二つの大学で連携して教育を行っているルイ・パスツール大学とオッフェンブルク専科大学を取り上げて説明する。

ルイ・パスツール大学（フランス）、オッフェンブルグ専科大学（ドイツ連邦共和国）

この二つの大学はライン川をはさんでドイツとフランスの国境に位置しており、ルイ・パスツール大学のあるストラスブール（Strasburg）は、ドーデ（Alphonse Daudet）の小説「最後の授業」にも描かれているように、度々ドイツに占領された経験を有している（この町はいく度かドイツ領ストラスブルグだったことがある）。したがって、ストラスブールの住民はドイツ語に堪能であり、また、ルイ・パスツール大学からはライン川に架かるユーロップ橋（Pont de l'Europe）を渡って頻繁にオッフェンブルグ専科大学と行き来をしており、このことが両大学の連携プログラムの実施を容易にしている背景と考えられる。オッフェンブルグ専科大学学長（Rector）の話では、オッフェンブルグ専科大学、ルイ・パスツール大学の教育・カリキュラムについて相互に熟知しており、常時会合を持ち、情報の交換を行っている。両大学の学生の交換教育に関しても、一人ひとりの学生について詳細なデータを基にして検討を加え、両大学での教育効果が上がるように努力しているとのことである。(8)

この二つの大学で行われるプログラムは、単に経営技術を修得するだけでなく、新たに経営技術に関する知識を開発することを目的とする。このプログラムには特筆すべき二つの特徴がある。一つは六か月にわたる強制的訓練である。この訓練は外国（フランスの学生はドイツで、ドイツの学生はフランス）で行われる。もう一つの重要な特徴は工学のカリキュラムの中に外国語訓練を組み込んでいるということである。

ウエンデによれば、これら二つの大学が連携して行っている教育内容は、「生産」、「資材」、「生産管理」、「コンピュータ・サイエンス」、「産業組織のプロセス」といった科目が中心となっている。学生は母校で必要とされるすべての授業科目を履修し、さらに相手大学で必要とされる授業科目を修得すると二つの学位を取得することができる。このプログラムが終了すると学生は二つの学位すなわち、"Ingenieur Maitre, Genie des Systems Industries" and "Diplom-Wirtschsfiisingenieur"(9)を受け取ることができる。

さらに、このような交換プログラムを促進するものとして、これまで度々言及してきたECTS（European Credit Transfer System）が導入されている。これは、もともとエラスムス・プログラムの下で一九八九／九〇年度に六か年のパイロット・プログラムとして導入されたものである。これは単位を互換するシステムであり(10)、学生が他大学で時間、その他をロスすることなく学習することをさらに容易にすると考えられる。このシステムはヨーロッパの大学だけでなく、世界中の大学の学生の単位交換の可能性を秘めており、まさに大学のカリキュラムの国際化に道を開くものといえよう。

おわりに

平成一一年五月三日、NHKが「大学の生き残り戦略」について朝七時半から放送していた。その報告によると一〇年後の二〇〇九年には大学受験生の数は約七〇万人となり、一方、大学の一年生の収容数も約七〇万人となるとの予測である。平成一六年八月の新聞によると、このことは二年早まり、二〇〇七年には受験者数と入学定員が同じになるとのことである。この数字は、これから一〇年間にわたって大学淘汰がいよいよ厳しくなることを端的に示している。ダーウィンの淘汰説から考えても、生き残っていくのは変化することができる大学だけということになる。これから大学は、民間企業と同じように経営的感覚でもってリストラを断行していかなければならない。

これまでに論じてきた大学カリキュラムの国際化の問題も当然にこの文脈の中で考えられなければならない。大学改革はかけ声だけで、遅々として進んでいない。大学改革、とりわけカリキュラムの改革が最も難しい。一人ひとりの教員は専門家であり、その専門を深く研究し、それに基づいて教育をしていればよいと考えている。それを教えることが学部全体の人材育成の目的とどう関わり、自分の研究や教育がそのどの部分を担っているかをまったく考えようとしない。そして自分の授業科目の変更には強く抵抗する。まさにカリキュラム改革にとって最大の抵抗勢力となっている。

一人ひとりの教員に生き残り戦略への積極的参加の意識を持たせるためには、目に見える形で「外圧」、すなわち受験者の減少の数字とそれに対する内外の大学の取組みについて知見を深化させる必要がある。国内的市場での競争だけでなく、二十一世紀は国際的市場での競争となることが認識されなければならない。カリキュラムの国際化は、大学カリキュラム改革の突破口となることが期待される。ヨーロッパ連合（EU）における大学カリキュラムの国際化はまさにグローバル規模の国際化を志向したものであり、これからのわが国の大学カリキュラムの国際化に多大の示唆を与えるものである。

最近、わが国でもインターンシップがようやく盛んになってきたが、コロンビア大学大学院国際関係研究科のサマー・セッションで行われているような海外でのインターンシップはほとんどない。しかし、「中国新聞」平成十一年四月二十三日の朝刊によると、広島経済大学が広島県内と海外に工場や事業所などを持つ企業などと連携し、中四国地方ではじめて海外でのインターンシップを導入すると報じた。これは海外で活躍できる人材の育成をねらいとしている。海外にある日本企業でのインターンシップであり、完全な意味での国際化とは言えないが貴重な第一歩である。

日本は海外の科学技術や文化の取り込みは非常に巧みで、大学教育もその責務を果たしてきた。そして先に述べたように、海外に留学したり、インターンシップを行うことも積極的である。しかしながら、大学自体が国際化されるという意味では、コロンビア大学大学院国際関係研究科のように、多くの外国人学生を（いろいろな国から）数多く受け入れる必要がある。そして国際学部のような学部では少なくとも教員の半分は外国人で構成されるのが望ましい。そうすることによって、意図的教育とともに無意図的教育の効果を期待することができる。

最後に、日本は島国であるので、ヨーロッパ連合（ＥＵ）のように容易に学生や教員・スタッフを外国に移動させることは難しい。したがって、これからは、インターネットをフルに活用して世界的規模の大学教育に参加することを模索してはどうだろうか。また、インターンシップにしても提携カリキュラムにしても、アジアに焦点を絞った協力関係を構築していくことも重要ではないかと思われる。いずれにしても、「高等教育の経営—危機転換期のマネジメント戦略」に対して、大学教育カリキュラムの国際化は二一世紀を見据えた大学改革の最大の課題といえよう。

註

（1）地球科学研究会『転換期の高等教育行政と大学経営—個性化の時代への大学活性化を求めて』地球科学研究会、一九八五年、三七六頁～四四七頁。

（2）週刊教育資料（一九九八年五月二五日、通巻七〇七号）「教育改革プログラム」教育公論社、二七頁～三〇頁。

（3）週刊教育資料（一九九八年7月一三日、通巻七一三号）「大学審議会『中間まとめの要旨』二一世紀の大学像と今後の改革方策について—競争的環境の中で個性が輝く大学」教育評論社、六三頁。

（4）江淵一公『大学国際化の研究』玉川大学出版部、一九九七年、一七二頁。

（5）Blumenthal, P., Geodwin, A.S., and Telcher, U.（edit）, 1996 Academic Mobility in a Changing World ; Regional and Grobal Trends. J. Kingsley Publishers. p.118.

（6）Ibid. p.122.

（7）OECD, Internationalisation of Higher Education, 1996, p.35.

（8）これは筆者が一九九九年一〇月四日、オッフェンブルグ専科大学を訪問し、学長との話し合いによる。

（9）OECD, Internationalisation of Higher Education, op, cit. p.68.

（10）European Credit Transfer System, ECTS 1999/2000, 1999. Fachhochschule Hannover, Department of Bussiness Administration, p.El.

第三節　ハノーバー専科大学の単位互換の事例

前節で本書のタイトル「大学教育経営の構造改革―硬構造から柔構造へ―」に対して大きな意義を有すると思われる大学の国際化についてヨーロッパ連合（ＥＵ）における大学教育カリキュラムの国際化、その事例としてドイツのオッフェンブルグ専科大学とフランスのルイ・パスツール大学の連携について考察してきた。

幸い、広島市の平成一一年度特別研究費の交付を受け、また「広島市立大学―ハノーバー専科大学学術交流協定」による交流事業により平成一一年九月八日より同年一〇月二〇日までハノーバー専科大学に帯在し、同大学国際関係センター長（Leiterin des Akademichen Auslandmates）ビート・ブリューメル（Beate Blumel）に会い、同大学の単位互換制度（European Credit Transfer System, 通称ＥＣＴＳ）について詳しい説明を受け、多くの資料を蒐集することができた。さらに経営管理（Business Administration）学部長ウオルフガング・ベクテ（Walfgang Bechte）から同学部の修士課程設置の構想について説明を受けた。

本節では以上のような研究の経緯を踏まえて、カリキュラムの国際化を単位の互換、修士課程設置の構想をハノーバー専科大学の事例を中心に考察し、わが国の大学のカリキュラムの国際化と単位の互換の可能性について模索しようとするものである。考察の手順は、①ＥＣＴＳとは何か、②ハノーバー専科大学経営管理学部のカリキュラム、③現在ハノーバー専科大学で検討中の修士課程設置の構想、④以上の考察を踏まえて、日・欧の大学の単位の互換の可能性について検討することにする。

ヨーロッパの大学は、もともと単位制ではなかったが、エラスムス・プログラムの下でのＥＣＴＳの導入により、単位制が普及しつつある。これこそが大学教育の国際化を如実に物語るものであり、ＥＵ通貨の統一と同じように、ＥＵ全体の学生の流動を促進している。とりわけ、それがビジネス・アドミシストレイションの分野で盛んになっているということ、およびマスター・コースの設置を計画する大学が増加しているという事実は、ＥＵ諸国のみならず、日・米の大学との交流をも視野に入れた動向と受け止めることができる。このことによって、将来日本との学生の交流、単位互換も格段に促進される契機となることが期待される。そこで本節では、ＥＣＴＳ、ハノーバー専科大学経営管理学部（Wurde der Fachbereich Wirtschaft Fachhochsxhule Hannover）の教育課程とその単位制度について、ハノーバー専科大学経営管理学部の内部資料、Information Package, European Credit Transfer System, 1999/2000 を大々的に利用しながら説明することにする。

一　ＥＣＴＳ

（1）ＥＣＴＳとは何か

前記のハノーバー専科大学経営管理学部ＥＣＴＳ情報パッケージによれば、ヨーロッパ単位互換制度は、もともとエラスムス・プログラム（European Community Action Scheme for theMobility of University Student）の下で一九八九～九〇年度に六か年のパイロット・プロジェクトとして導入された。[1] エラスムスの目標は、江淵一公によれば、「①他のＥＣ加盟国の経済や社会に関する体験を持つ人的資源を獲得するためにＥＣ加盟国の大学に修学するものが在学中のある期間を他の加盟国の大学における履修に当て、その履修を自国大学の履修の一部として認める学生流動化計画に男女を問わず参加することができるように機会の平等を保障することによってこの計画に参加する学生数の顕著な増加を達成すること。②全加盟国の大学間の広範かつ緊密な協力を促進すること。③世界市場におけるＥＣの競争力を強めさせるというねらいのもとに、大学教員の流動化を促進し、ＥＣ加盟国の大学の持つ潜在的可能性を全面的に活用することによって大学の教育・訓練の質を高めること。④ＥＣ市民という意識（The Concept of a People's Europe）の統合をはかるため、異なる加盟諸国の市民の間の交流を強化すること。⑤ＥＣ共同体レベルの経済および社会の諸分野における協力関係の強化を図る基礎を築くために、共同体における協力事業への参加の体験を持つ人材プールを確保すること。」[2]であった。

欧州委員会の報告書（The European Commission, Education, Training and Youth, 1999）によると、ＥＣＴＳは上記のエラスムス・プログラムの下、とりわけ五つの教科領域、すなわち、経営管理、化学、歴史、機械工学、および医学、で運営している全ＥＵメンバー国とＥＥＡ国における一四五の高等教育機関を含む前述のパイロット・スキームで六年間にわたる検証がなされてきている。[3]

エラスムス・プログラムの目的の一つは、ヨーロッパのコミュニティ全体を通じて学位の相互認定をすることであった。したがって、ＥＣＴＳは学生に対して、母校での学習時間との重複や無駄になるといった損失をこうむることなく、外国での勉学を増進させるよう計画している。

ＥＣＴＳを機能させ、学位相互認定を容易にするために用いられる重要なトゥールは以下のとおりである。

① 情報パッケージ。本節ではハノーバー専科大学経営管理学部の情報パッケージに大々的に依存しているが、各大学もそれぞれの情報パッケージを持っている。そのパッケージの中には学生の利用することのできるコース、カリキュラム、単位数、大学の場所、収容力、登録に必要な手続きに関する一般的事柄が記載されている。情報パッケージは一般にその大学が属する国の言語と英語で書かれている（ハノーバー専科大学の場合ドイツ語と英語）。この情報パッケージは提携大学の教員と学生に回覧され、学生が留学プログラムを計画する際に役に立つ。[4]

② 志願表/学習の同意。①で述べた情報パッケージに基づいて、個々の学生は志願表に記入し、受け入れ大学側の同意を得る。[5]

③ 記録の写し。これは留学の期間の前と後の学生の学習達成度を示す。記録の写しはＥＣＴＳの成績評価にしたがって授与される成績をもすべての者のために示す。したがってＥＣＴＳの単位と成績の組み合わせは受け入れ大学でのコースに関する学生のパフォーマンスを量的にも質的にも表すということになる。[6]

（2）ECTSはどのように機能するか。

ＥＣＴＳの単位はどのようにして交換されるのか。ハノーバー専科大学情報パッケージによれば、大学はＥＣＴＳに参加する各学生のための記録の写しを準備し、それに基づいて単位を交換する。記録の写しは学生に与えられ、留学期間の前後に受け入れ大学との間で交換される。

ＥＣＴＳシステムは、一年間で六〇単位、一セメスター三〇単位、三学期制の場合には一学期二〇単位が分配される。各コースの単位認定は、受け入れ大学が責任を持って行う。単位として認定されるのは、コース・オブ・スタディを構成する実際の授業やオプショナル・コースである。コース・オブ・スタディの一部を構成しない実際の授業やオプショナル・コースは単位として計上されない。しかしながら、記録の写しにはそれらもリストアップされるだろう。単位はそのコースが完了し、単位認定に必要なすべての試験に合格した後にのみ与えられるということに留意しなければならない。(7)

（3）ECTS学生

ある大学のある学部に在籍する学生で、ＥＣＴＳプログラムに参加している者は、その母校が承認するならば、本人の勉学を希望する大学（受け入れ校）で、その収容力に余裕がある限り、その大学の授業に参加することができる。

ほとんどのＥＣＴＳ学生は、一つのＥＵ加盟国の一つの受け入れ大学に行き、限られた期間そこで学び、母校に帰るだろう。若干の事例では、ＥＣＴＳの学生はその勉学を継続するために第二の受け入れ大学に行くことを決定するかもしれない。しかしながら、上記の事例のいかなる場合においても、学生は学位を取得する国や大学の法的、制度的な要請に従わなければならない。

学生が母校に帰り、母校と受け入れ校との間で事前に協定された学習プログラムを首尾よく学んだ後に単位互換が成立する。かくして学生は帰国後時間を損失したり、単位を損失したりすることなく母校のコース・オブ・スタディの勉強を継続することができる。

母校によってＥＳＴＳプログラムに参加する学生として選ばれたならば、その学生は一定の条件を満たす限り、外国の大学に移動するために必要な経費もグラントとして受け取ることができる。ハノーバー専科大学情報パッケージではその条件として以下に示す五項目をあげている。

① 学生はＥＵ加盟国の市民もしくはＦＦＴＡ諸国の市民でなければならない。
② 学生は受け入れ校で授業料支払いを要請されないものとする。しかしながら、その学生は外国の大学に留学期間中母校に正規の授業料を支払い続けることを要請される。
③ 学生が母校で権利を与えられるグラント／貸付金は、その学生がもうひとつのＥＵ加盟国の大学で勉強し、エラスムス・グラントを受け取っている間は停止されたり、中断されたり、あるいは減額されたりすることはない。
④ 外国の大学での一勉強期間は三ヶ月以上一年以内とする。
⑤ その大学において第一学年の学生はエラスムス・グラントを受け取る資格はない。(8)

二　ＥＣＴＳ情報パッケージの中に記されたハノーバー専科大学経営管理学部のカリキュラム、科目、授業時間数、および単位数

ハノーバー専科大学では、図Ⅱ―(3)―1に見るように、経営管理学部の八学期を基礎科目課程と上級科目課程の二段階に分類している。この八学期は六学期の講義期間と二学期のインターンシップ期間で構成されている。第一段階である基礎科目期間は、二学期を履修した後、予備学位試験（Diplom-Verpruefung）により終了する。第二段階である上級科目期間は、五学期を履修した後、学位試験（Diplom-pruefung）により終了する。

またこの五学期は、二学期の実務活動期間（第五および第八学期））と三学期の講義期間とに分けられる。

学位試験に合格すると、学生は最終試験を受け、それに成功すると、経営管理学専攻の学生にはDiplom-Kaurmann

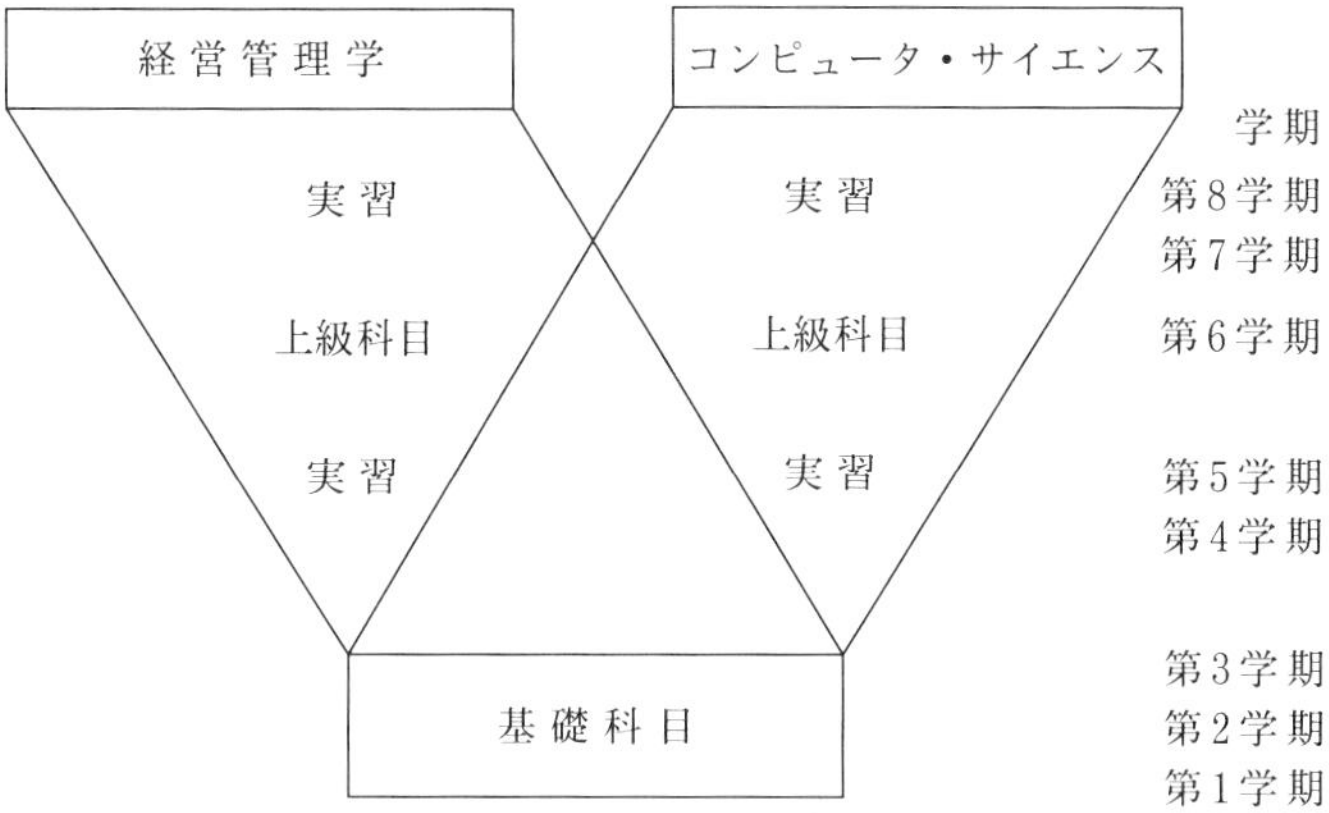

図II-(3)-1　ハノーバー専科大学経営管理学部学位取得コースの組織

（Diplom Kfm（FH））または、Diplom-Kauffra（Dipl Kffr（FH））の学位が、情報システム専攻の学生にはDiplom-Wirtschafts infoemaliker/in（FH）の学位が授与される。[9]

(1) 科目

経営管理または情報システムのコースを卒業する学生は同じ基礎科目を履修することになっている。この対象となる科目分野は、経営管理学、会計学、政治経済学、法律学、人事および労務管理、数学および統計学、コンピュータ・サイエンス、学習法、および言語科目を含む選択必修コースとなる。また上級科目履修中は、経営管理学と情報システム分野のバランスをとりつつ学習することになり、必修および選択コースを通じて専門分野を広げていくことになる。[10]

① 経営管理学（Betriebs wirtschaftsiehre/BWL）

経営管理学の学位取得コースは、主に経済学の分野区分に応じて分けられている。このコースの目標もそのコースに相応しい様式で記述されている。このコースのオリエンテーションは実践的で活発であり、それは特定のビジネス分野における、地域または国の経済界との協力により生まれたものである。またこのコースでは理論的基盤を基にした基礎的知識を提供し、その知識をデータ処理アプリケーションを使用しながら、実践に移していく。[11]

② 情報システム（Wirtshafts informatic/WI）

情報システムの学位取得コースでは、基礎科目課程を履修した後、三つの専門分野のうち一科目を選択することができる。上級科目は、実践的な機能分野区分と同様、マーケティング、販売関連、および生産関連に分けられる。[12]

情報システムの学位取得コースは、最終的に企業内で行われているそれぞれの活動や機能に関連づけられる。すなわち、製品の生産（生産）、業務の評価（販売・マーケティング）、組織といったものである。情報システムは、アプリケーション思考の学習を行う複数の標準プログラムを相互に活用すること、ネットワークの知識の習得、特定のアプリケーション・パッケージを創造的に組み合わせるこ

表Ⅱ-(3)-1　ハノーバー専科大学経営管理学部基礎科目

基礎科目－経営管理学およびコンピュータ・サイエンス 科目名	授業 時間
・経営管理学概論	12
・会計学	6
・政治経済学	6
・法律学	6
・人事／労務管理	6
・数学／統計学	12
・コンピュータ・サイエンス	12
・ビジネス英語	4
・選択必修言語コース	8
・学習法、コミュニケーション論、コンピュータ基礎	6
基礎科目合計	78

表Ⅱ-(3)-2　ハノーバー専科大学経営管理学部上級科目／経営管理学

上級科目／経営管理学 科目名	授業 時数
・経営管理学必須科目	14
・総合科目	18
・経営管理学専門分野（プロジェクトを含む） 産業経営または銀行業／保険業／ビジネス／商業	28
・実習期間中の講義	4
経営管理学上級科目合計	64

表Ⅱ-(3)-3　ハノーバー専科大学経営管理学部上級科／コンピュータ・サイエンス

上級科目／コンピュータ・サイエンス 科目名	授業 時数
・コンピュータ・サイエンス必須科目	18
・総合科目	22
・コンピュータ・サイエンス専門分野（プロジェクトを含む）	20
マーケティング関連コンピュータ・サイエンス	
組織関連コンピュータ・サイエンス	
生産関連コンピュータ・サイエンス	
・実習期間中の講義	4
コンピュータ・サイエンス上級科目合計	64

とが目的となる。(13)

以下において、ハノーバー専科大学経営管理学部のＥＣＴＳ情報パッケージに基づいて学位取得コースの組織を図で示すと図Ⅱ―(３)―１のようになる。また、そのカリキュラムと経営管理学専攻、情報システム専攻の基礎科目、上級科目、およびそれらの授業時間数、単位数を示すと、表Ⅱ―(３)―１～表Ⅱ―(３)―３のようになる。

ハノーバー専科大学の単位システム（credit system）は以下のようになっている。

ＬＨ（授業時間数）

経営管理学および情報システムの学位取得コースは以下のとおりに構成される。

・基礎科目　三学期　七八ＬＨ　九〇単位
・上級科目　三学期　六四ＬＨ　九〇単位
・第一実習期間　一学期　三〇単位
・論文　一学期（これを第二実習期間とする）　三〇単位(14)

基礎科目は全学生が九科目を履修する。当面は左記の単位表を適用する。基礎科目のコース単元は期間によって異なるために単位にばらつきが出る。下記の方法で単位計算を行う。

・二ＬＨ　二・五単位（等級式評価コース）
・二ＬＨ　二・〇単位（合格・不合格コース）

表II-(3)-4　経営管理／情報システムの基礎科目

科目名	LH	単位数
・経営管理学概論	12	13.5
・会計学	6	7.5
・政治経済学	6	7.5
・法律学	6	7.5
・人事および労務管理	6	7.5
・数学および統計学	12	13.5
・コンピュータ・サイエンス	12	13.5
・ビジネス英語	4	4.5
・選択必修言語コース	8	9.0
・学習法、コミュニケーション論、コンピュータ基礎	6	6.0
基礎科目合計	78	90.0(15)

表II-(3)-5　上級科目－経営管理学

科目名	LH	単位数
・経営管理学必修科目	14	21.0
・総合科目	18	27.0
・経営管理学専門分野（プロジェクトを含む）	28	42.0
・産業経営または銀行業および保険業		
またはビジネスおよび商業		
・(実習期間中の講義)	4	0.0
経営管理学上級科目合計	60(64)	90.0(17)

表II-(3)-6　上級科目－情報システム

科目名	LH	単位数
・コンピュータ・サイエンス必修科目	18	27.0
・総合科目	22	33.0
・コンピュータ・サイエンス専門分野（プロジェクトを含む）	20	30.0
マーケティング関連コンピュータ・サイエンス		
生産関連コンピュータ・サイエンス		
・(実習期間中の講義)	4	0.0
コンピュータ・サイエンス上級科目合計	60(64)	90.0(18)

・四ＬＨ　四・五単位

両学部とも、上級科目履修には六四ＬＨが必要となる。その単位ポイントは六〇ＬＨに換算され、第一実習期間中の講義（四ＬＨ）が、三〇単位ポイントとして計算される。したがって、左記の表のとおり、上級科目に関しては、一ＬＨにつき、一・五ポイントとなる。[16]

同様に、各コース単元に関して以下の単位が適用される。

・二ＬＨ　三・〇単位
・三ＬＨ　四・五単位
・四ＬＨ　六・〇単位
・六ＬＨ　九・〇単位[19]

ＥＣＴＳの学生に対するアドバイス

ＥＣＴＳの学生は、ハノーバー専科大学経営管理学部で提供されている上記のすべての講義を制限なく選択できることになっており、自分の在籍している大学での勉学に合った講義を受講することができる。すなわち、必修科目か選択科目か上級科目といった点に関して考察する必要は無い。[20]

三　ハノーバー専科大学と提携しているヨーロッパの大学

ハノーバー専科大学はＥＣＴＳの実施のために以下の国の以下の大学と提携している。

①　ベルギー　École Nationale Supérieure des Arts Visuels de la Cambre, Bruxelles
②　デンマーク　Lyngby Uddannelsescenter, Lyngby
③　フィンランド　Hämeen ammattikorkeakoulu, Hämeenlinna
University of Industrial Arts, Helsinki

		Tampeeren amattikorkeakoulu, Tampere
		Finnish College for SME Business Administration-Yrittäjie, Kauhava
④	フランス	École Nat. Sup. des Sciences de l'Information et des Bibliothèques, Lyon
		École Supérieure des Arts Appliqués Duperre, Paris
		Université de Caen, Caen
		Université de Cergy-Pontoise, Cergy-Pontoise
		Université de Limoges, Limoges
		Université de Savoie, Chambéry
⑤	ギリシャ	Technological Educational Institution Athinon, Athine
		Technological Educational Institution of Thessaloniki, Thessaloniki
⑥	連合王国	Brunel University College, Uxbridge
		Chelsea College of Art & Design, The London Institute, London
		The Robert Gordon University, Aberdeen
		University of Glamorgan, Pontypridd
		University of North London, London
		University of Central England in Birmingham, Birmingham
		Somerset College of Arts and Technology, Taunton
⑦	アイルランド	Waterford Institute of Technology, Waterford
⑧	アイスランド	The Icelandic College of Art and Crafts, Reykjavik
⑨	イタリア	Nuova Accademia di Belle Arti, Milano

Politecnico di Milano, Milano

⑩　オランダ　Koninklijke Hogeschool van Beeldende Kunsten, Den Haag
Hanzehogeschool van Groningen, Groningen
Hogeschool Ijselland, Deventer
Hogeschool Enschede, Enschede
Hogeschool voor de Kunsten, Arnhem

⑪　ノルウエイ　Høgeskolen i Agder, Grimstad

⑫　スエーデン　Kungliga Konsthögskolan, Stockholm

⑬　スペイン　Universidad Autónoma de Madrid, Madrid
Universidad de Zaragoza, Zaragoza

⑭　アメリカ　Southern Illinois University, Edwardsville

以上のようなさまざまな機関を通じて、ハノーバー専科大学は単位互換の促進に努力しているが、さらに最近はこの大学間の交流を進展させるためにマスターコース設置の構想がある。これは、ハノーバー専科大学経営管理学部長ウォルフガング・ベクテ（Walfgqang Bechte）が筆者に説明したのであるが、図Ⅱ－(3)－2に示すように、旧システムから新システムに現在ドイツでは専科大学のみならず、統合・学術大学もマスターコース設置の構想を持っている。マスターコースの設置によって、日・米からの大学の学生の流入がより容易になるというのがベクテ学部長の説明であった。

おわりに

本研究は、大学教育経営改革という大きなテーマの下に、改革には「外圧」、「内圧」、「国際化」の三つが必要である

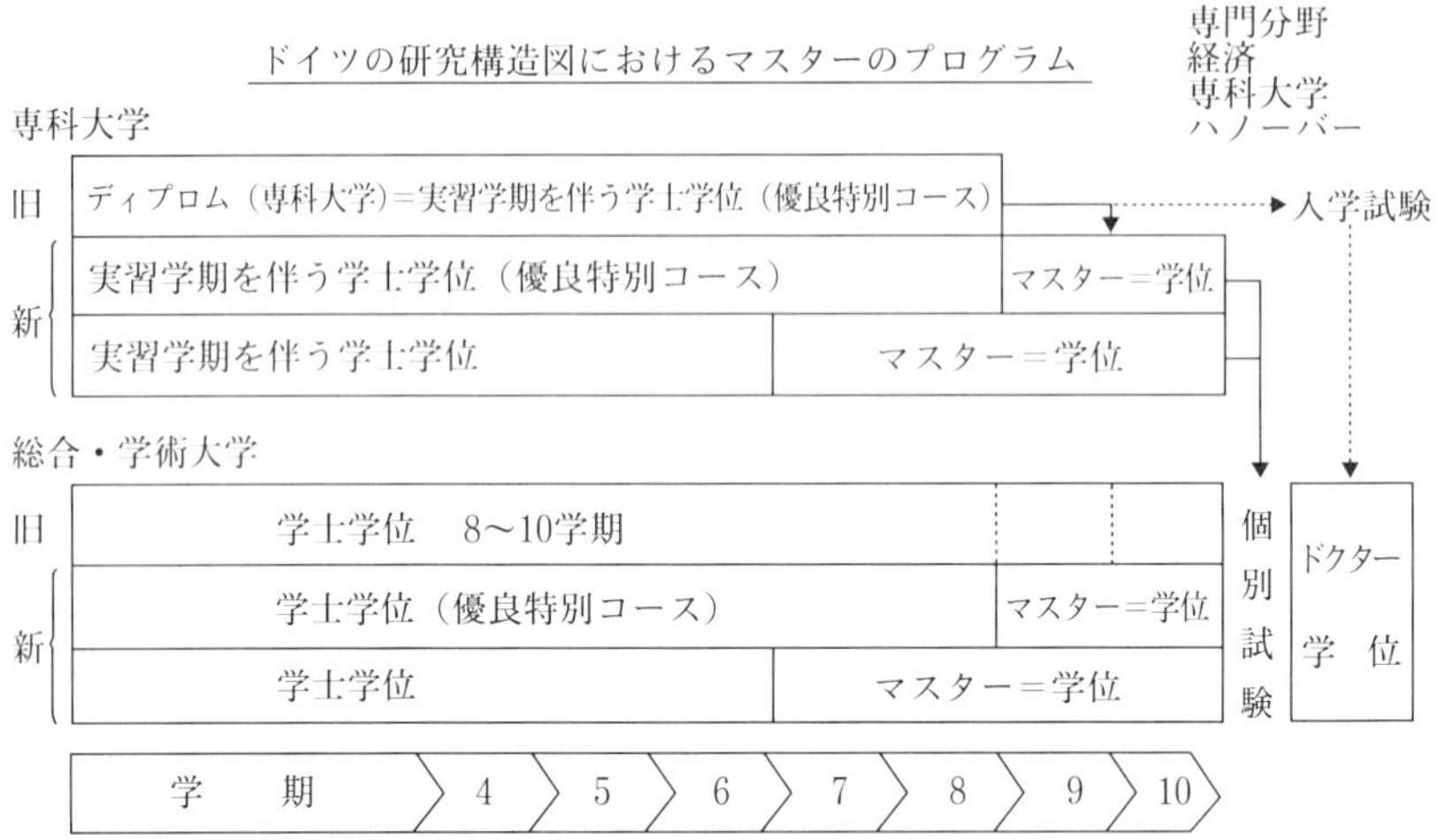

図II-(3)-2　大学における研究構造図

という観点からここ五年間ぐらい研究してきた。「外圧」とはいうまでもなく、現在進行中の一八歳人口の減少により、遠くない時代に「入学定員」と「入学希望者数」の逆転現象が生じ、大学淘汰が必至となることである。「内圧」は、大学が内側からよりよくしていこうとする内的要因であり、これは「ミッション」という立場からこれまで言及してきた。「内圧」こそは大学教育経営改革の原動力たるものということができる。

本稿で取り上げたのは「国際化」である。「国際化」は、わが国の大学ではいまだ進んでいるとはいえないが、今後避けて通ることのできない問題といえよう。そこで本稿ではハノーバー専科大学経営管理学部のＥＣＴＳを考察してきたわけであるが、最も大切なのは、本稿で大々的に使用してきたＥＣＴＳの情報パッケージである。留学し、単位を互換することが可能になるためには、相互の大学がお互いを熟知しているということが前提になる。これには双方の大学の教員、職員スタッフの人的交流を重ねることも大切であるが、双方の交流を円滑に進めることを企画した情報パッケージを至急作成する必要がある。その中には、どのような専門分野にどのような教授がおり、そのカリキュラムはどのような内容であるか、履修手続、単位はどうか等について詳しく、わかりやすく記述される必要がある。その他住宅事情、交通事情等についても情報が盛り込まれることが望ましい。

そのような意味で本稿ではハノーバー専科大学経営管理学部のカリキュラム、授業時数、単位数について、同大学のECTS情報パッケージに基づいて詳細に説明したわけである。

学生が留学し、単位互換がスムーズに行われるようになるためには、さらにこの単位と授業時間数との関係を双方の大学で詰めていく必要がある。ハノーバー専科大学経営管理学部では一年間に六〇単位履修することになっているが、これはわが国の単位数よりかなり多い。ただ、これは数量的な表現なので両方を厳密に比較すれば妥当な線が出てくることが期待できる。最後の問題は言語問題である。ドイツの大学ではほとんど英語が通じ、英語で行われる授業も多いので、日本からの留学生にとってそれほど問題はない。しかし、ドイツからの留学生が日本で勉強をよりよくしていくためには解決されなければならない問題が非常に多いといえよう。

註

（1）Information Package, European Credit Transfer System ECTS 1999/2000 Department of Business Administration, Fachhechschule Hanover, 1999, p.E-1.
（2）江淵一公、『大学国際化の研究』、玉川大学出版部、一九九七、一七六頁。
（3）The European Commission, Education, Traning and Youth, 1999, p.2 von 5.
（4）ibid, p.4 von 5.
（5）ibid, p.4 von 5.
（6）ibid, p.4 von 5.
（7）Information Package, op. cit, p.E-1.
（8）ibid, p.E-2.
（9）ibid, p.E-21.
（10）ibid, p.E-21.

(11) ibid, p.E-21–E-22.
(12) ibid, p.E-22.
(13) ibid, p.E-22.
(14) ibid, p.E-24.
(15) ibid, p.E-24.
(16) ibid, p.E-24.
(17) ibid, p.E-24.
(18) ibid, p.E-25.
(19) ibid, p.E-25.
(20) ibid, p.E-26.
(21) ibid, p.E-8.

第四節　ヨーロッパの大学における単位互換制度―ERASMS・SOCRATES/PROGRAMME, NARIC―

はじめに

本研究は、大学教育経営の構造改革という大きなテーマの下で単位互換制度を中心にこれまで考察を重ねてきた。キーワードとして「魅力」、「効率」の観点から考察を加えてきたが、単位互換の問題を考えるに際して、「協力」という概念がキーワードとして付け加えられるべきであることに気がついた。これは筆者が二〇〇一年九月七日、ブラッセルにあるEU本部の欧州委員会（European Commission）にセリチア氏（Mrs. Anne Serizier, Principal Administrator NARIC）を訪問し、NARIC（National Academic Recognition Information Conter）の単位互換に果たす役割について意見を交換した時であった。

筆者は、これまでに①「日・米・英の大学・大学院国際学部・国際関係研究科のカリキュラムに関する研究」、広島大学大学教育研究センター、大学論集第二八集、平成一〇年三月、②「大学教育カリキュラムの国際化」、日本教育経営学会四〇周年記念出版、「高等教育の経営―危機転換期のマネジメント戦略」、玉川大学出版部所収、平成一二年一二月、③「大学の単位互換制度に関する研究―ハノーバー専科大学の事例を中心に―」、教職課程研究第一〇集、姫路獨協大学協諸侯家庭研究室、平成一二年三月、④「大学の単位互換制度に関する研究―The ECTS USER'S GUIDE を手がかりに―」、教職課程研究第一一集、平成一三年三月、姫路独協大学教職課程研究室、に単位互換制度について発表してきた。本節はこれらの研究の延長線上になる。

本節は、上記の研究を踏まえて、ヨーロッパの大学における単位互換制度を促進してきたエラスムス計画、ソクラテス計画およびナリックについて述べることにする。

一　エラスムス計画

エラスムス・プログラムは、一九八七年六月一五日、委員会の決議（八七／三二七／ＥＥＣ）の第六条（Article 6 of the Council Decision）のとおり準備され、一九八九年一二月十四日の評議会決議（Council Decision）（八九／六六三／ＥＥＣ）により修正された。一九九三年のエラスムス年次報告書（Commission of the European Communities, Erasmus Annual Report 1993, 16, 07, 1994）の目次は以下のようになっている。

エラスムス計画

年次報告書

目次

Ⅰ　エラスムス計画：アクションの実施

アクション1：欧州大学ネットワーク相互大学協力プログラム（Inter-university Corporation Programme, ICPs）と研究・指導・訪問の支援

Ⅱ　情報活動

Ⅲ　組織・諮問基礎

Ⅳ　モニタリング・評価

Ⅴ　ＥＦＴＡ諸国

Ⅵ　一九九〇年代高等教育計画

Ⅶ　ほかの欧州共同体プログラムとの相互作用

Ⅷ　結論

添付書類：予算と統計情報(1)

上記の報告書には目次内容が詳細に述べられている。以下に、アクションⅠに関して報告書の陳述内容を紹介することにする。報告書によれば、エラスムス計画の下に設置された相互大学協力プログラム（ＩＣＰｓ）は下記の一つないしは複数を含む。

○　学生モビリティプログラム（ＳＭ）
○　教授陣モビリティプログラム（ＴＳ）
○　新カリキュラムの共同開発（ＣＤ）
○　集中プログラム（ＩＰ）
○　訪問奨学金(2)

まず第一に、学生のモビリティプログラムであるが、これは学生が外国の大学に留学（博士号やそれと同等なものの取得を含む）する期間に許可を与えるものである。加えて、その留学に関わる文書、教材の準備、出発前、到着後の語学準備、オリエンテーション、会合といったプログラムに直接関係する費用に対して財政的に支援する。(3)

第二に、エラスムス計画は教授陣がヨーロッパのほかの大学で研究したり教育したりするために必要な移動に対して援助する。大学の教授陣は、一週間から一年間の期間で、交換教授プログラムにより、提携大学での教育・研究・指導の面で大いに貢献することが期待される。エラスムス計画は、教授陣の海外出張旅費、宿泊費、および場合によっては三か月ないしはそれ以上の不在期間の代替教員の費用に対しても財政支援をする。一九九三〜九四年にはじめて教授陣に対する語学準備のための、エラスムス奨学金からの資金供与が認められた。

大学教授陣の交換は、留学する学生だけでなく、留学しない多くの学生も欧州協力の利益に預ることになる。というのは、著名な外国の教授から研究、教育、指導を仰ぐことが期待できるからである。さらには、大学教授の交換は共同研究プロジェクトを含む相互機関協力に関しても有益な副産物をもたらすことができる、と報告書は述べている。(4)

第三に、エラスムス計画はカリキュラムの共同開発のための奨学金に貢献している。これはすべての提携大学で実施されるカリキュラムを開発する上で、高等教育機関を援助するために与えられるものである。エラスムス奨学金は、特にモデュール・カリキュラムを使用して、大学認可のために明らかに貢献すると思われるプロジェクトに優先的に与えられる。そのプロジェクトとは、コースの内容にヨーロッパの特質を取り入れたり、専門知識の共有や譲渡に導くものである。この支援は、協働会議や必要文書の制作、翻訳、それらの配布費用に充てられる。(5)

第四に、エラスムス計画は、集中プログラムに対する奨学金により、高等教育機関ネットワークが、一週間から一か月の間でいくつかの適任国から教授陣と学生を一緒に招く短期集中のフルタイムの指導プログラムを作成することを可能にしている。いろいろな国籍の参加者に大学の履修証明が与えられることに特別の配慮が与えられる。さらに、提案されたプログラムの評価は以下の二つの観点から行われる。すなわち、①それぞれの参加機関だけでは履修が普通不可能な科目に基づくか、②あるいは急速に発展している新しい分野の知識を普及することに貢献しているかどうかである。(6)

これまで述べてきたように、エラスムス計画は、学生や大学の教授陣が外国に移動する際の交通費や生活費、予備会合の開催や文書準備の費用に対しても支援を行ってきた。しかし、ここで取り上げる集中プログラムは、ふだん長期間の援助が困難な成人や学生がこれまで学ぶことが不可能であった科目や技術を学ぶことを可能ならしめようとするものである。

第五に、エラスムス計画は訪問奨学金としても用いられている。この訪問奨学金は新しいＩＣＰｓ計画を促進し（特にエラスムスＩＣＰｓにあまりでてこない分野で）、新規パートナーに既存のプログラムを広めたり、大学のスタッフが他の適任国で高等教育システムついてより多くの情報を得ることを可能にする。訪問奨学金はまた、四週間より短い個人の集中指導訪問を可能にし、ＩＣＰｓの枠組みの外で行われる。(7)

二　ソクラテス計画

ソクラテス計画の存在を筆者がはじめて知ったのは、一九九八年一二月一八日、オランダのトウエンテ市にあるトウエンテ大学を訪問し、そこの高等教育研究所の助手にエラスムス計画の内容について尋ねた時だった。この助手は、いまやエラスムス計画からソクラテス計画に研究の中心が移りつつあると述べた。ソクラテス計画はどのようにしてできたのであろうか。以下に「ソクラテス計画の交渉と採択」(Negotiation and Adoption of SOCRATES, in ERASMUS Programme Annual Report 2001)[8]に依拠しながら考察することにする。

(1) ソクラテスの交渉と採択

一九九四年、ヨーロッパでは、教育と職業訓練の分野で新しいプログラムの事前準備段階の活動が活発化していた。それはソクラテス計画に結実するものであった。ソクラテス計画は、江淵一公によると「欧州連合に関するマーストリヒト条約の第一二六条および第一二七条に定める加盟国家間の密接な協力の下で多様な手段を活用して『教育の質の向上に貢献すること』という規定」[9]に配慮したものである。一九九四年には、こうしたプログラムの採択をにらみ、欧州委員会、ヨーロッパ会議、欧州議会の間で長い交渉が繰り広げられた。

ソクラテス計画がそれ以前のECによる取組みと異なるのは、これが教育分野におけるきわめてシンプルな協力という形で、あらゆるタイプ、あらゆるレベルの教育を扱い、それによって教育の質を高めようとしていることである。このことをより具体的に示すために、「ソクラテス計画(一九九五~一九九九)の中に含まれる活動表(Table of the Actions Included in the Socrates Programme ((一九九五~一九九九)))」の紹介を以下に行うことにする。

「ソクラテス計画(一九九五~九九)の中に含まれる活動表」

高等教育(エラスムス)

・アクション1……　ヨーロピアン・ダイメンションを有する活動に関して大学を支援する。

・制度的契約(学生モビリティ組織……教授陣モビリティ……　ヨーロッパコース単位互換制度……　カリキュラム

準備……集中プログラム……　事前訪問）
・そのテーマのネットワークによって開発されたプロジェクト
・アクション2……　学生モビリティ助成
学校教育（コメニウス）
・アクション1……　教授陣の交換と訪問を含むヨーロッパ教育プロジェクトのための学校提携
・アクション2……　渡り労働者の児童、親の職業のために常に旅行する児童、ジプシーの教育に関する国境を越えたプロジェクト―異文化教育
・アクション3……　委員ならびに教育スタッフのための現場教育、セミナー、およびコース
言語教育の促進（Lingua）
・アクションA……　言語教員訓練のためのヨーロッパ協力プログラム
・アクションB……　言語教員のための現職教育
・アクションC……　将来の言語教員のための助手職
・アクションD……　言語教育／学習の用具の開発と言語スキル評価用具の開発
・アクションE……　言語学習協同教育プロジェクト
開かれた遠隔教育
成人教育
教育システムと政策に関する情報と経験の交換（教育政策に関する共通関心の分析）

（2）ソクラテス計画の法的・政治的背景

ソクラテス計画決定の法的根拠は、マーストリヒト条約第一二六条および第一二七条にある。欧州共同体の教育活動

の全体目標は、「加盟国の協力を促進し、もし必要ならば活動を支援し補うことにより、質の高い教育の開発に貢献する。ただし、加盟国の教育内容や教育制度の組織、文化や言語の多様性においては、各国の方針を十分に尊重する」[10]のである。

(3) ソクラテス計画

ソクラテス計画は上記のような経緯で発足してきたわけであるが、その意図するところはどのようなものであろうか。以下に報告書（Commissioner of the European Communities, "Report from the Commission Final Report from the Commission on the Implementation of the Socrates Programme 1995–1999, Brussels, 12, 2, 2001"）に基づいて述べていくことにする。

ソクラテス計画は、欧州委員会、理事会の決定八一九／EC（九五・三・一四）によって採択された。先に述べたように、ソクラテス計画は、エラスムス計画を内包すると同時に、コメニウス計画、リングァ計画も含んでいる。江淵一公によれば「ソクラテス計画の最大の特色は、従来のエラスムス計画が高等教育を中心に構成されているのに対して、初等、中等教育や職業教育・再教育にまで拡大される形の各種プログラムを含んでいること」[11]である。

ソクラテス計画は、ＥＣ委員会がそれまでに実施してきた、特に学校教育に関するさまざまなパイロット計画を採択している。先にも述べたように、ソクラテス計画は教育のすべてのレベルに関する行動や活動を統括した枠組みに基づくものである。決定の第一条には「同計画は質の高い教育と訓練を開発し、教育の交流においてヨーロッパ地域を開かれたものにすることを意図する」[12]とある。ソクラテス計画は、この全体目標に加え、ソクラテス決定第二条において、九つの具体的な目標を掲げ、プロジェクトを企画する上で枠組みとなる活動やサブアクションの範囲を明らかにしている。

（4）ソクラテス計画の対象者

ソクラテス計画は、一九九五年から一九九七年の期間、欧州連合の加盟一五か国および欧州地域経済協定に含まれる国々（アイスランド、リヒテンシュタイン、ノルウェー）で実施された。一九九七年から一九九八年には、欧州連合に加盟を申請している多くの国々（キプロス、ルーマニア、ハンガリー、ポーランド、チェコ、スロバキア）の国民や諸機関にも同プログラムは開かれたが、これに関しては、これらの国々と交わした提携合意がまず特別な条件に基づいて実施された。一九九九年には、ブルガリア、スロベニア、バルト三国が同プログラムに参加した。(13)

ソクラテス計画は、広く一般大衆もその対象の視野に入れているが、すべての関係機関に対してそれを実施することは予算の制約があり、無理である。欧州連合は、三〇歳未満の人口が一億四五〇〇万人で、全人口の四〇％を含めている。これらの青少年のうち七〇〇〇万人が四〇〇〇万人の教員によって三〇万五〇〇〇の学校で教育を受けている。(14)

ソクラテス計画の予算は欧州共同体全体の予算の一％にも満たない。したがって、ソクラテス計画は、複数の波及効果をもたらす人々を優先的にその教育の対象としてきた。ソクラテス計画決定によって定められた予算は、八億五〇〇〇万ユーロだった。ソクラテス計画がほぼ半分進んだところで、この計画を見直すことが当初から考えられていた。ソクラテス計画の反応を考慮し、欧州委員会に予算の見直しを提案し、ソクラテス計画の予算を九億二〇〇〇万ユーロに引き上げることを採択した。(15)

最後に、ソクラテス計画が一三〇〇万ユーロの補助をしたことを考慮に入れてこの額を最終年度の予算に追加することを予算当局が決定した。これにより、合計の予算額は九億三三〇〇万ユーロとなった。そのうち九億二〇〇〇万ユーロは経常費である。それでもますます高まるソクラテス計画への需要に応えるためにはそれは決して十分な予算額とはいえなかった。(16)

三　ナリック

ナリックに関しては、筆者が二〇〇一年九月七日、ベルギーのブリュッセル市にある欧州委員会にナリックのPrincipal AdministratorであるMrs. Anne Serizier氏を訪問し、意見を交換した。その概要は以下の冊子にまとめられている（"Visit of Professor Aoki from Japan" Friday, 7 September 2001, 1 pm. Interview with Mrs. A. Senizier an Academic Recognition（NARIC）. Interview with Mr. P. Van Der Hijden on the European System for Credit Transfer（SCTS））。セリチア氏との意見交換によって得られた情報を中心に以下にナリックについて述べてみたい。

（1）ナリックネットワークとは

セリチアによれば、ナリックネットワークは欧州委員会のイニシアチブによって一九八四年に創設された。このネットワークのねらいは、EU、EEA、中欧、東欧、キプロスの国々での学位（ディプロマ）の認定と勉学期間を改善することである。このネットワークは、これまで説明してきたエラスムス／ソクラテス計画の一部であり、上記の国々における高等教育機関の間に、学生と教授陣の移動を鼓舞することである。(17)

上記のEU、EEAおよび中欧、東欧、キプロスのすべての国はナショナル・センターを設置している。そのセンターの目的は、学位（ディプロマ）の認定と他国で行われる勉学の期間に関して権威のある助言と情報を提供することである。これによって学生、教授陣の外国への移動促進も支援する。このサービスを主に利用するのは、高等教育機関、その学生、教授陣、保護者、および雇用者である。

（2）ナリックの地位

ナリックの職員はそれぞれの国の文部省によって任命されるが、その地位と業務範囲は国によって異なることが考えられる。大多数の国で、高等教育機関は自律的であり、外国人学生の入学、海外で行われる教育を踏まえて自国で行われる教育プログラムの学習の一部を免除するということもそれぞれの高等教育機関が自律的に決定する。したがって、ほとんどのナリックは、決定は行わないがナリック利用者の要請に基づいて、外国の教育システムと資格に関する情報を提供する。[18]

（3）アカデミック認定とは

異なった国のアカデミック資格を比較するとき、同等（equivalence）と認定（recognition）の区別をする必要がある。同等というのは、普通、勉学プログラムを構成する個々のコース・エレメントに関する詳細な比較に言及するものと理解される。一方、認定というのは、主に学生の勉学全体にかかわるよりグローバルな評価に対するアプローチである。普通、認定というのは学位であるディプロマにかかわることである。それはまた学生が完了する学習期間でもある。同等以上に、認定は更なる勉学ないしは研究を認めるという目的のためのアカデミックな研究の機能と全体レベルを見ようとするものである。その場合、学位もしくは勉学期間は、たとえ学位プログラムが同等でなくても認められるだろう。[19]

（4）ナリックと職業認定

ＥＵ諸国の多くのＮＡＲＩＣは、少なくとも三年間の職業教育・訓練の完了の上に授与される高等教育ディプロマの認定のための一般システムに関するthe Council Directive 89/45 EEC の枠組みの中で情報拠点として等しく機能するようそのメンバー国によって指名されてきた。[20]

（5）そのネットワーク活動とは

欧州委員会は、以下の事柄を通じてナリックの間に密接な協力を促進する。

・センター長の定例会合の組織
・アカデミック認定の国際的システムと手続きをよりよく理解するために他の相応しい国の相手センターを自分のセンター職員が訪問するのを可能ならしめるために委員会に特別の財政支援をする。
・情報の支援、とりわけコンピュータ・システムによるデータの交換の準備を容易にするためにソクラテス／エラスムス計画の枠内で財政支援をする。

個々のナリックは上記の情報を日常の仕事に生かしている。彼らは顧客に対して各自の国における認定手続きについて報告し、彼らが認定を適用しなければならない権威に言及する。彼らはまた外国のディプロマが所与の国のディプロマに一致しそうに思われるおおよその価値について助言することができる。(21)

(6) ナリック（エラスムスとの関係）

NARICネットワークは、ディプロマの履修証明や留学証明に関する権威ある助言や情報を提供することによって学生の機動性を促進する手助けをする。一九九三年、一一九、二三〇エキュのエラスムスの奨学金がナリックに授与され、センターの職員が他の適任国を研究のために訪問し、履修証明に関する件で出版物を発行することができた。

一九九三年、ナリックネットワークは全加盟国の主要な高等教育機関の学生数を表した概要を発行した。さらに、一九九三年五月、九日、一一日にスウェーデンのストックホルムで会合を開き、同年一一月三〇日にはベルギーのブリュッセルで会合をもち、ここではナリック、および自国の大学と他国の大学との間において、専門学位履修証明に関する一般指導の「接点」としての役割について話し合われた。(22)

(7) 資格、修学期間、その他の資格の認定の促進（ソクラテスとの関係）

欧州委員会報告書（二〇〇一年）によると、ソクラテス計画には二つの特別な取り決めがある。それはエラスムス計画のアクション1によるＥＣＴＳとナリックネットワークである。さらにソクラテス計画は、ノンフォーマルやインフォーマルな学習制度に向けて作業を進める意向である。マーストリヒト条約の付託により、ソクラテス計画は、大学のコース単位を授与し、ＥＣＴＳがその単位を振り替える機能を継続し、強化してきた。(23)

ＥＣＴＳの制度を利用してきた大学は、一九八九年には一四五校であったが、一〇年後の一九九九年には一二〇〇校以上、約五〇〇〇の学部や学科に上っている。この数字は、エラスムス計画の学生の約半分をカバーしている。したがって、ＥＣＴＳ制度は今後、大学の教育制度の重要な部分となり、近い将来さらに拡大することが期待されている。(24)

第三者機関の評価によると、ＥＣＴＳ制度は約八五％のケースでその目的を達成している。各大学がその教育を改善するために、各国のさまざまな状況をしっかり考慮に入れながら、第三者機関の所見を詳細に分析することを欧州委員会は期待している。ＥＣＴＳ制度の利用者が拡大し、この制度が関係諸機関にさらに広がり、生涯学習などのほかの分野にも広がることを考えて、同制度がすべての国で効果的に実施されるよう情報、カウンセリング、フォローアップを強化する必要がある。(25)

ナリックは一九八四年に発足し、現在三一のナショナル・センターがある。この中には欧州連合加盟国、ＥＦＴＡ（欧州自由貿易連合）諸国、中欧、東欧諸国、キプロス、マルタ共和国もこれに入っている。ナリックは資格の認定に関する情報提供やカウンセリング活動を目指し、強化してきた。この点で、ナリックはソクラテス計画の参加国が広く採用すべき卒業証書補足文書（diploma supplement）の原案を立案した。その結果、卒業証書の認定も促進できると期待されている。(26)

おわりに

以上にエラスムス計画、ソクラテス計画、およびナリックを中心にヨーロッパ諸国における単位互換制度について考察してきた。EUの通貨統一と軌を一にして、ヨーロッパ中の大学で単位互換を促進してきていることが明らかになった。これはすべての学生にできるだけ多くの外国での勉学経験の機会を提供しようとするものであり、学生の立場に立った方策だといえよう。この方策のキーワードとなるのが「協力」である。

ひるがえって、わが国の大学の現状はどうであろうか。少子化現象が引き続き、加えて独立行政法人が実施されている状況の中で各大学はその経営改革を迫られている。いうなれば「外圧」による経営改革の必要性がようやく認識されてきたといえる。しかしながら、大学の運営は「教授会」による決定を基本としているので、上記の経営改革の必要性も「教授会」構成員の一人ひとりに十分に認識されなければ改革の実行は期待できない。その意味で民間企業の改革と比較して改革は遅れている。

わが国でも最近各地で単位互換が進みつつある。しかし、ここでも各大学が自己のメリット・デメリットにとらわれるあまり、学生が本当に受講したい科目が他の大学の学生に解放されないきらいがある。もう少し学生の立場に立って、各大学が「協力」して一緒になって努力し、それぞれの大学のアイデンティティの確立を図ることが望まれる。

しかし、アイデンティティの確立は容易ではない。それは「外圧」ではなく、「内圧」から出てくるものである。教職員の一人ひとりが魅力ある教育をどのように構想するか、それを学部としてどうまとめていくかが問われる。しかしながら研究者は自分の研究に没頭しており、魅力ある教育を構想することはなかなか期待できない。

註

（1）Commissioner of the European Communities, Erasmus Programme Annual Report 1993, Brussels, 16, 07, 1994, p.3.
（2）ibid. p.5.
（3）ibid. p.5.
（4）ibid. p.5.
（5）ibid. p.5.

（6） ibid. p.6.
（7） ibid. p.6.
（8） Commissioner of the European Communities, Report from the Commission Final Report from the Commission on the Implementation of the Socrates Programme 1995–1999, Brussels, 12, 2, 2001, p.24.
（9） 江淵一公著『大学国際化の研究』玉川大学出版部、一九九七、二〇六頁。
（10） Commission of the European Communities, Brussefls, 12, 2, 2001, op. cit, pp.3–4.
（11） 江淵一公、前掲書、二〇四頁。
（12） Commission of the European Communities, Brussefls, 12, 2, 2001, op. cit, p.3.
（13） ibid. p.4.
（14） ibid. p.4.
（15） ibid. pp.4–5.
（16） ibid. p.5.
（17） “visit of professor Aoki from Japan” Friday, 7 September 2001, 1 pm. Interview with Recognition（NARIC）“Interview with Mr. P. Van der Hijden on the European” p.3.
（18） ibid. p.4.
（19） ibid. p.4.
（20） ibid. p.4.
（21） ibid. pp.4–5.
（22） Commissioner of the European Communities, 06, 07, 1994, op. cit, p.16.
（23） Commission of the European Communities, Brussefls, 12, 2, 2001, op. cit, p.13.
（24） ibid. p.14.
（25） ibid. p.14.
（26） ibid. p.14.

第三章　日本の大学の教育経営改革

第一節　財団法人大学コンソーシアム京都

一．財団法人大学コンソーシアム京都の目的

本書のタイトル「大学教育経営の構造改革―硬構造から柔構造へ―」にとってここに取り上げる「財団法人大学コンソーシアム京都」はきわめて大きな意義を有する。というのは、まさにこのコンソーシアムこそが、大学教育経営構造改革の根幹をなす地域大学連合、単位互換等をはじめて、かつ総合的に実施したものであるからである。より具体的に言うならば、それは本書のコンセプトのところでも述べたが、京都地域にある五〇の大学が「協力」して、ここに集まってくる学生や地域の人々によりよい教育を提供しようとしているところにある。これはもちろん本書で述べたもう一つのコンセプトである「効率」と「魅力」の両方を補完する機能も果たしている。さらに言うならば、これは本書のサブタイトルである「硬構造から柔構造へ」の転換にとっても非常に多くの示唆を提供している。

そもそもこの「財団法人大学コンソーシアム京都」はどのような目的で設立されたのであろうか。財団法人大学コンソーシアム京都が発行しているパンフレット〝UNIVERSITY　CONSORTIAM〟の二〇〇三年版では設立の趣意について以下のように述べている。

表III-(1)-1　大学コンソーシアム京都加盟大学・短期大学一覧

	文・文化学系	外国語・言語学系	法・政治学系	経済・経営・商学系	社会・観光・マスコミ学系	国際関係学系	教育・教員養成学系	食物・被服・生活科学系	芸術学系	人間科学・総合科学系	看護・健康科学・保健学系	医・歯学系	薬学系	理学系	工学系	農・水産学系
国立大学																
1 京都大学	■	■	■	■	■	■		■		■	■	■	■	■	■	
2 京都教育大学							■									
3 京都工芸繊維大学									■						■	
公立大学																
4 京都府立大学	■				■			■								
5 京都府立医科大学											■	■				
6 京都府立医科大学医療技術短期大学部											■					
7 京都市立看護短期大学											■					
8 京都市立芸術大学									■							
私立大学																
9 池坊短期大学	■							■	■							
10 大谷大学	■	■			■		■			■						
11 大谷大学短期大学部	■	■					■									
12 華頂短期大学					■		■	■								
13 京都医療技術短期大学												■				
14 京都外国語大学		■														
15 京都外国語短期大学		■														
16 京都学園大学	■		■		■		■			■						
17 京都経済短期大学				■												
18 京都光華女子大学	■	■			■					■	■					
19 京都光華女子大学短期大学部								■								
20 京都嵯峨芸術大学					■				■							
21 京都嵯峨芸術大学短期大学部									■							
22 京都産業大学	■	■	■	■		■								■	■	
23 京都女子大学	■	■			■	■	■	■	■							
24 京都女子大学短期大学部	■	■					■	■								
25 京都精華大学	■				■				■	■						
26 京都創成大学				■												
27 京都造形芸術大学	■							■	■						■	
28 京都橘女子大学	■	■	■	■	■			■	■							
29 京都短期大学					■			■								
30 京都ノートルダム女子大学	■	■						■	■							
31 京都文教大学	■															
32 京都文教短期大学	■				■		■	■								
33 京都薬科大学													■			
34 種智院大学	■				■											
35 西山短期大学	■				■				■							
36 成安造形大学								■	■							
37 聖母女学院短期大学		■					■	■								
38 同志社大学	■	■	■	■	■		■		■						■	
39 同志社女子大学	■	■			■		■	■	■	■						
40 花園大学	■				■		■		■	■	■					
41 佛教大学	■	■			■		■									
42 平安女学院大学	■	■		■	■											
43 平安女学院大学短期大学部	■	■					■									
44 明治鍼灸大学											■					
45 明治鍼灸大学医療技術短期大学部											■					
46 立命館大学	■	■	■	■	■	■	■			■				■	■	
47 龍谷大学	■	■	■	■	■	■	■							■	■	
48 龍谷大学短期大学部					■											
49 大阪成蹊大学芸術学部									■							
50 大阪医科大学												■				

『進研プレス2003春号受験オリエンテーション』をもとに分類（2003年4月現在）
（出所：京都の学びstyle、京都はひとつのキャンパス2003大学コンソーシアム京都）

「京都は大学が多数集結しており、歴史的にも大学都市として発展し、学術研究・文化芸術活動を通じて、大学と地域社会及び産業界の繋がりや大学相互の結びつきが育まれている。

学術の進展、技術革新による産業構造の変化、国際化・情報化の進展等によって社会が大きく変化しつつある今日、大学はあらためてその存在意義を問われている。大学教育に対する社会の期待や学生のニーズの多様化にさらに対応していくためには、大学・地域社会及び産業界との連携や大学相互の結びつきをより一層深めていくことが必要である。

このような中にあって、財団法人大学コンソーシアム京都は、大学、地域社会及び産業界との協力による大学教育改善のための調査研究、情報発信交流、社会人教育に関する企画調整事業等を行い、これらを通じて大学と地域社会及び産業界の連携を強めるとともに、大学相互の結びつきを深め、教育研究のさらなる向上とその成果の地域社会、産業界への還元を図る。

表Ⅲ-(1)-2　2003年度事業計画

Ⅰ.教育事業部

教育事業

1. 単位互換
（1）コーディネート科目の充実－「京都学」「21世紀学」に関する総合的な学習機会の提供
（2）持ち出し科目・既存科目の充実
（3）単位互換運営・事務のシステム化
2. シティーカレッジ

高大連携事業

1. 高大連携プラットフォーム事業
（1）「京都高大連携研究協議会」の設置－京都府域における高大連携推進機関の設置〈新規〉
（2）高大連携教育プログラムの研究開発〈新規〉
2. 高大連携「学び」発信事業
（1）「京都の大学「学び」フォーラム2003」の開催
（2）「高大連携推進室」の設置－大学コンソーシアム京都内推進組織の設置〈新規〉
3. リメディアル教育プログラム提供事業
（1）リメディアル教育プログラムの提供
4. FD（ファカルティー・ディベロップメント）事業
（1）FDフォーラムの開催
（2）FD研究会の開催

学生課外事業

1. 短期大学学生対象キャリアサポートプログラム（就業体験プログラム）
（1）「短期大学生キャリアサポートプログラム」の実施
2. 就職活動継続者対象支援プログラム〈新規〉
3. 「就職キャンパス2004」の実施
4. 学生課外学習プログラム

Ⅱ.企画事業部

大学政策・情報化企画支援事業

1. 大学政策・調査広報事業
（1）「大学政策委員会」の設置〈新規〉
（2）高等教育研究紀要等の発刊〈新規〉
2. 大学コンソーシアム京都長期計画策定
3. 情報企画事業
（1）情報発信交流事業
①学術情報の国際的発信
②大学情報等の発信
③大学コンソーシアム京都情報の発信
（2）情報化支援事業
①遠隔講義・ネット授業の技術支援
②情報化支援人材の育成・コーディネート
③大学コンソーシアム京都事業に係る事務運営のシステム化
4. デジタルアーカイブ事業
5. 国際交流事業
（1）京都地域留学生住宅保証機構

大学事務共同化・アウトソーシング事業

1. 大学事務共同化・アウトソーシング事業
（1）大学事務共同化・アウトソーシング調査企画
（2）職員共同研修
①ビジネスマナー研修（主に新人職員対象）
②キャリアカウンセラー人材育成〈新規〉
（3）アドミニストレータ人材育成プログラム策定〈新規〉
①「大学マネジメント研究会（仮称）」の発足
②高等教育政策研究セミナーの開催

Ⅲ.産官学連携・共同研究事業部

共同研究事業

1. 学術コンソーシアム事業
（1）共同研究プロジェクトの推進
（2）プラザカレッジ事業
（3）単位互換等への講座提供
（4）普及・出版・アーカイブ事業
（5）研究交流事業
2. 京都地域シンクタンク事業
（1）京都地域・行政政策シンクタンク機能の確立

産官学連携人材育成事業

1. ベンチャー人材育成事業
（1）京都起業家学校（経済産業省・京都市プラットフォーム事業）
（2）学生ベンチャースタートアップスクール（同上）
（3）MOT（Management of Technology）事業（経済産業省・京都府プラットフォーム事業）
2. 離職者訓練講座事業（厚生労働省・京都府委託事業）

Ⅳ.リエゾン事業部

リエゾン事業

1. リエゾンオフィスの活動強化
（1）受託研究等の件数増加
（2）人文系・社会系・芸術系リエゾンオフィス等の連携
（3）リエゾンオフィスコーディネーター等体制の強化

インターンシップ事業

1. インターンシップ事業
（1）インターンシッププログラムの実施
①ビジネスコース
②ベンチャービジネスコース
③行政コース
④NPOコース
（2）インターンシッププログラム研究開発

学生交流事業

1. 京都学生祭典
2. 芸術系大学作品展（ART UNIV2003）
3. 京都学生スポーツ振興支援事業〈新規〉
大学、地域、スポーツの連携・交流事業支援

Ⅴ.管理運営事業

1. キャンパスプラザ京都管理運営
2. 大学コンソーシアム京都の組織運営

［2002年度 第4回理事会・評議員会議決事項抜粋］

（出所：財団法人大学コンソーシアム京都、2003）

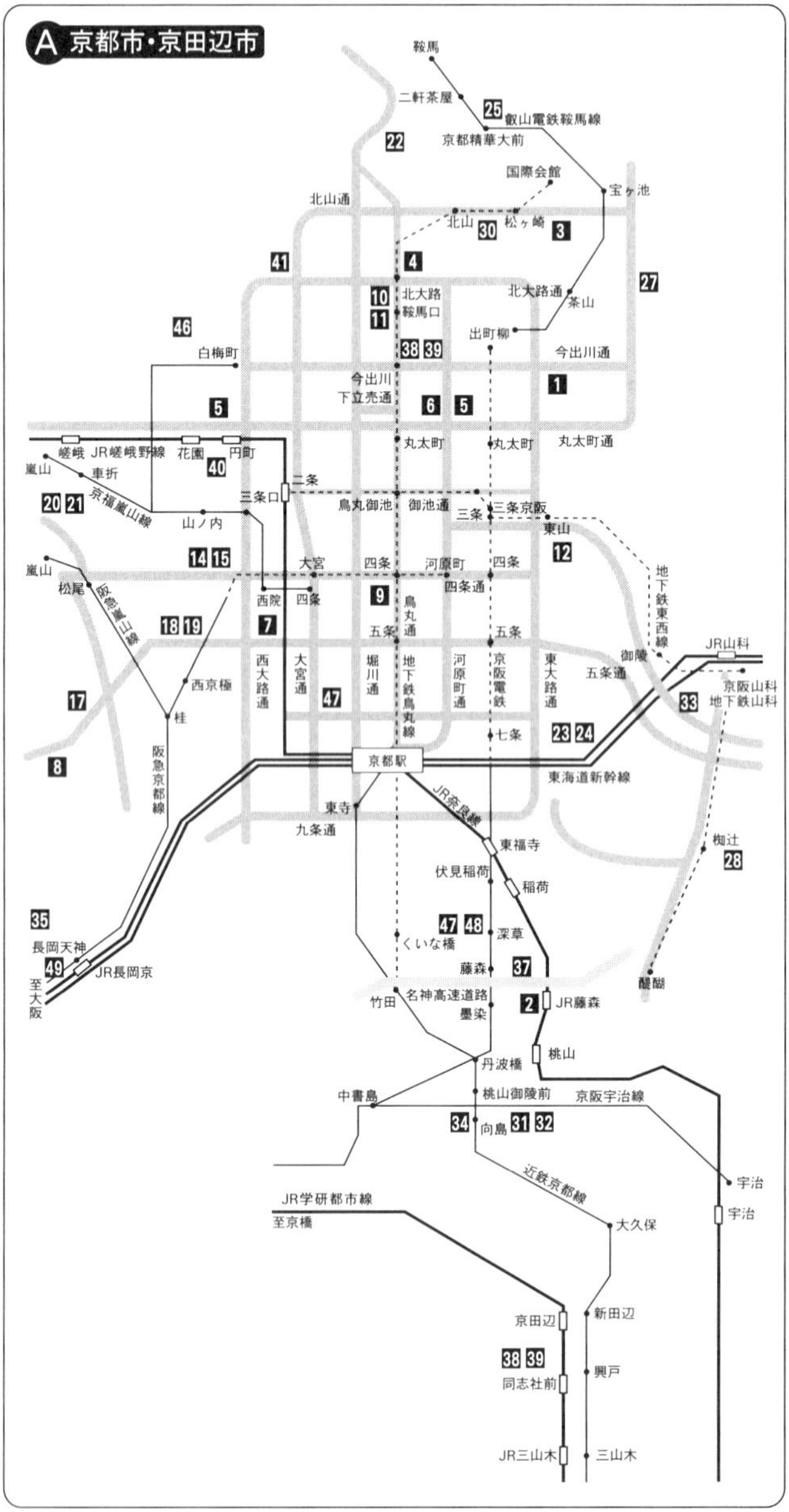

図Ⅲ-(1)-1　大学コンソーシアム京都加盟大学・短期大学所在地
(出所：京都の学びstyle、京都はひとつのキャンパス2003大学コンソーシアム京都)

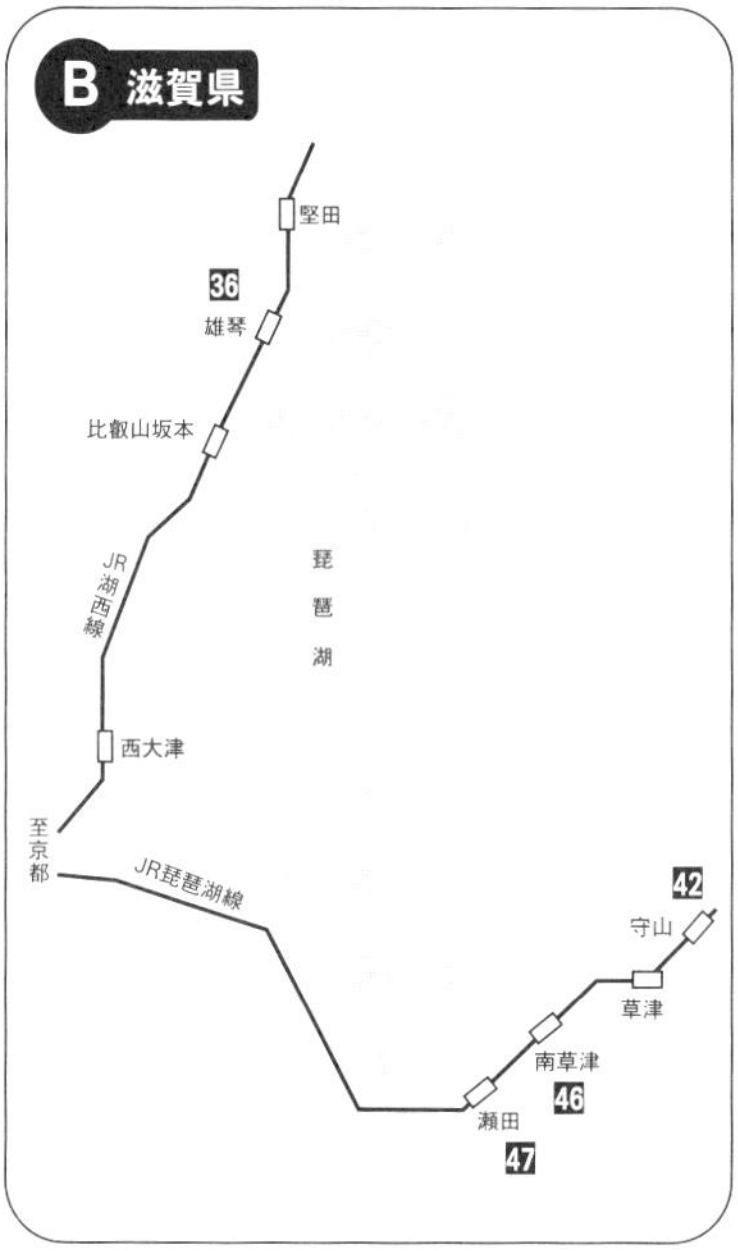

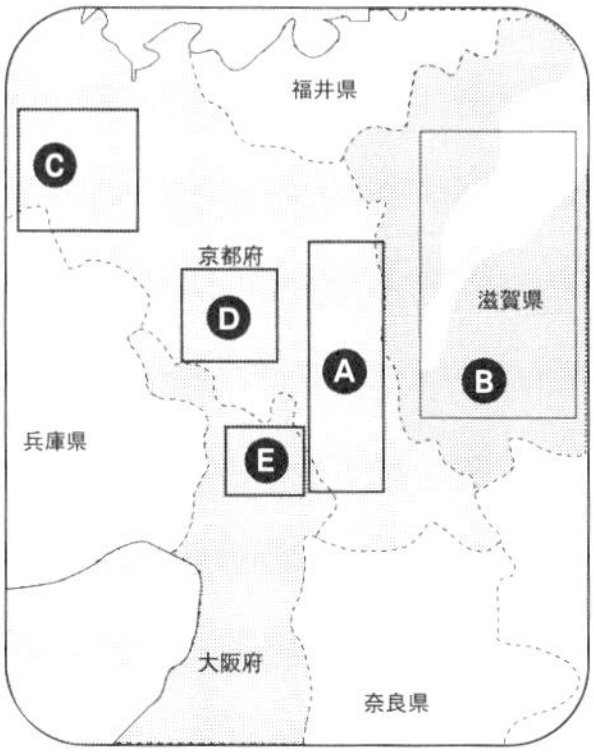

（出所：京都の学びstyle、京都はひとつのキャンパス2003大学コンソーシアム京都）

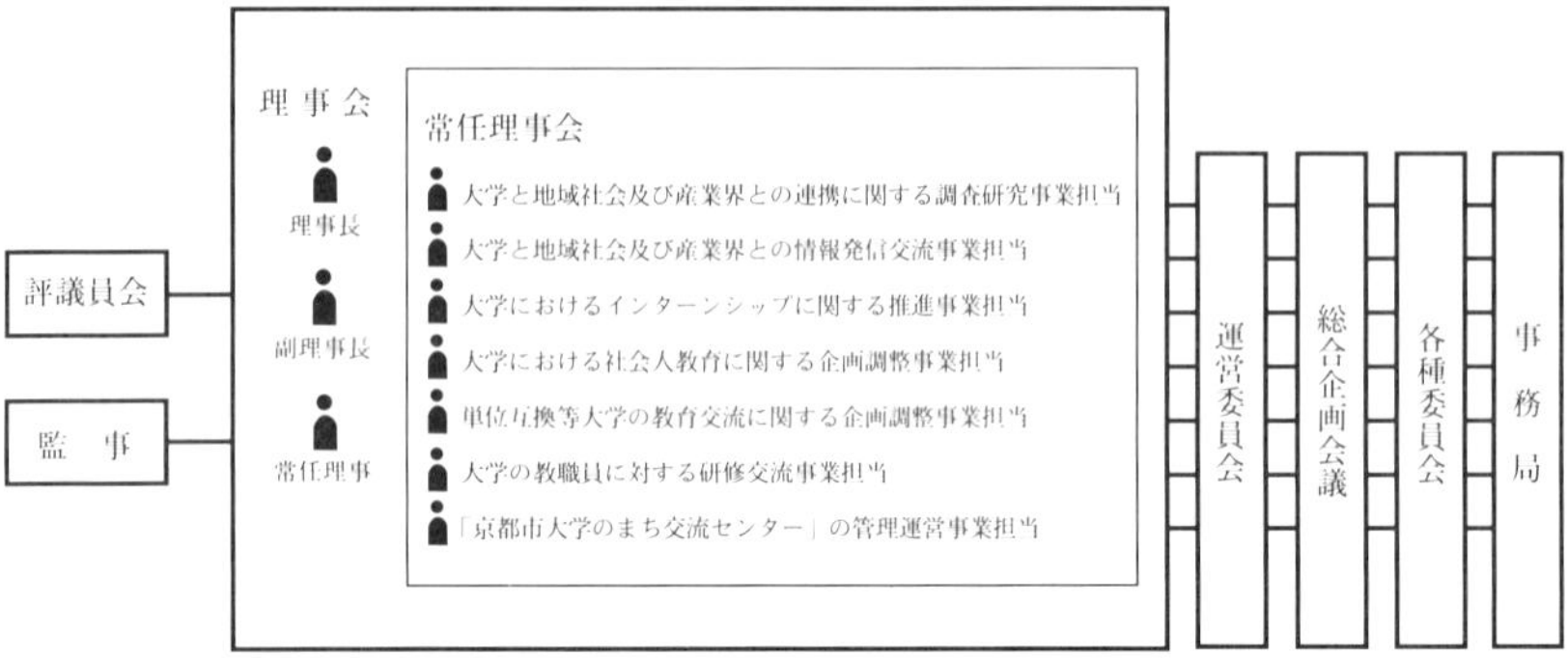

図Ⅲ-(1)-2　組織図
（出所：財団法人大学コンソーシアム京都、2003）

本財団は、このような活動を通じて、わが国の学術研究と高等教育の発展に寄与するものである。」（一）（財団法人大学コンソーシアム京都、二〇〇三）。

　この財団法人大学コンソーシアム京都には、現在、国・公・私立大学（短期大学を含む）合わせて五〇の大学が参加している。その大学名と所在地は図Ⅲ－（１）－１表Ⅲ－（１）－１に見るように、A京都市、京田辺市、B滋賀県、C福知山市、D亀岡市。船井郡、E高槻市に及んでいる。ほとんどの地域は交通の便がよく、それぞれの大学の学生は、京都市内にあるキャンパスを中心にして実施されるコーディネート科目を受講することができ、さらに他大学で開講されている非常に多くの科目を履修することができ、単位互換も大々的に行われている。

　財団法人大学コンソーシアム京都の二〇〇三年度の事業計画は表Ⅲ－（１）－２のようになっている。本書では「大学教育経営の構造改革―硬構造から柔構造へ―」という観点から、表Ⅲ－（１）－２に示される数多くの活動の中から①コーディネート科目、②シティーカレッジ、③高大連携、④インターンシップ、⑤学術コンソーシアム、を取り上げ、それぞれについて説明することにする。

　表Ⅲ－（１）－２に示した事業計画を実施していくための組織は図Ⅲ－（１）－２のようになっている。この組織図からも、財団法人大学コンソーシアム京都が京都地域の大学が「協力」してよりよい教育を提供していくための総合的な機関であることを認めることができる。

　表で示した事業計画を実施していくための組織は図Ⅲ－（１）－２のようになっている。

表Ⅲ-(1)-3　コーディネート科目（2003年度）

分野		科目名	大学	コーディネート及び担当教員	●	●
京都学	芸術	歌舞伎とその周辺の芸能	池坊短期大学	森西　真弓	前期	●
	芸術	映像作家の視点、21世紀・映像表現の可能性	京都精華大学	伊奈　新祐	後期	●
	芸術	アーツ＆セラピー論～芸術とまちづくり	京都橘女子大学・大谷大学・成安造形大学	小暮　宣雄	前期	●
	芸術	映像の20世紀－感性の変容　感性の陶冶	同志社大学	山路　龍夫	後期	●
	芸術	「美術の都」を検証する－古代から近世まで	同志社大学	太田孝彦他	後期	●
	芸術	京都学　～美術編～	花園大学	城市真理子	通年	●
	芸術	洛中洛外図屏風のなかの芸能世界	立命館大学	川嶋　将生	前期	●
	芸術	演技体験ワークショップ	龍谷大学	Salz、Jonah l.（ジョナ サルズ）	前期	●
	文学・歴史	京の道・京の辻	大谷大学	宮﨑　健司	後期	●
	文学・歴史	平安宮廷文人の世界－菅原道真を中心に－	京都産業大学	所　功	後期	●
	文学・歴史	京都の歴史と文化財	京都橘女子大学	増渕　徹	集中	●
	文学・歴史	京都学　～歴史編～	花園大学	松田　隆行	通年	●
	思想	京都学（過去・現在・未来）	立命館大学	高橋　学	後期	●
	思想	特殊講義　－本願寺の探求	龍谷大学	赤松　徹真	後期	●
	習俗	京の祭り学（特別講座Ⅱ）	種智院大学	頼富　本宏	後期	●
	伝統・ものづくり	京都の観光力と連携を考える	同志社女子大学	山上　徹	集中	●
	伝統・ものづくり	地域づくり論～サスティナブル・コミュティの可能性を探る～	佛教大学	遠州　敦子	前期	●
	伝統・ものづくり	京都：景観形成の伝統とその継承	立命館大学	山崎　正史	前期	●
	伝統・ものづくり	日本文化の伝統	立命館大学	真下　厚他	前期	●
21世紀学	社会と人間	宗教と平和　－人類はなぜ争うのか－	龍谷大学	高田信良他	後期	●
	社会と人間	宗教と倫理　－人類はどこへ向うのか－	龍谷大学	高田信良他	前期	●
	文化と歴史	日韓関係の今とこれからを考える－歴史・文化・外交－	大谷大学	鄭　早苗	前期	●
	文化と歴史	地球の異文化理解（地中海編）	京都外国語大学	平山弓月他	後期	●
	文化と歴史	近江の文化	同志社大学	辰巳和弘他	集中	●
	社会と人間	楽しく学べるトルコ語	京都外国語大学	堀川　徹	前期	●
	社会と人間	特別講義D　クルマ社会と法	京都学園大学	川本　哲郎	後期	●
	社会と人間	支えあう健康～エイズと社会	京都産業大学	鬼塚　哲郎	集中	●
	社会と人間	国際協力人材（Human Treasures）育成講座	立命館大学	長須　政司	集中	●
	自然と技術	近江の自然	同志社大学	光田重幸他	集中	●
	自然と技術	エコロジー～21世紀の環境と社会～	佛教大学	満田　久義	集中	●
	自然と技術	環境学習システム演習	立命館大学	笹谷　康之 谷口　知弘	集中	●
複合領域		マンガ文化の原点としての諷刺マンガ	京都精華大学	玉前　謙	前期	●
		臨床心理学の世界	京都文教大学	森谷　寛之	前期	●
		現代につながるビジネスの原点－近江商人を生んだ上方の歴史と風土	同志社大学	末永國紀他	集中	●
		学際研究3－スポーツが創る私たちの「まち」－	同志社大学	古川勝巳他	後期	●

（出所：「2003年度単位互換履修生募集ガイド」財団法人大学コンソーシアム京都、5頁）

二　コーディネート科目

コーディネート科目と言うのは、単位互換用に新たに開設された科目であり、財団法人大学コンソーシアム京都の場合、次のように説明されている。「現代社会が抱えるさまざまな問題を考える時、一分野からのアプローチだけでは、不十分なことは言うまでもありません。その問題について多角的な視点からとらえることが重要です。大学コンソーシアム京都では、そのような要請に応え、複数の研究者の視点を学んだり、行政や企業最前線の当事者から最新情報を学ぶ科目群や地元の大学ならではの京都を多角的に研究する科目群など、コーディネート科目として開講しています」(2)。

コーディネート科目は以下の表Ⅲ－(1)－3に示すとおりであるが、京都学、二一世紀学、複合領域となっており、多くの教員が多様な立場から論じるところにその最大の特色がある。

三　シティーカレッジ

社会人の学習ニーズの高度化に対応するために、財団法人大学コンソーシアム京都は、一九九七年、京都市と連携して、シティー・カレッジ事業を開始した。これは科目等履修生もしくは聴講生として京都の各大学や短期大学で正規の学生と一緒に授業を受けることができる制度である。大学評価、学位授与機構は「短期大学・高等専門学校を卒業した者および大学に二年以上在籍し、六二単位以上取得した等の基礎資格を有する者は四年制大学の科目等履修生として取得した単位と合わせて申請することにより、学士の学位が取得できる道」を開いている。(3)

このシティーカレッジの出願資格は以下のようである。

(1)高等学校を卒業した者もしくは通常の課程による一二年の学校を修了した者(通学の課程以外の課程によりこれに相当する学校教育を修了したものを含む)。

(2)監督庁の定めるところにより、これと同等以上の学力があると認められた者。学校教育法施行規則第六九条、次の各号の一に該当する者とする。

①　国において、学校教育における一二年の課程を修了した者又はこれに準ずる者で文部科学大臣の指定した者。
②　文部科学大臣が高等学校の課程に相当する課程を有する者として指定した在外教育施設の当該課程を修了した者。
③　文部科学大臣が指定した者。
④　大学入学資格検定により文部科学大臣が行う大学入学資格検定に合格した者。
⑤　その他の大学において、相当の年齢に達し、高等学校を卒業した者と同等以上の学力があるものと認めた者。(4)

このシティーカレッジの科目を提供している大学・短期大学は表Ⅲ－(1)－4に示すとおりであり、二四の大学、短期大学が提供している。

表Ⅲ-(1)-4　シティーカレッジ科目提供大学（2003年度）

池坊短期大学	京都橘女子大学
大阪成蹊大学芸術学部	京都ノートルダム女子大学
大谷大学	京都府立大学
大谷大学短期大学部	京都文教大学
華頂短期大学	京都文教短期大学
京都市立芸術大学	京都薬科大学
京都外国語大学	種智院大学
京都外国語短期大学	成安造形大学
京都学園大学	聖母女学院短期大学
京都光華女子大学	同志社大学
京都光華女子大学短期大学部	同志社女子大学
京都嵯峨芸術大学	花園大学
京都嵯峨芸術大学短期大学部	佛教大学
京都産業大学	平安女学院大学
京都精華大学	立命館大学
京都西山短期大学	龍谷大学
京都造形芸術大学	龍谷大学短期大学部

（出所：「2004年度募集ガイドシティーカレッジ」財団法人大学コンソーシアム京都、1頁）

四　高大連携

最近は大学を卒業して就職しても三年以内に辞めてしまうものの割合が高くなっている。それにはさまざまな理由が考えられるが、大学選択が間違っていたということもその大きな理由の一つである。というよりは、これまでは何が何でも偏差値の高い有名大学に入るということが最大の

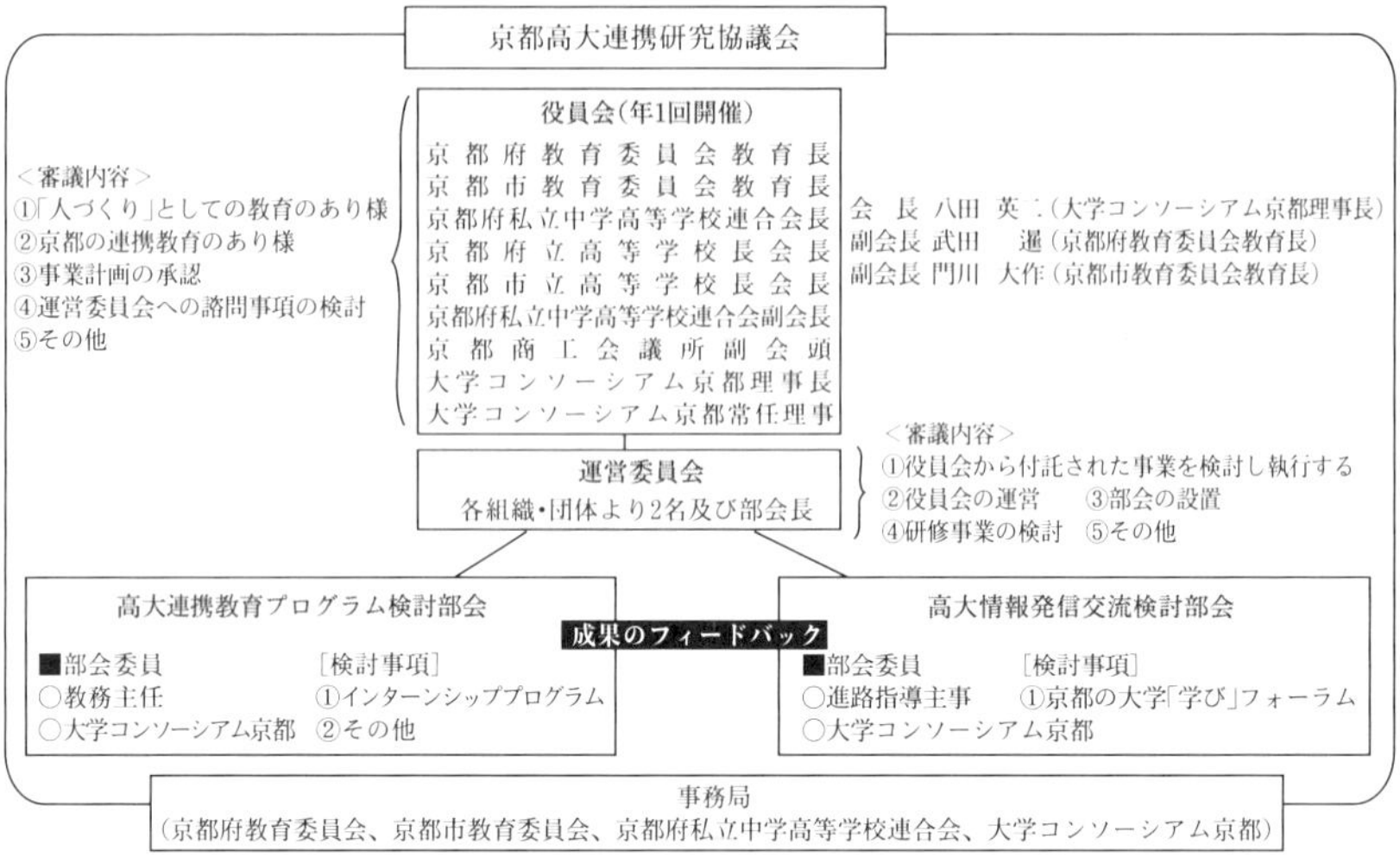

図Ⅲ-(1)-3　■京都高大連携研究協議会の事業運営スキーム図
（出所：財団法人大学コンソーシアム京都会報、No.13、2003.5、2頁）

目標であり、大学に入って何を学ぶかということは二の次であった。このようなことが無いように高校と大学との接続を緊密にしていこうとするのが高大連携の叫ばれる一つの理由である。

　このような実態を踏まえて、財団法人大学コンソーシアム京都では、高校生に大学の授業について知識を増進するために、①出前授業（出張講義タイプ）、②ペア型連携タイプ（教育委員会と大学、高校と大学等の提携・協定型で入試と密接なもの）(5)を重視しているが、これは大学進学を主な目的とした連携であるのが実態である。

　いずれにせよ、この財団法人大学コンソーシアム京都で行われている高大連携は、あらゆる意味で高校と大学の相互理解と交流を深め、双方の教育目標がよりよく実現できることを期している。なお、この高大連携は実施されるようになってそれほどに年月を経ておらず、財団法人大学コンソーシアム京都の活動の成果は、今や全国的レベルで行われるようになった高大連携に多大の影響を及ぼすものと考えられる。

　厳しい入学試験に合格して入学しても、大学の授業についていけない者が出てきている。特に理工系の学部では、数学や物理学という授業では補修講義が行われる必要が出てきている。そのような場合、予備校の講師や高校の担当教論に授業をお願いする

「大学コンソーシアム京都　高大連携推進室」

大学コンソーシアム京都加盟の大学・短期大学の高大連携を推進し、連携組織ならではの総合的なプログラムの研究と開発により、高大連携による教育の発展を目指します。

【所管事業】
① 高大連携企画事業
② FD事業
③ リメディアル教育事業
④ 京都の大学「学び」フォーラム

【体　　制】
高大連携推進室　室　長　**山内 信幸**
（教育事業部長・同志社大学アメリカ研究所所長、言語文化教育研究センター教授）
高大連携推進室　事務局長　**折田 章宏**
事務局　**乾　明紀**
事務局　**田中 一朗**

図Ⅲ-(1)-4　総合的な窓口機能
（出所：財団法人大学コンソーシアム京都会報、2003、3頁）

ことが多いという話を聞く。このようなことが起こらないように、入学前に高校と大学が連携して、高校生の個々の学力と大学の授業の程度について双方で検討していくことが大切である。

二〇〇三年度京都高大連携研究協議会の組織は図Ⅲ－（１）－３のようになっている。この組織は役員会、運営部委員会、高大連携教育プログラム検討委員会、高大情報発信交流検討部会、および事務局で構成されている。そして役員会は京都府教育委員会委員長、京都府私立中学高等学校連合会長、京都府立高等学校長会長、京都市立高等学校長会、京都府私立中学高等学校連合会会長、京都商工会議所副会頭、大学コンソーシアム京都理事長、大学コンソーシアム京都常任理事で構成されており、高大連携に関わるすべての機関が網羅されている。

何よりも高大連携教育プログラム検討部会と高大情報発信部会との間で成果のフィードバックが行われていることを看過してはならない。ここにわれわれはこの協議会が実際によりよい成果を上げるための組織であることを認めることができる。

図Ⅲ－（１）－４、図Ⅲ－（１）－５のように、さらに財団法人大学コンソーシアム京都には高大連携推進室があり、この機関が京都高大連携研究協議会の傘下にある各高校に対して窓口機能を果たしており、加盟大学、高校、京都府教育委員会、京都府私立中高連合会、京都商工会議所の間でコーディネート機能を果たしている。

五　インターンシップ

先に高大連携のところでも述べたのだが、最近大学を卒業して就職しても三年ぐらいで退職してしまう者が増加して

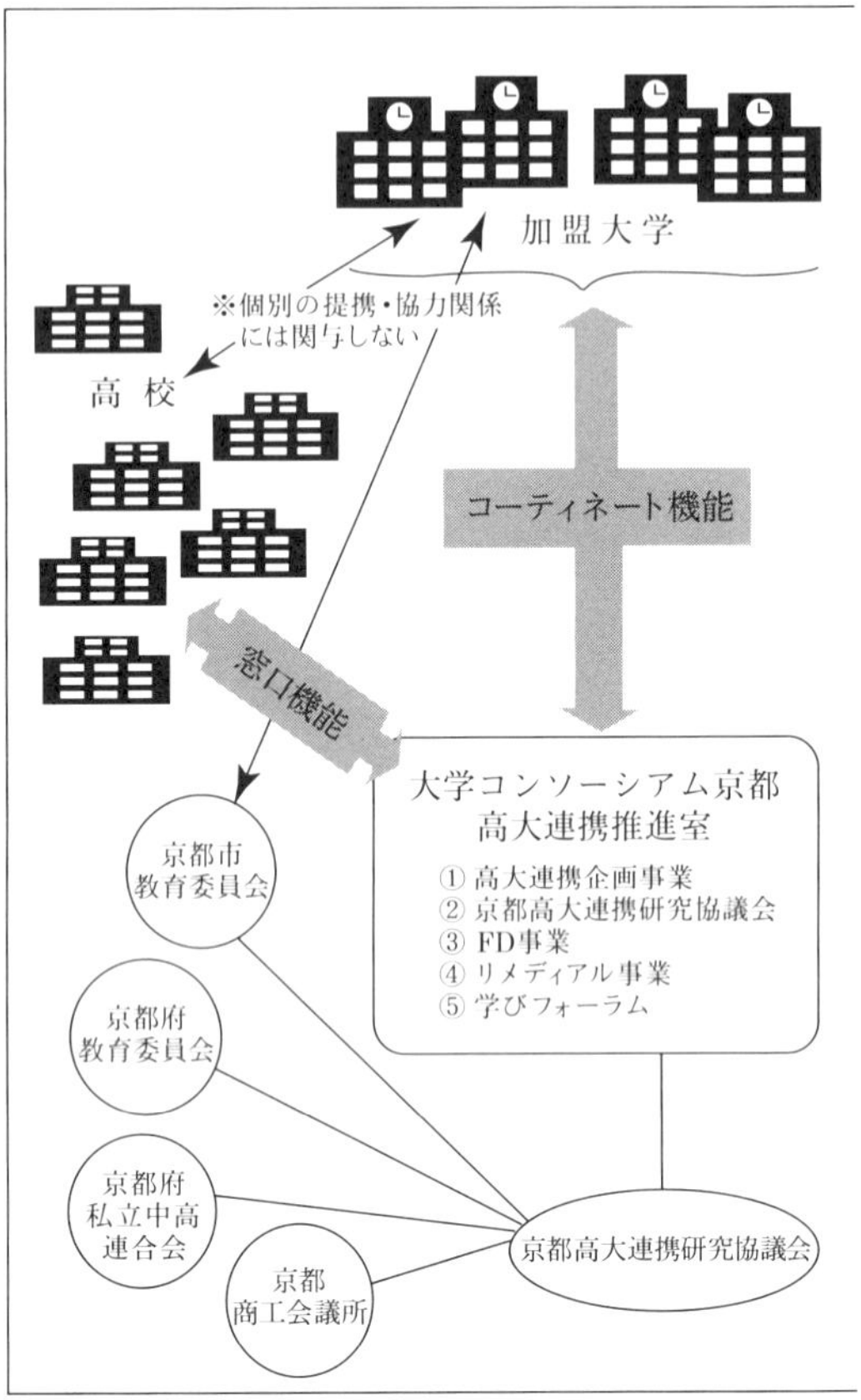

図III-(1)-5　■高大連携推進室の機能と所管する事業
（出所：財団法人大学コンソーシアム京都会報、2003、3頁）

いる。このために大学と高校は、大学に入学する前に、高校生に大学をよく知ってもらうために高大連携に取り組んでいる。そのようにして大学に入学し、専門の勉強をしてもなおかつ就職後、短期間で退職する者がいる。そこで実際に就職する前に、自分の希望する業種の企業でインターンシップを行うことができれば、彼らの専門の勉強を深めると同時に、納得した形で就職することができ、雇用のミスマッチをできるだけ少なくし、有為な人材として社会に大きく役立つことが期待できる。

　昔と違って現在の若者は豊かな社会で育っており、小学校、中学校、高等学校、大学においても社会で生きていくことの厳しさを感じること無しに育ってきている。カリキュラムも生活中心主義ではなく学問中心主義であり、二二歳まで社会で生きていくことの厳しさをほとんど体験することなしに育っているということは大きな問題である。したがって、インターンシップは単に自分の専門の勉強を実地に行って、深めていくということにとどまるだけではなく、社会の中でどう生きていくかという観点からも体験することができれば、このインターンシップの重要性はいくら強調してもし過ぎることはない。

表Ⅲ-(1)-5　インターンシップ過去5年間の実績

	1998年度	1999年度	2000年度	2001年度	2002年度	合計
出願者数(名)	333	426	593	646	893	2891
受講許可数(名)	196	346	359	364	512	1777
受講許可率(%)	58.9	81.2	60.5	56.3	57.3	61.5
参加企業•団体•行政機関	72	148	180	191	296	887
マッチング企業•団体•行政機関	72	145	169	165	243	794

表Ⅲ-(1)-6　インターンシップ過去5年間の満足度アンケート

年度	大満足	満足	どちらでもない	不満	大変不満	合計	回答率
2002年度	59名	259名	44名	13名	7名	382名	—
	15.4%	67.8%	11.5%	3.4%	1.8%	100%	74.6%
2001年度	84名	155名	26名	18名	1名	284名	—
	29.5%	54.6%	9.2%	6.3%	0.4%	100%	78.0%
2000年度	35名	144名	22名	9名	0名	210名	—
	16.7%	68.6%	10.5%	4.3%	0%	100%	92.0%
1999年度	38名	129名	35名	9名	2名	213名	—
	17.8%	60.6%	16.4%	4.2%	0.9%	100%	83.0%
1998年度	調査せず						
合計	216名	687名	127名	49名	10名	1089名	—
	19.8%	63.1%	11.7%	4.5%	0.1%	100%	84.3%

※2002年度は回答「やや不満」を「どちらでもない」として表記しています

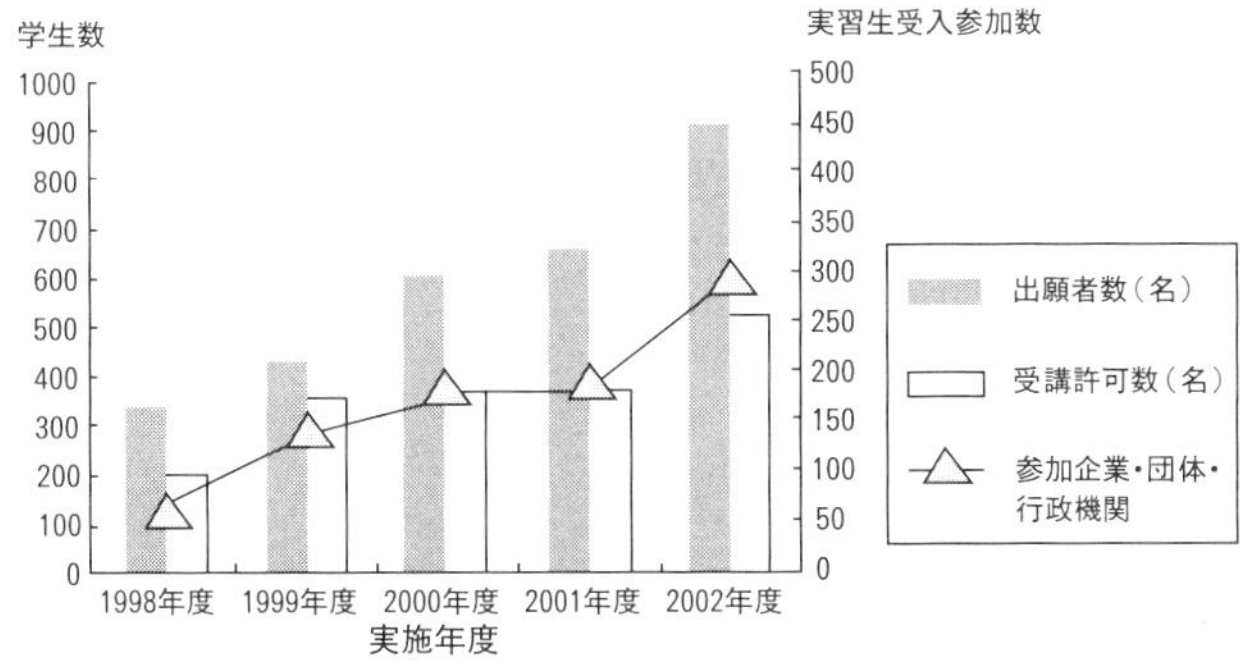

図Ⅲ-(1)-6　インターンシップ過去5年間の推移

(出所:「2003インターンシップ実習生募集ガイド」財団法人大学コンソーシアム京都、2頁)

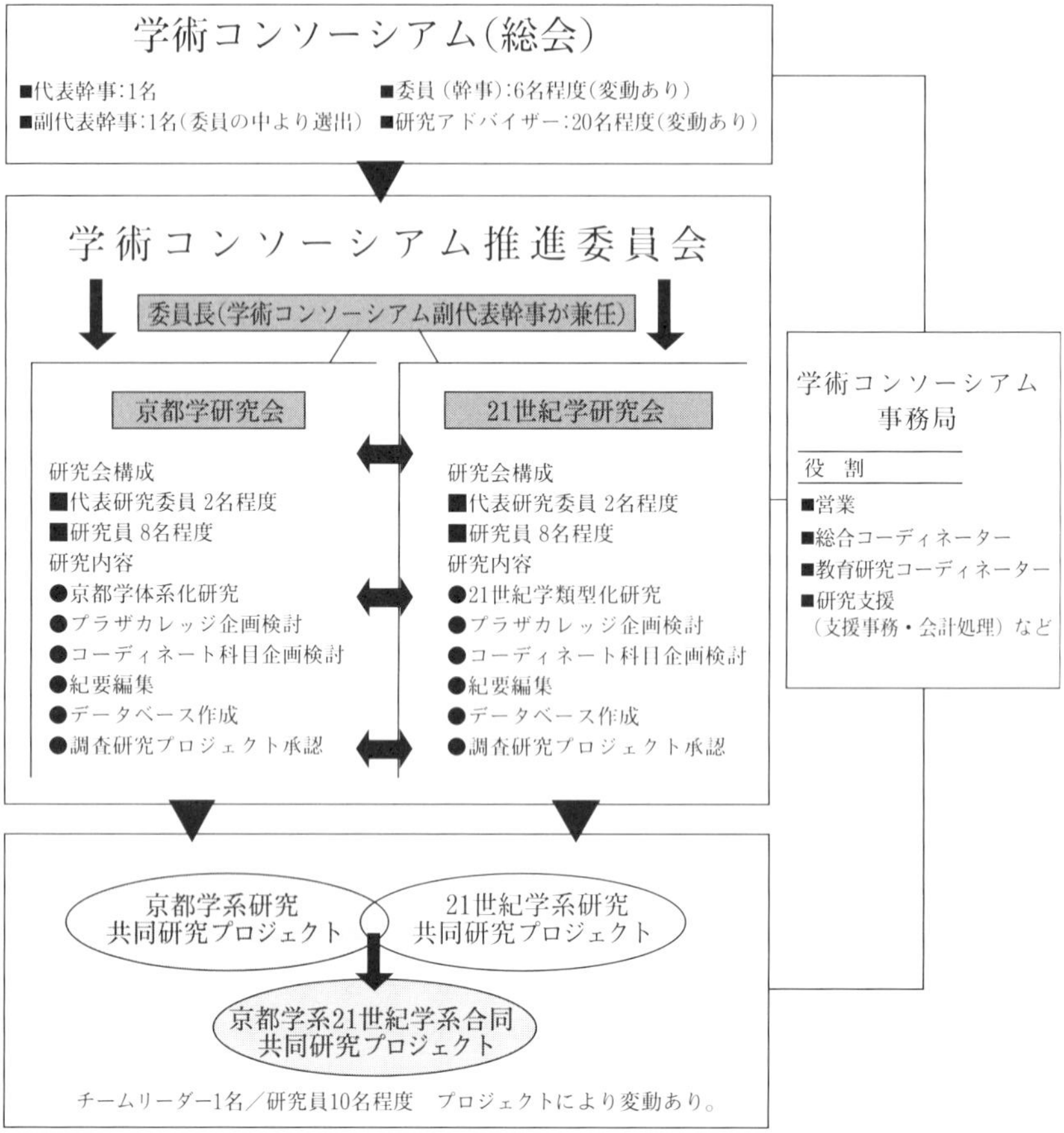

図Ⅲ-(1)-7 運営体制

(出所:「学術コンソーシアム」財団法人大学コンソーシアム京都、2003)

財団法人大学コンソーシアム京都のインターンシップの過去五年間の実績、推移、満足度は表Ⅲ―(1)―5、図Ⅲ―(1)―6、表Ⅲ―(1)―6に示すとおりである。このインターンシップへの出願者数、受講許可数、参加企業、団体・行政機関の実習生受入参加数も年々増加の一途を辿っている。また、満足度に関するアンケート結果も、大満足、満足を合わせると約八〇%の者が満足しているということを示している。このようなことから、大学コンソーシアム京都の実施しているインターンシップは大いに成功しているということができる。

大学コンソーシアム京都の

プログラムは四つのコースからなっている。すなわち、ビジネスコース、ベンチャーコース、行政コース、NPOコース。(6)インターンシップの期間はだいたい二週間から一か月であり、実体験と教育研究の融合を図り、学習意欲の喚起、高い職業意識の育成、自立性、独創性、柔軟性のある人材を育成することを目的としている。事前学習、インターンシップ実習（中間指導）、事後学習をこのプログラムに組み込み、実習の成果が上がるようにしている。

六　学術コンソーシアム

学術コンソーシアムは、財団法人大学コンソーシアム京都がこれまでに行ってきた事業の蓄積を踏まえて、京都という都市のアイデンティティをいろいろな形で提示することを目的としている。このために、大学だけでなく、文化人、経済人、職人、行政関係者が連携して、世界に向かって「知」の統合と想像を目指し、「京都ブランド」を発信しようとしている。

そしてその主な事業内容は、図Ⅲ－(1)－7に見るように、「京都学研究会」と「二一世紀学研究会」が中心となっており、それぞれの体系的研究、類型化研究を行っている。データベースを作成すると同時に、これまで述べてきたコーディネート科目、とりわけ「京都学」、「二一世紀学」に対する企画検討を行っている。事務局にも総合コーディネーターがおり、京都学、二一世紀学を推進すると同時に、それがよりよいコーディネート科目として授業に生かされるよう努力している。

註

(1)『財団法人大学コンソーシアム京都　二〇〇三』。
(2)『二〇〇三年度単位互換履修生募集ガイド』、財団法人大学コンソーシアム京都、五頁。
(3)『二〇〇四年度募集ガイド、シティーカレッジ』、財団法人大学コンソーシアム京都、三頁。

（4）前掲書　三頁。
（5）『University Consortium Kyoto, No.16, 2003. S』財団法人大学コンソーシアム京都　二頁。
（6）二〇〇三　インターンシップ実習生募集ガイド　財団法人大学コンソーシアム京都　二〇〇三　四頁。

第二節　長崎県における国・公・私立大学の単位互換制度

長崎県で単位互換の新しい試みがなされていると聞き、筆者が長崎県総務部学事振興課県立大学班を訪問したのは平成一二年三月二六日であった。以来、二度にわたって長崎大学、長崎県立大学、活水女子大学を訪問し、単位互換について伺った。長崎県庁学事振興課県立大学班の話では、「財団法人大学コンソーシアム京都」の方式を参考にして県内のすべての国・公・私立大学で単位互換を行うことにしたとのことである。長崎県での上記の単位互換は「ＮＩＣＥキャンパス長崎」と称される。ＮＩＣＥの名称は、Nagasaki Intercollegiate（大学間）Credit（単位）Exchange（互換）の頭文字をとったものである。この「ＮＩＣＥキャンパス長崎」には、長崎県内のすべての大学、短期大学が含まれ、平成一三年度から単位互換制度がスタートした。なお、平成一五年度には新たに長崎ウエストレヤン大学が参加するようになった。(1)

一　単位互換事業

長崎県内のすべての大学で単位互換が円滑に実施できるようにするために、「長崎県における大学間の単位互換に関する協定書」が締結されている。以下にその協定の内容を掲載することにする。

（一）協定書

単位互換事業は、「長崎県における大学間の単位互換に関する協定書（ＮＩＣＥキャンパス長崎）」、「長崎県における大学間の単位互換に関する協定書（ＮＩＣＥキャンパス長崎）についての覚書」に基づき実施する。各大学へは、協定調印書を複写製本したものを配布する。

（二）学則、学内運用規定

各大学は、この単位互換制度を実施するために、次の事項について、学則若しくは学内規定で定める必要がある。なお、学則及び学内規定のうち、関連する部分について抜粋のうえ一部を事務局へ提出するものとする。

① 他大学での履修を認める規定

② 他大学の学生を受け入れるための規定

③ 他大学での履修可能な単位数の規定

④ 要卒単位認定の可否及びその単位数の規定

（各大学の状況）

「認定類型方式」

A……科目指定あり、読み替えあり方式「限定型」

B……科目指定あり、読み替えなし方式「一部開放型」

C……科目指定なし、読み替えあり方式「一部開放型」

D……科目指定なし、読み替えなし方式「全開放型」(1)

二　提供科目

（一）提供科目の基本的な考え方

提供科目の選定については、できる限り次の科目の提供に努めるものとする。なお、提供科目及び科目数の決定については、提供しようとする大学の判断とする。

① その大学の特色ある科目

② 他大学の学生にとって魅力のある科目

(二) 科目の種類

① 既存科目……各大学の既存講義に単位互換用の定員を設けた科目

② 持ち出し科目……単位互換用に新たに開講する科目

③ コーディネート科目……単位互換用に、他大学の協力を得て新たに開講する科目[2]

提供科目は、コーディネート科目、教養科目、専門科目の三種類について表Ⅲ－(2)－1に見るように各大学が提供している。教養科目と専門科目が大多数を占めているが、ここで関心が持たれるのがコーディネート科目である。コーディネート科目については以下のように述べられている。

「コーディネート科目とは、単位互換用に新たに開設する科目で、開講大学が設定した長崎らしいものや時事的なものをテーマにしたもので他の大学の教員や実業界で活躍されている方の協力を得て、オムニバス形式で講義を行います。

また、コーディネート科目は受講者の利便性を考慮して、長崎、佐世保両駅の近くのサテライト

表Ⅲ-(2)-1　各大学・短期大学からの単位互換提供科目数（平成15年度）

科目開設大学	コーディネート	教養科目	専門科目	合計
長崎大学		56	164	220
長崎県立大学	1	8	26	35
県立長崎シーボルト大学	1	8	13	22
長崎総合科学大学	1	24	118	143
活水女子大学	1	12	17	30
長崎純心大学・短期大学	1	1		2
長崎国際大学	1	18	22	41
長崎外国語大学		24	40	64
長崎ウエスレヤン大学		9	39	48
活水女子短期大学			3	3
玉木女子短期大学			3	3
長崎女子短期大学			5	5
長崎短期大学		4	12	16
長崎外国語短期大学		13	2	15
合計	6	177	464	647

（出所：NICEキャンパス長崎、2003、12頁）

表III-(2)-2　長崎会場

科目番号	A - 1	科目名	日本の文化　－言葉・文学・長崎を通して考える－

担　当　教　員

① 日本の文化(1) 母性空間の中の文化・文学(その一)	宮崎　隆広	(活水女子大学現代日本文化学科・教　授)
② 日本の文化(2) 母性空間の中の文化・文学(その二)	宮崎　隆広	(活水女子大学現代日本文化学科・教　授)
③ 言葉と文化(1) 方言は消滅するのか	高橋　敬一	(活水女子大学現代日本文化学科・教　授)
④ 言葉と文化(2) 日本語から見る聞き手配慮の思想	渡辺　誠治	(活水女子大学現代日本文化学科・助教授)
⑤ 文学と文化(1) 神話という言語	野中　和孝	(活水女子大学現代日本文化学科・教　授)
⑥ 文学と文化(2) 〈うた〉という言語	野中　和孝	(活水女子大学現代日本文化学科・教　授)
⑦ 文学と文化(3) 〈あちら〉と〈こちら〉を結ぶもの	黒木　　香	(活水女子大学現代日本文化学科・助教授)
⑧ 文学と文化(4) あの世とこの世	黒木　　香	(活水女子大学現代日本文化学科・助教授)
⑨ 文学と文化(5) 夕霧狂言の中の虚構と真実	常吉　幸子	(活水女子大学現代日本文化学科・助教授)
⑩ 文学と文化(6) 〈恋知らず〉の書く恋物語	常吉　幸子	(活水女子大学現代日本文化学科・助教授)
⑪ 長崎と文化(1) 図書館からみた長崎と文化	上出　恵子	(活水女子大学現代日本文化学科・教　授)
⑫ 長崎と文化(2) 長崎の中の〈アメリカ〉1945年	服部　康喜	(活水女子大学現代日本文化学科・教　授)
⑬ 長崎と文化(3) 〈原爆〉とその表現	田中　俊廣	(活水女子大学現代日本文化学科・教　授)
⑭ 長崎と文化(4) 遠藤周作と長崎	奥野　政元	(活水女子大学現代日本文化学科・教　授)
⑮ 長崎と文化(5) 長崎と中国文化	荒木　龍太郎	(活水女子大学現代日本文化学科・教　授)

大学名	活水女子大学	単位数	2単位	教養・専門の別	教養		
開講形式	コーディネート科目・前期						
開講期間	平成15年4月17日(木)～平成15年7月24日(木)	開講時間	18時00分～19時30分(90分) 毎週木曜日				
授業定員	50人	うち単位互換定員	50人	履修年次	1年以上	実習費等	なし
選考方法	書類選考	試験・評価方法	レポート				
開講場所	長崎駅前交通産業ビル4F	特記事項	なし				
連絡先	活水女子大学　教務課　TEL. 095-820-6016　FAX. 095-820-6063						

科目内容　もし皆さんが、「日本の文化とはなんですか」と聞かれたとします。何と答えますか。はっきりとした答えを出すのは大変難しいでしょう。この講座では、日本の文化について、日本語や文学作品などを材料にし、「言葉と文化」・「文学と文化」・「長崎と文化」の三つの大きな柱を立てて講義します。

(出所：NICEキャンパス長崎、2003、8頁)

表III-(2)-3　長崎会場

科目番号	A - 2	科目名	異文化の交差路　－長崎を比較文化する

担　当　教　員

① 聖母マリアとマリア観音	片岡千鶴子	(長崎純心大学・学　長)
② 長崎のコレジョ教育の原型－イエズス会の学事規程に見られる教育方法	荒木慎一郎	(長崎純心大学比較文化学科・教　授)
③ 長崎カトリック思想の源泉をたずねて－中世哲学における「神」概念－	島田佳代子	(長崎純心大学比較文化学科・講　師)
④ ふたつの使節(天正少年使節と岩倉使節団)のイタリア体験	片岡瑠美子	(長崎純心大学比較文化学科・教　授)
⑤ 世界遺産への道　長崎教会群1	浅野ひとみ	(長崎純心大学比較文化学科・助教授)
⑥ 世界遺産への道　長崎教会群2	浅野ひとみ	(長崎純心大学比較文化学科・助教授)
⑦ 神々のバトル　多神教と一神教	宮崎賢太郎	(長崎純心大学比較文化学科・教　授)
⑧ カクレキリシタンの秘密	宮崎賢太郎	(長崎純心大学比較文化学科・教　授)
⑨ ホウニン：長崎北松地域におけるシャーマニズム	小林　　勝	(長崎純心大学比較文化学科・助教授)
⑩ シーボルトの異文化理解	宮坂　正英	(長崎純心大学比較文化学科・教　授)
⑪ シーボルトの学域	宮坂　正英	(長崎純心大学比較文化学科・教　授)
⑫ 長崎ことば	井上　啓子	(長崎純心大学比較文化学科・教　授)
⑬ 海からみるイギリスと長崎	勝俣　好充	(長崎純心大学比較文化学科・助教授)
⑭ 長崎と英学	村岡　三奈子	(長崎純心大学比較文化学科・講　師)
⑮ 長崎とアメリカ－戦後原爆言説の形成－	長野　秀樹	(長崎純心大学比較文化学科・助教授)

大学名	長崎純心大学・長崎純心大学短期大学部	単位数	2単位	教養・専門の別	教養		
開講形式	コーディネート科目・前期						
開講期間	平成15年4月11日(金)～平成15年7月18日(金)	開講時間	18時00分～19時30分　毎週金曜日				
授業定員	60人	うち単位互換定員	60人	履修年次	1年以上	実習費等	なし
選考方法	書類選考	試験・評価方法	出席・レポートなどによる総合評価				
開講場所	長崎駅前交通産業ビル4F	特記事項	なし				
連絡先	長崎純心大学　教務課　TEL. 095-846-0084　FAX. 095-849-1694						

科目内容　長崎は十六世紀以降、異文化に開かれた唯一の町として、ポルトガル・オランダ・中国の文化と日本の伝統文化が共存・融合する独自の文化を形成してきた。本講義は輪講形式で実施し、長崎の独自の文化をそのルーツを含めて、多面的に比較文化学的な視点から考察することを目的とする。

(出所：NICEキャンパス長崎、2003、9頁)

表Ⅲ-(2)-4　長崎会場

科目番号　A - 3	科目名	食環境と生活習慣病

担　当　教　員

① 生活習慣病予防のための賢い食べ方、食べさせ方	奥　恒行	(県立長崎シーボルト大学看護栄養学部・教　授)
② ベータカロテンと過剰摂取	高瀬　幸子	(県立長崎シーボルト大学看護栄養学部・教　授)
③ 糖尿病の科学と食生活	一瀬　允	(県立長崎シーボルト大学看護栄養学部・教　授)
④ 食品の安全性	新垣　光雄	(県立長崎シーボルト大学看護栄養学部・教　授)
⑤ 栄養・運動・休養のバランス	松永　恵子	(県立長崎シーボルト大学看護栄養学部・教　授)
⑥ 運動とエネルギーの消費	綱分　憲明	(県立長崎シーボルト大学看護栄養学部・教　授)
⑦ 発酵食品と微生物	上田　成一	(県立長崎シーボルト大学看護栄養学部・教　授)
⑧ 生活習慣病予防は幼児期から	西明　眞理	(県立長崎シーボルト大学看護栄養学部・教　授)
⑨ 生活習慣と遺伝子のミスマッチ＝生活習慣病	四童子好廣	(県立長崎シーボルト大学看護栄養学部・教　授)
⑩ 食事によるがん予防	田中　一成	(県立長崎シーボルト大学看護栄養学部・教　授)
⑪ 骨粗鬆症と食事	久木野憲司	(県立長崎シーボルト大学看護栄養学部・教　授)
⑫ おいしさから健康へ	安達　町子	(県立長崎シーボルト大学看護栄養学部・教　授)
⑬ 生活習慣病予防のための食事学	武藤　慶子	(県立長崎シーボルト大学看護栄養学部・助教授)
⑭ 食品成分と脂質代謝	古場　一哲	(県立長崎シーボルト大学看護栄養学部・助教授)

大学名	県立長崎シーボルト大学		単位数	2単位	教養•専門の別	教養	
開講形式	コーディネート科目・後期						
開講期間	平成15年10月2日(木)～平成16年1月29日(木)			開講時間	18時30分～20時00分(90分) 毎週木曜日		
授業定員	60人	うち単位互換定員	60人	履修年次	1年以上	実習費等	なし
選考方法	書類選考		試験・評価方法		出席・レポート		
開講場所	長崎駅前交通産業ビル4F				特記事項	なし	
連絡先	県立長崎シーボルト大学　教務課　TEL. 095-813-5065　FAX. 095-813-5222						

科目内容　我が国の経済的発展に伴って、食生活を取り巻く環境は大きく変化し、日常生活の営みと密接に関わる生活習慣病が、徐々に確実に増加しています。本講座においては、食生活並びに食と取り巻く環境が生活習慣病の発症や予防に及ぼす影響、健康を保持・増進するための食事の摂り方や生活の営み方などについて、オムニバス形式でさまざまな専門の立場から概説する。

(出所：NICE長崎、2003、9頁)

表Ⅲ-(2)-5　長崎会場

科目番号　A - 4	科目名	21世紀の日本を支える先端技術科学

担　当　教　員

① 脳を創る	小柳　光正	(東北大学大学院・教授　長崎総合科学大学電気電子情報工学科・客員教授)
② 超LSIの世界－先端技術と集積回路システム－	田中　義人	(長崎総合科学大学工学部電気電子情報工学科・教　授)
③ バーチャルリアリティーの開く世界	竹田　仰	(長崎総合科学大学人間環境学部環境文化学科・教　授)
④ これからの新エネルギー	坂井　正康	(長崎総合科学大学人間環境学部環境文化学科・教　授)
⑤ 電池・キャパシターの最先端技術	矢田　静邦	(㈱関西新技術研究所エネルギー変換研究部長　長崎総合科学大学大学院工学研究科・客員教授)
⑥ 電子の集団が拓く科学と技術	十倉　好紀	(東京大学大学院工学系研究科・工学部物理工学科・教　授)
⑦ 自然に学び調和するこれからの材料デバイス－夢のフォトニックス－	吉野　勝美	(大阪大学大学院・教授　長崎総合科学大学大学院工学研究科・客員教授)
⑧ 21世紀・水の世紀をむかえて	山田　康之	(日本学士院会員　長崎総合科学大学大学院工学研究学科・客員教授)
⑨ 日本を支える先端科学技術－光触媒－	藤嶋　昭	(東京大学大学院工学系研究科・工学部応用化学科専攻・教　授)
⑩ 光機能分子材料のこれから	入江　正浩	(九州大学大学院工学研究院応用科学部門・教　授)
⑪ 再生医療工学の最先端	伊藤　嘉浩	(神奈川科学技術アカデミー研究室長　長崎総合科学大学大学院工学研究科・客員教授)
⑫ 介護福祉ロボットの現状と未来	谷　昇	(長崎総合科学大学工学部基礎教育センター・助教授)
⑬ マイクロ・クリンビークルの未来	辻　史郎	(長崎総合科学大学工学部電気電子情報工学科・教　授)
⑭ 先端材料が起こした大事業	吉村　進	(財地球環境産業技術研究機構参与　長崎総合科学大学大学院工学研究科・客員教授)
⑮ 先端科学技術とノーベル賞	山邊　時雄	(長崎総合科学大学・学　長)

大学名	長崎総合科学大学		単位数	2単位	教養•専門の別	教養	
開講形式	コーディネート科目・後期						
開講期間	平成15年10月3日(金)～平成16年1月30日(金)			開講時間	18時00分～19時30分　毎週金曜日		
授業定員	60人	うち単位互換定員	60人	履修年次	1年以上	実習費等	なし
選考方法	書類選考		試験・評価方法		出席・レポートなどによる総合評価		
開講場所	長崎駅前交通産業ビル4F				特記事項	なし	
連絡先	長崎総合科学大学　学務課　TEL. 095-838-5308　FAX. 095-839-0584						

科目内容

これからの先端的科学技術は、自然と調和した、環境にやさしいものが要求されています。

その中にあって、日本の明日を支える先端的科学技術のいくつかを取り上げ、それらの現状の一端を各々の分野で世界第一線にて活躍され、ノーベル賞の候補にも挙げられている先生方に、分かりやすく紹介していただきます。

そして、受講者自らが21世紀の高度科学技術の世界での生き方、循環型社会、共生の時代をどう担ったらよいのかのヒントが得られるような講義としたい。

(出所：NICE長崎、2003、10頁)

表III-(2)-6　佐世保会場

科目番号	A - 5	科目名	「創造的に生きる人間学」　－ライフサイクルについて考える－

担　当　教　員

① 歴史の踊り場	川原紀美雄	（長崎県立大学経済学科・教　授）
② 我が国の経済動向	古河　幹夫	（長崎県立大学経済学科・助教授）
③ 市場経済と制度	古河　幹夫	（長崎県立大学経済学科・助教授）
④ 貨幣の定義と『エコマネー』	矢野　生子	（長崎県立大学経済学科・助教授）
⑤『エコマネー』と地域経済	矢野　生子	（長崎県立大学経済学科・助教授）
⑥ 福祉コミュニティーを創造する・1	山本　主税	（長崎国際大学社会福祉学科・助教授）
⑦ 福祉コミュニティーを創造する・2	山本　主税	（長崎国際大学社会福祉学科・助教授）
⑧ 家族の問題と福祉	森山　禎也	（長崎短期大学保育学科・教　授）
⑨ 子どもと家庭の問題と福祉	森山　禎也	（長崎短期大学保育学科・教　授）
⑩ 高齢者の問題と福祉	森山　禎也	（長崎短期大学保育学科・教　授）
⑪ 地域社会の現状と新しい産業革命	長沼　信之	（長崎県立大学経済学科・助教授）
⑫ コミュニティ　ネットワーク	長沼　信之	（長崎県立大学経済学科・助教授）
⑬ コミュニティ　ITネットワークシステム	長沼　信之	（長崎県立大学経済学科・助教授）
⑭ 人間中心の開発	川原紀美雄	（長崎県立大学経済学科・教　授）
⑮ 自然・社会・歴史	川原紀美雄	（長崎県立大学経済学科・教　授）

大学名	長崎県立大学	単位数	2単位	教養・専門の別	教養		
開講形式	コーディネート科目・前期						
開講期間	平成15年4月11日（金）～平成15年7月31日（木）	開講時間	19時00分～20時30分（90分）　毎週金曜日				
授業定員	60人	うち単位互換定員	60人	履修年次	1年以上	実習費等	なし
選考方法	書類選考	試験・評価方法	レポートおよび出席状況による総合評価				
開講場所	アルカスSASEBO3階中会議室	特記事項	なし				
連絡先	長崎県立大学　学生課　教務係　TEL. 0956-47-2191　FAX. 0956-47-6941						

科目内容　「ゆりかごから墓場まで」、これは人間が人間らしく一生を生きていくうえでの先人のスローガンであり、近代国家の目標として追求されてきました。21世紀を迎えて、それはどこまで達成され、今何が求められているのか。福祉と経済のこれまでとこれからを「創造的に生きる人間学」というタイトルで新しい「ゆりかごから墓場まで」を考える。内容は、①21世紀の経済はどこに向いつつあるのか。②その中で人間が生きていく生活の場はどう変化しつつあるのか。“コミュニティーの再生”をキーワードにオムニバス方式で「人間学」を探求する。

（出所：NICE長崎、2003、11頁）

表III-(2)-7　佐世保会場

科目番号	A - 6	科目名	“生きにくい時代”を生きる

担　当　教　員

①「生きにくさ」概論	相澤　哲	（長崎国際大学・講　師）
②「生きにくさ」各論Ⅰ・Ⅱ・Ⅲ	圷　洋一	（長崎国際大学・講　師）
③ 犯罪被害者の支援に携わって	中野　明人	（長崎短期大学・助教授）
④ 現代人の宗教　－生きにくい時代の自分探し－	木村　勝彦	（長崎国際大学・教　授）
⑤ わが国の行・財政と「生きにくさ」－その原因と過程－	網　辰幸	（長崎県立大学・助教授）
⑥ 疾病・障害と「生きにくさ」	中村　敏秀	（長崎国際大学・助教授）
⑦「生きにくさ」と“Holding”	吉岡久美子	（長崎国際大学・講　師）
⑧ 現代社会の生きにくさと近代教育の呪縛を越えて	山岸　利次	（長崎国際大学・講　師）
⑨ まとめ	相澤　哲	（長崎国際大学・講　師）

大学名	長崎国際大学	単位数	2単位	教養・専門の別	教養		
開講形式	コーディネート科目・後期						
開講期間	平成15年10月10日（金）～平成16年1月30日（金）	開講時間	19時00分～20時30分（90分）　毎週金曜日				
授業定員	60人	うち単位互換定員	60人	履修年次	1年以上	実習費等	なし
選考方法	書類選考	試験・評価方法	レポート・出席状況等による総合評価				
開講場所	アルカスSASEBO3階中会議室	特記事項	なし				
連絡先	長崎国際大学　教務部　教務課　TEL. 0956-39-2020　FAX. 0956-39-3111						

科目内容　皆さんの毎日は活き活きとした楽しいものでしょうか？－「だるい、しんどい、面白くない」「充実感がない」「将来が不安だ」等、漠然とした「生きにくさ」を感じてはいませんか？この科目では、現代に生きる私たちの「生きにくさ」とその背景・原因について、様々な角度から、皆さんと一緒に考えてみたいと思います。

（出所：NICE長崎、2003、11頁）

表Ⅲ-(2)-8　各大学の開講時間

大　学　名	1　時　限	2　時　限	3　時　限	4　時　限	5　時　限
長　崎　大　学	8:50～10:20	10:30～12:00	12:50～14:20	14:30～16:00	16:10～17:40
長崎県立大学	9:00～10:30	10:40～12:10	13:00～14:30	14:40～16:10	16:20～17:50
県立長崎シーボルト大学	9:00～10:30	10:40～12:10	13:00～14:30	14:40～16:10	16:20～17:50
長崎総合科学大学	8:50～10:20	10:30～12:00	13:00～14:30	14:40～16:10	16:20～17:50
活水女子大学	8:50～10:20	10:30～12:00	13:00～14:30	14:40～16:10	16:20～17:50
長崎純心大学	9:00～10:30	10:40～12:10	12:55～14:25	14:35～16:05	16:15～17:45
長崎国際大学	9:00～10:30	10:40～12:10	13:00～14:30	14:40～16:10	16:20～17:50
長崎外国語大学	9:00～10:30	10:40～12:10	13:10～14:40	14:50～16:20	16:30～18:00
長崎ウエスレヤン大学	8:50～10:20	10:30～12:00	13:10～14:40	14:50～16:20	16:30～18:00
水	8:50～10:20	11:10～12:40	13:20～14:50	15:00～16:30	16:40～18:10
活水女子短期大学	8:50～10:20	10:30～12:00	13:00～14:30	14:40～16:10	16:20～17:50
長崎純心大学短期大学部	9:00～10:30	10:40～12:10	12:55～14:25	14:35～16:05	16:15～17:45
玉木女子短期大学	9:00～10:30	10:50～12:20	13:10～14:40	15:00～16:30	16:30～17:15
長崎女子短期大学	9:00～10:30	10:40～12:10	13:00～14:30	14:40～16:10	16:20～17:50
長崎短期大学	9:00～10:30	10:40～12:10	13:10～14:40	14:50～16:20	16:30～18:00
長崎外国語短期大学	9:00～10:30	10:40～12:10	13:10～14:40	14:50～16:20	16:30～18:00

（出所：NICEキャンパス長崎、2003、12頁）

会場で開講します。
科目数は、昨年同様長崎四科目、佐世保二科目の合計六科目開講することとしています」(3)。

長崎会場、佐世保会場での具体的開講科目は表Ⅲ－（2）－2～表Ⅲ－（2）－7のようである。

三　履修の手続き

単位互換科目は自分が所属する大学とは異なったキャンパスで受講するということなので、それぞれの授業に関するガイダンスが必要となってくる。もちろん、学生にとってはその授業が自分にとって必要なものであるのか、興味・関心が持てる内容であるのかがまず第一に問われるであろう。さらに異なったキャンパスで授業があるので、地理的な情報やどの教室で講義が行われるかも知る必要がある。教科書の購入方法、食堂の配置、図書館の利用方法についてもガイダンスが行われるべきである。

さらに重要なことは、長崎県内のすべての大学ということで交通機関、授業時間という観点から、各大学の学生が、コーディネート科目や単位互換科目ができるだけ不都合なく履修できるよう、各大学間での調整を密に行う必要が出てくるであろう。各大学の時間割は表Ⅲ—(2)—8のようになっている。

これまで見てきたように、長崎県ではすべての国・公・私立大学が単位互換を行うというまさに画期的な制度を確立している。なぜこのような抜本的な施策を実施することができるようになったのであろうか。長崎県総務部学事振興課県立大学班の話では、学事振興課が中心になって各大学に単位互換の促進を働きかけて、実際に単位互換が無料ですべての大学で行えるようになったとのことである。このことから、コンソーシアム（大学連合）にとって最も重要なことはインテグレイト（統合）する能力である。大学同士では、大学間のレベルや学費の違い等でなかなかまとまらないが、県が主導でこのことが実行できたところに大いなる興味・関心が持たれる。

どうして長崎県の学事振興課はこのような統合の働きかけを行ったのであろうか。そのことについては具体的にお話を聞くことができなかったが、本書の第一章のコンセプトのところで強調した「外圧」によるものと推測される。長崎県の高校卒業者が他府県の大学に進学する割合が年々増加し続け、反対に他府県から長崎県の大学に進学する者の割合が年々減少しているという現実がある。

財団法人大学コンソーシアム京都にしても京都に昔から存在していた大学が近隣の県に移転したという現実がある。観光と学生さんを大事にしてきた京都の市民にとって、学生がいなくなっていくということは大変さびしいことと思われたのは想像にかたくない。

京都にしても長崎にしても、「外圧」から身を守るために、府、県ぐるみで「協力」をすることによって、重複を避けると同時に、学生の立場に立って、より多くの授業科目を提供し、単位互換を行っている。とりわけ、コーディネート科目を通じて、地域の特性について学ぶことを意図している。いずれにせよ、個々の大学では行えなかったことを、大学が連合することによって、効率だけでなく、魅力を発揮する努力もしていることが見られる。

註

（1）平成一五年度ＮＩＣＥキャンパス長崎実施要領、長崎県総務部学事振興課。

（2）前掲書。

（3）ＮＩＣＥキャンパス長崎　二〇〇三　六頁。

第三節　北九州市立大学の改革、独立行政法人化、教員評価制度

一．北九州市立大学の改革

北九州市立大学は平成一七年四月に独立行政法人に移行する。国公立の総合大学では最初に教員評価制度を一部（経済学部）で導入し、平成一五年度より実施している。平成一五年一二月に「北九州市立大学改革プラン」を発表した。本節では、主にこの改革プランに沿って北九州市立大学の改革について考察するが、北九州市立大学法人設立準備委員会第一〇回委員会（平成一七年二月一四日）審議資料も併せて参照することにする。

北九州市立大学の法人準備委員会には、大学当局はもちろんのこと、市当局ならびに民間企業の役員、公認会計士、(財)国際東アジアセンターの所長も含まれている。文字どおり官民一体となった改革への取り組みということができる。表Ⅲ－(3)－1に示すように、度々会合を重ね、市民に対しても度々ヒアリングを行っており、非常に積極的な取り組みを行っている。広島市立大学もほぼ同じ規模の都市に存在する市立大学として北九州市立大学の改革への取り組みは大いに参考になると考えられる。

北九州市立大学は平成一五年七月、「北九州市立大学の今後の在り方検討委員会」を立ち上げ、座長に前東京外国語大学学長中島嶺雄（現国際教養大学学長）氏が就任し、改革のための積極的な活動を行ってきた。

上記のように、北九州市立大学は公立大学であるが、大学改革に対して非常に精力的な活動を続けてきている。その原動力となったものは何であろうか。われわれはそれを「北九州市立大学改革プラン」（一二頁）に見いだすことができる。

「北九州市立大学が、自ら社会のニーズを捉え、自ら変革して、ますます厳しくなる大学間競争の時代に生き残るためには、制約の多い行政組織の枠内に止まることはできない。……自らの意志で大胆に大学改革を進め、市立大学として

表Ⅲ-(3)-1　北九州市立大学の今後の在り方検討委員会　検討経過

第1回	日時 場所 議題	平成15年7月7日（月）　13:30～15:40 北九州市庁舎15階　特別会議室C ・市立大学の課題と目指すべき将来像について
第2回	日時 場所 議題	平成15年7月29日（火）　9:30～11:40 北九州市庁舎15階　特別会議室C ・目指すべき将来像について（教育・研究・地域貢献）
第3回	日時 場所 議題	平成15年8月26日（火）　9:00～12:00 北九州市庁舎15階　15C会議室 ・目指すべき将来像について（法人組織・運営） ・市立大学の教育課程評価 ・公開ヒアリング
第4回	日時 場所 議題	平成15年10月14日（火）9:30～11:40 北九州市庁舎15階　特別会議室C ・目指すべき将来像について（法人組織・運営） ・中間報告案について
第5回	日時 場所 議題	平成15年11月25日（火）9:30～11:40 北九州市庁舎15階　特別会議室C ・最終報告案について

（出所：北九州市立大学改革プラン、北九州市立大学の今後の在り方検討委員会、平成15年12月）

期待されている機能を最大限に発揮するためには、自主性・自立性を確保できる独立行政法人化が前提となる。」と述べている。

北九州市立大学は、大学の使命を「教育研究を通じて人類・社会の発展に貢献すること」[1]とし、先端技術開発や政策提言、文化創造、人材育成の拠点形成を図り、アジアを中心とする国際社会の発展に貢献し、さまざまな活動を通じて地域に貢献することを目指している。この大学改革の特徴は一言でいうならば、産・官・学が密接に連携して地域ぐるみで改革を達成しようとしている点にある。

これは、学長をはじめ市長、経済団体、企業の代表等が中島嶺雄座長を迎えて改革に真剣に取り組んだ結果ということができるのではなかろうか。官民一体となった改革であり、公立大学が担うべき役割としての地域貢献ということがあらゆる面で強調されている。

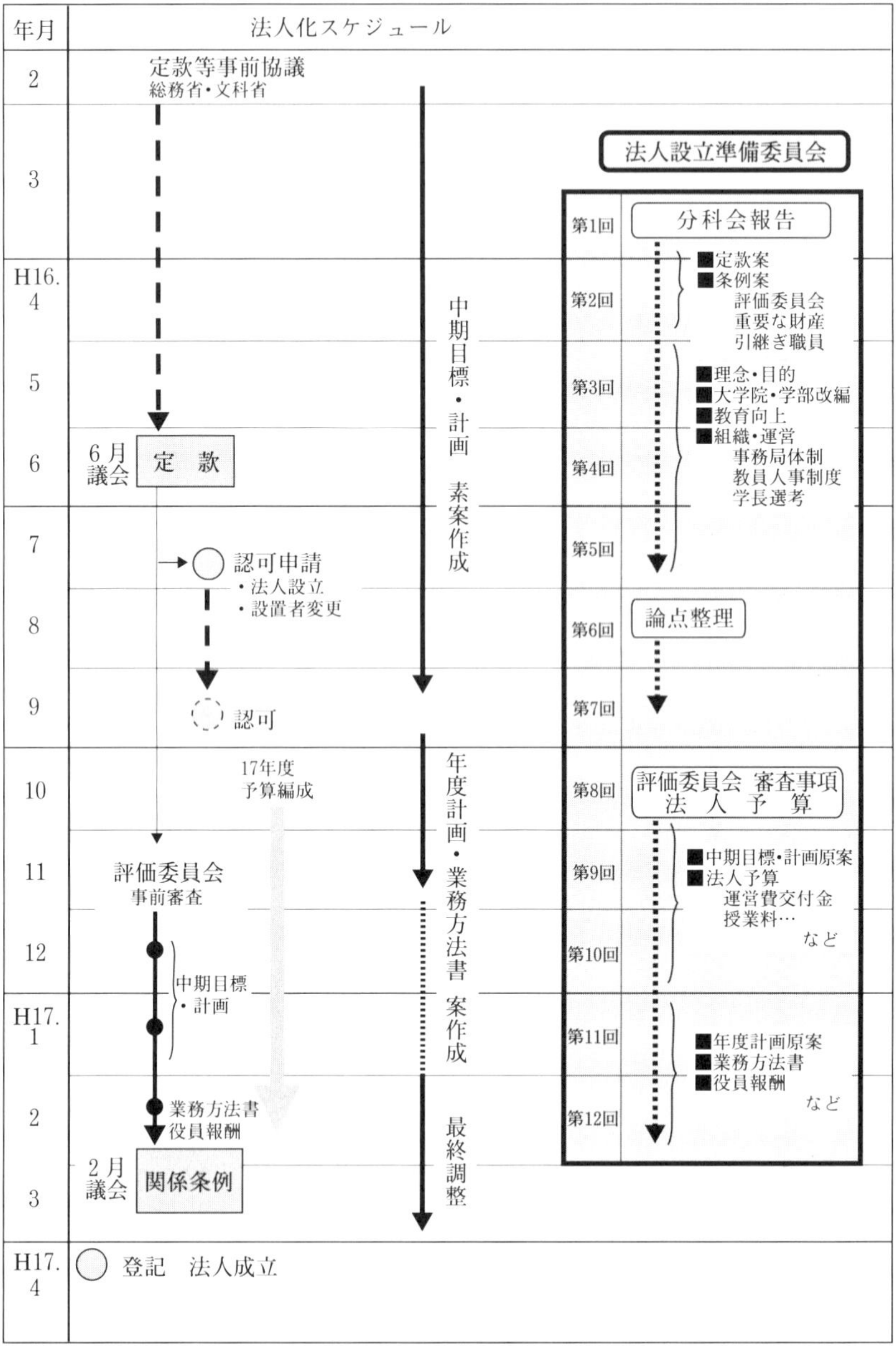

図Ⅲ-(3)-1　法人設立準備委員会　スケジュール・検討事項
（出所：北九州市産業振興局「北九州市立大学の法人化について」9頁、平成16年3月24日）

■一　体　型

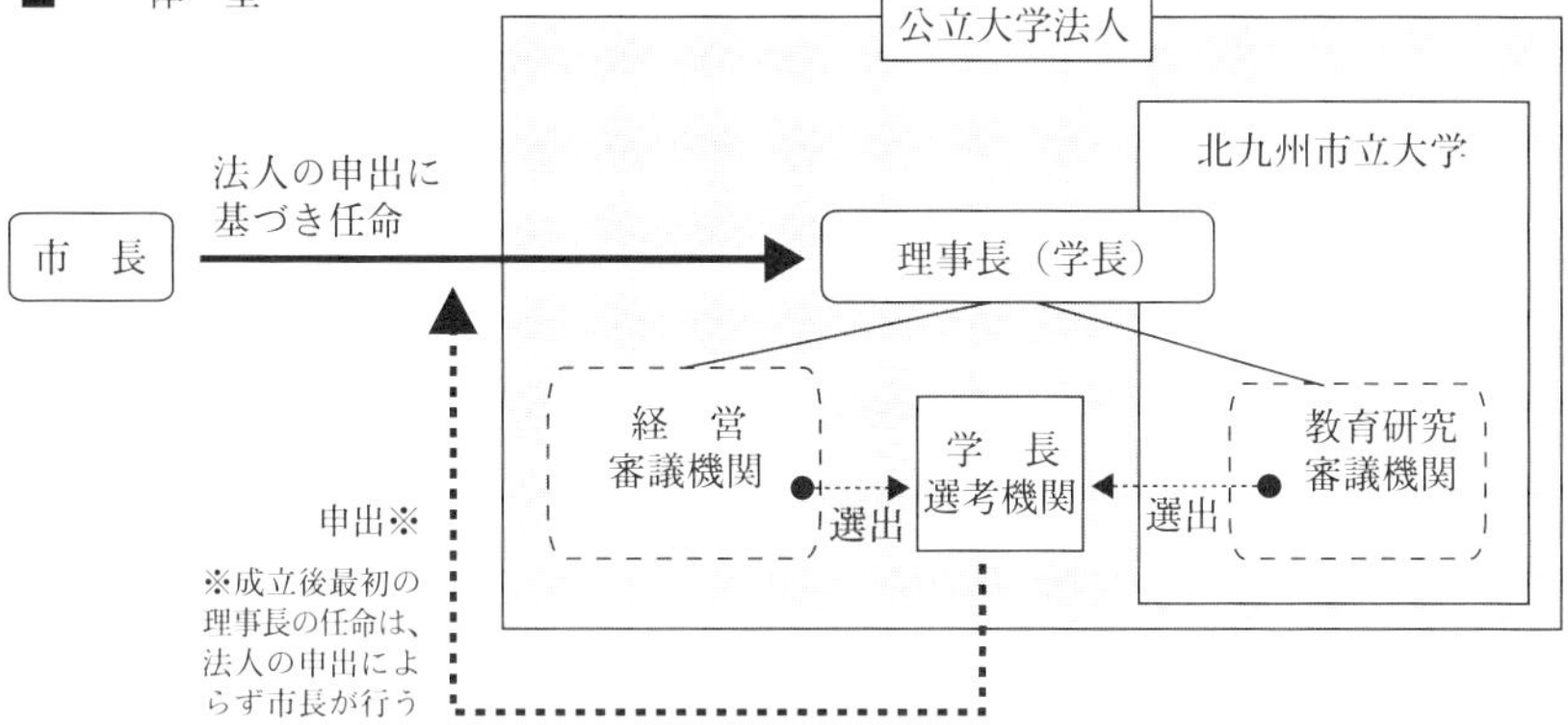

【メリット・デメリット】
○　理事長（学長）として、強力なリーダーシップが発揮できる。
○　経営と教育研究の円滑かつ一体的な合意形成ができる。
△　経営と教育研究の両面に優れた人材を確保することが比較的困難である。

図Ⅲ-(3)-2　公立大学法人の経営体制（法的しくみ）
（出所：北九州市産業技術振興局「北九州市立大学の法人化について」4頁、平成16年3月24日）

二、独立行政法人化

北九州市立大学は独立行政法人化について「地域からの大きな期待に応え、地域の知の創造拠点たる大学としての使命を果たすためには、大学はこれまで以上に自主性・自律性を高めるとともに、迅速な意思決定による機動的かつ戦略的な大学運営によって、大学本来の機能、活力を発揮する必要がある」(2)とする。ここに大学が自立的で活力ある組織でもって運営を行い、①教育研究の活性化、②民間的発想の効率的管理手法、③非公務員型による柔軟な人事システム、④企業会計原則による弾力的財務運営を行っていくことになる。これらの原則に則った運営を行うことによって法人化のメリットを最大限に生かす(3)ことにしている。

北九州市立大学は平成一六年三月に法人設立準備委員会を立ち上げ、第一回の準備委員会を同年三月二九日に開催した。以後図Ⅲ―(3)―1に見るようなスケジュールで検討を重ね、平成一七年四月に法人が成立する。

それではいったい北九州市立大学はどのような組織を構想しているのであろうか。これまでの大学運営は、大学の自治ということから教授会と評議会が中心であった。これに対して、北九州市立大学では経営的な事項に関しては理事会（仮称）を中

■別　置　型

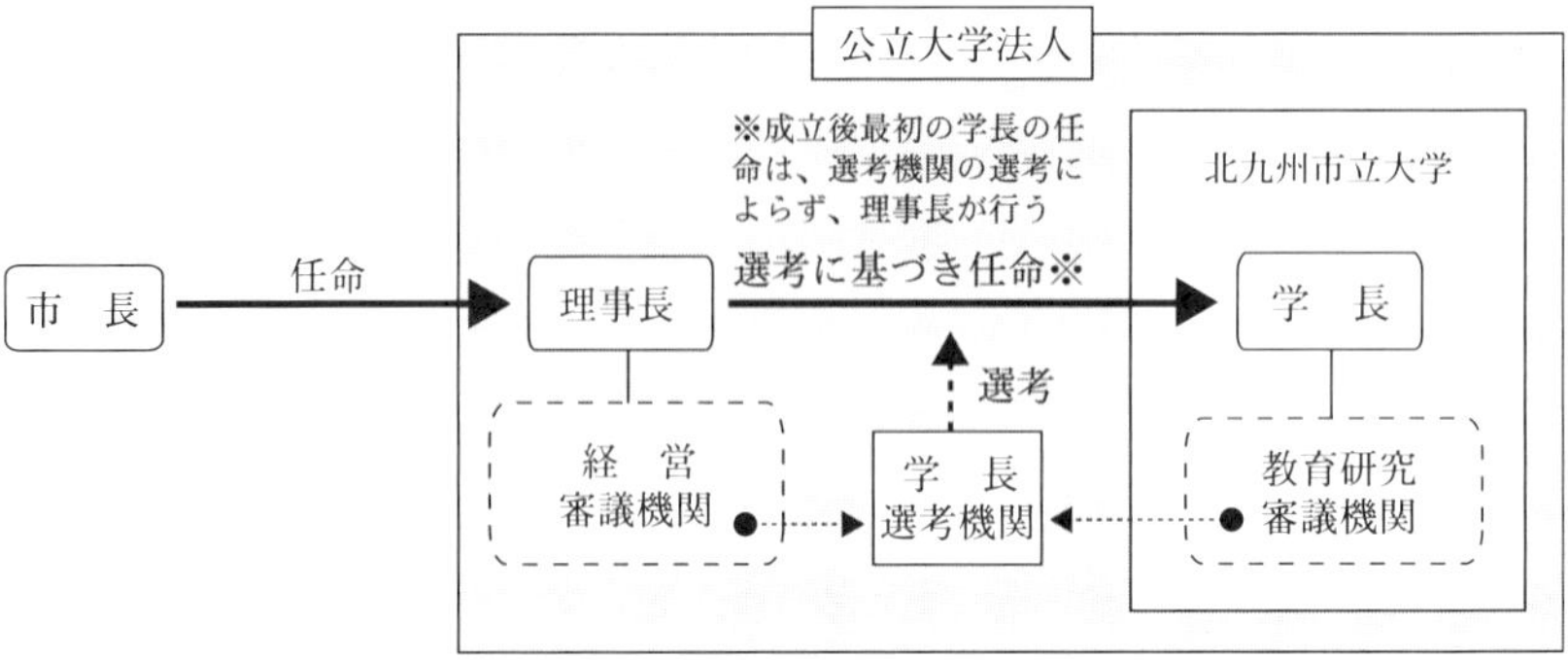

【メリット・デメリット】
○　経営と教育研究の役割分担や責任が明確になる。
○　経営専門家の登用によって、優れた経営感覚が、法人運営に発揮される。
△　経営と教育研究の調整を常に図っていく必要がある。

図Ⅲ-(3)-3　公立大学法人の経営体制（法的しくみ）
（出所：北九州市産業学術振興局「北九州市立大学の法人化について」4頁、平成16年3月24日）

心に、教育研究に関しては教育研究委員会（仮称）を中心に審議していくことにしている。

北九州市立大学はこのような立場を踏まえて、公立大学法人の組織案として図Ⅲ—（3）—1、図Ⅲ—（3）—2に見られるように二つの案を考えている。この二つの案の違いは、理事長、学長一体型にするか、理事長・学長別置型にするかである。いずれにしても、トップ（理事長、学長）の権限と責任を明確にし、強化することによってそのリーダーシップを発揮させるようにしている。

それではトップ（理事長・学長）の権限とはどのようなものであろうか。平成一五年一二月の「北九州市立大学改革プラン」では北九州私立大学では、理事長の権限と責任（＝経営審議機関の審議事項）を以下のように計画している。

・中期目標・中期計画、年度計画、学則（経営関係に限る）
・予算、決算、財務
・学部、学科等の設置廃止
・教職員人事の方針（定数など）
・研究費の配分方針
・役員報酬、職員人事、給与体系
・経営に関する自己評価

・教育研究委員会（教育研究審議機関）との調整
・その他重要事項
次に学長の権限と責任（＝教育研究審議機関の審議事項）に関して以下のように計画している。
・中期目標・中期計画、年度計画、学則
（教育研究関係に限る）
・教育課程の編成方針
・学生の入退学や学位授与等の方針
・修学支援
・研究の方針と計画
・教育研究に関する自己評価
・教員人事、教員評価と研究費の配分
・教員の給与決定(4)

北九州市立大学では経営と教育研究の両面から法人の運営を調整する必要があり、迅速で機動的な意思決定をするためにも図Ⅲ―(3)―1のような学長が理事長を兼務する体制が望ましいとしている。しかし、「原資の確保や効率的で重点的な資源配分など、法人では大学の経営的な視点がきわめて重要であるうえ、法人化による大学経営は北九州市立大学にとっても北九州市（設置団体）にとっても未知の分野であり、法人化当初は特に十分な配慮が必要であることから、当面は、理事長が経営に専念できる学長別置型(5)」（公立大学法人北九州大学定款第一一条）とすることになるようである。

これまでの教授会や評議会中心の大学運営がどうして理事会（仮称）と研究教育委員会（仮称）に変わっていく必要があるのだろうか。もちろんこれは独立行政法人化の理念に沿ったものであるが、実際に学部運営を担当した経験からすると、北九州市立大学法人設立準備委員会第九回委員会資料で指摘されているように、「迅速かつ適切な意思決定の仕組みを確立し、戦略的で機動的な大学運営を実現する。」(6) ためであることには賛同できる。これまでの教授会や評議会では戦略的で機動的な大学運営はまったくできなかった。

戦略的で機動的な大学運営が必要になってくるのは、国立大学の場合、独立行政法人化になると、中期目標、中期計画を立て、それを平成一七年四月一日から平成二三年三月三一日までの六年間で実現しなければならない。そしてその結果は第三者機関によって評価され、その評価に基づいて運営費が交付されるようになるからである。これまでの大学には達成されるべき具体的目標もなく、したがってそれを複数年にわたって効率的に実現しなければならないという発想もまったく存在しなかった。そのような意味で、公立大学が経営的になるか否かという観点からこの中期目標、中期計画はきわめて大きな意義を有する。そこで以下に北九州市立大学の中期目標を取り上げ、考察することにする。

北九州市立大学は、法人設立準備委員会第一〇回委員会で、中期目標の基本理念を次のように定めている。

公立大学法人北九州市立大学中期目標

「公立大学法人北九州市立大学は、産業技術の蓄積、アジアとの交流の歴史、環境問題への取組といった北九州地域の特性を活かし、①豊かな未来に向けた開拓精神に溢れる人材の育成、②地域に立脚した高度で国際的な学術研究拠点の形成、③地域の産業、文化、社会の発展と魅力の創設への貢献、④アジアをはじめとする世界の人類と社会の発展への貢献を基本的理念とする。

この基本理念の実現に向けて次のような基本的な目標の達成を目指す。

基本的な目標

一．教育

質の高い教養教育と専門教育を学生に提供し、豊かな教養と国際感覚に加え、確かな専門性を兼ね備えた人材を育成する。また、二一世紀のフロンティアを切り開く高度な専門知識を持つ職業人と優れた研究能力を持つ人材を育成する。

二．研究

先端的、学際的な領域では、特色ある分野の研究において国際水準の研究成果を創出するとともに、各専門分野では、国内をリードする研究の達成を図る。

三．社会貢献

地域社会の教育・経済・文化的なニーズに応えて、教育研究の成果を積極的に地域社会に還元し、地域社会の課題解決と地域活力の創造に貢献する。

また、国際的な学術交流と人材育成を通じて、アジアをはじめとする国際社会の発展に貢献する。

四．組織運営

迅速で柔軟な意思決定システムと点検・評価体制を構築し、常に組織運営の改善を図る。また、地域社会に期待される大学としての説明責任を果たすとともに、運営の透明性の確保に努める」。[7]

国立大学の法人化では第三者機関による審査が行われ、この中期目標・中期計画の達成の度合により運営費の配分をすることになっている。しかし、公立大学、とりわけ市立大学の場合には市当局が審査機関を設けて評価するようになるのではなかろうか。経営的な面の審査は企業会計原則が実施され、貸借対照表等が作成されるようになれば評価も可能となることが予想される。しかし、アカデミックな部分は市当局で各専門分野にわたる審査をすることは不可能ではないだろうか。その点も考慮してか、北九州市立大学ではすでに経済学部で教員評価制度を作成し、平成一五年度より実施している。そこで以下に北九州市立大学経済学部の教員評価制度について考察することにする。

日本の大学教育経営が長いこと硬構造であり続けた理由は、法規中心主義、年功序列制度と終身雇用制度であることは疑う余地がない。そのような制度の中で、教員はノーベル賞クラスの教員でも学会に一度も顔を出さない教員でもその給料にはほとんど変わりがなく、定年がくれば一様に辞めていくというのがこれまでのやり方であった。いうなれば、日本の大学教育経営では平等ということが最も重視され、アメリカのように自由と競争の中で大学教育経営が考えられるということはなかった。

しかしながら、一八歳人口の減少などこれまで論じてきた数々の「外圧」によって国公私立の別なく、各大学はその大学教育経営の抜本的な改革を迫られている。そこで北九州市立大学経済学部では、社会の高度化・複雑化に対応して知の再構築と問題解決能力を持った人材の育成を課題として、これまでの横並びの大学教員に対して、競争原理を持ち込むことによって教育研究の質的向上と組織活動の活性化を図るために、教員の評価を実施することに踏み切った。

三　教員評価制度

北九州市立大学経済学部には三六名の教員がいるが、彼ら全員に対して教員評価を平成一五年四月から導入し、一年間（一月から一二月）の活動状況を評価することになった。経済学部長晴山英雄教授は、その評価システムについて雑誌「カレッジマネジメント一二〇、May-Jun. 二〇〇三」に「北九州市立大学経済学部の教員評価—多面的な評価を研究費の配分に反映させる—」(8) を書いておられるので、それに大々的に依拠しながら説明していくことにする。

晴山英雄学部長は、教員評価を組織の活性化という観点から考えておられる。大学が生き残っていくために組織の活性化はきわめて重要である。組織の活性化とは、晴山英雄学部長によると、構成員の組織への貢献の大きさと、組織の構成員に与えるインセンティブとの均衡に依存するという。(9) 教員評価、それに基づく資源配分もこのような立場で考えていく必要がある。

資源配分（北九州市立大学経済学部の場合、研究費）が構成員の組織への貢献（教員評価）の大小によって研究費に

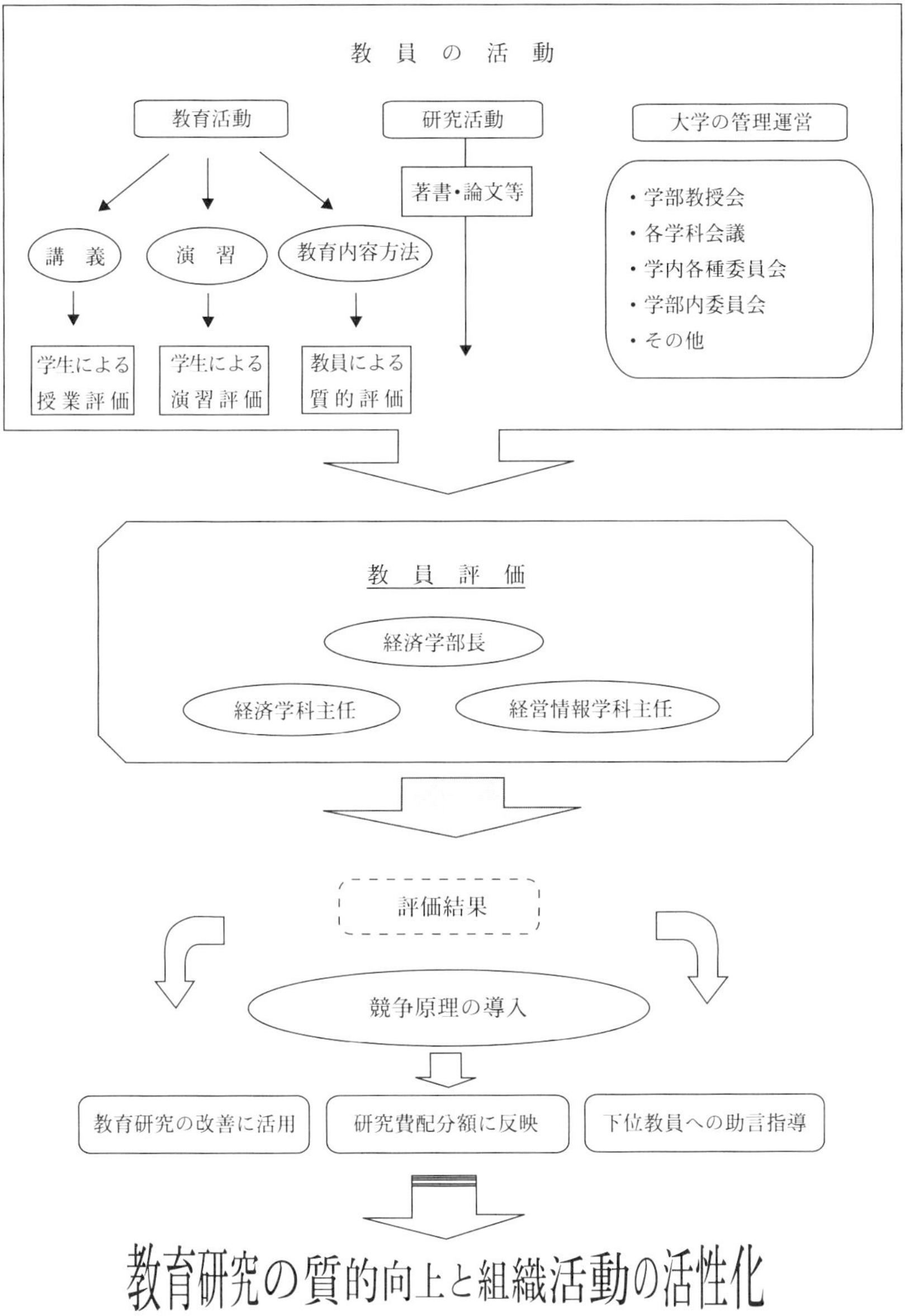

図Ⅲ-(3)-4　北九州市立大学　経済学部教員評価制度　概念図

（出所：カレッジマネジメント120、May-Jun、2003、34頁）

格差がつくようにしている。このことによって競争原理が作動し、自然に各教員が自己研鑽に励んでいくことが期待される。これこそ晴山英雄経済学部長の目指す大学組織の活性化へとつながっていくと考えられる。

評価の対象は①教育活動、②研究活動、③大学の管理運営の三領域である。

まず第一に教育活動の評価であるが、これは図Ⅲ―(3)―4にある講義、演習、教育内容方法についてである。このうち講義と演習は学生へのアンケートによる量的評価である。(10) これに対して教育内容方法に関してはその適切性や成果についての教員の自己申告による質的評価である。学生による量的評価は、教員全員の順位をつけ、それを三段階に分け、上位三点、中位二点、下位一点を与える。それに対して、教員の自己申告は学科主任が評価し、これを上位三点、中位二点、下位一点の相対点を与える。(11)

第二は研究活動で、これは著書、論文(過去三年分)、その他執筆活動、学会活動、被引用回数(過去一年分)が評価の対象となる。各教員の自己申告に対して学科主任が上位三点、中位二点、下位一点の相対点を与える。(12)

第三は大学の管理運営の評価である。学生部長、研究科長、学科主任といった役職者の活動成果と各教員に対しては、全学と学部の両方から管理運営にどれだけ貢献したかについて学部長が評価し、上位三点、中位二点、下位一点を与える。(13)

授業の最後に学生に対して講義や演者についてアンケート調査を行う。その中で教員評価に利用されるのは「あなたはこの授業に興味を持てましたか?」と「この授業を履修して良かったと思いますか?」の二つの項目である。強否定(一点)から強肯定(五点)までの五段階評価である。その回答数(%)に( )内の点数一~五点を乗じて合計したものが、「加重集計値」である。全員つまり一〇〇%が強肯定を回答すれば、五、強否定を回答すれば一になる。利用されている質問項目が二つであるので、二つの加重集計値を平均するのである。

〔1〕教育領域

（i）学生の授業に対するアンケート

上記二つの項目の加重集計値
←
回帰分析して補正
（受講者が少なかったり、必修科目でなかったり、夜間の講義だったりすると、「学生さんの満足度」が高くなる傾向があるので、こうした教員の努力以外の要因を加味して、得点調整）
←
教員別に、上記得点数を順位づけ
←
人数で三分割して、上位から三点、二点、一点の相対点を付与―（A）

（ii）自己申告

教員が、自分の講義内容について、学科主任に自己申告
←
学科主任が評価
←
「良い」三点、「普通」二点、「もう少し」一点の相対点を付与―（B）

（A）と（B）を合計

← 人数で三分割して、上位から三点、二点、一点の相対点を付与—（C）

［2］研究領域

教員が学科主任に研究業績を申告（著書、論文は過去三年分、学会報告や被引用などは過去一年分）

←（点数表を見ながら、各自この絶対点を申告する）

← 学科主任が人数で三分割して、上位から三点、二点、一点の相対点を付与—（D）

［3］管理運営領域

学部長が、学科主任も含めて、全教員の委員会活動など一年分を評価

（委員会の開催数、その委員会での貢献度など詳細に点数化）

← その絶対点を人数で三分割、上位三点、二点、一点の相対点を付与—（E）

［4］特別点

学部長が、活躍著しい教員や、大きな業務を負担した教員に特別点を付与—（F）

［5］合計と異議申立て

以上の（C）（D）（E）（F）を合計して、「総得点」を算出
←
総得点を人数で三分割、「上位」、「中位」、「下位」の三段階ポジションを付与
←
　総得点に応じて、研究費配分
←
検証委員が、特別点も含めて、評価に恣意性がないか、計算に間違いがないか、チェック
←
各個人別の全得点と研究費（仮確定）を通知
←
異議や問合わせあれば、学部長が受け付け
←
全評価結果と研究費確定（→各教員に再通知→各人が改善に取り組む）
←
教授会で、学部長が特別点の様子と理由、評価結果と今後の学部の課題などを報告

（出所：北九州市立大学経済学部ホームページ、2／2ページ、3／4ページ、4／4ページ、二〇〇五／03／09）

以上の三領域の具体的な評価とそれに基づく研究費の配分は以下のようになる。

大事なことはポストに対して点が与えられるのではなく、あくまでもどれだけ貢献したかという観点から評価されるということである。さらに学部長は特別点として、特に優れている教員に対しては五点以内でプラス点を与え、反対に特に努力を必要とする教員に対しては五点以内のマイナス点を与えることができる。(14)

これまで述べてきた三領域の相対点に前述の特別点を加えた合計点から、学部長は全教員を上位、中位、下位の三段階で総合評価する。この総合評価に基づいて、各教員にどれだけ研究費を配分するかを決定する。これを教授会が選んだチェック委員会に付託し、評価の適切性を証明してもらい、評価結果と研究費の配分を各教員に通知する。各教員はこの評価結果に対して異議があれば学部長に申し立てをすることができる。(15) このような手順を踏んで最終的な評価結果と研究費を確定し、各教員に再通知する。これを基にして各個人は改善に取り組むことになっている。

以上が北九州市立大学経済学部の教員評価システムと研究費配分のあらましであるが、評価そのものが目的ではなく、あくまでも組織が活性化し、経済学部がよりよくなっていくことをねらったものということができる。

北九州市立大学経済学部の研究費は実験分野が六六万円、理論・歴史分野が四七万円である。この各々の五〇％を学部研究費としてプールし、先の教員評価によって再配分する。それはプラス、マイナス二分の一で増減の調整が行われる。その結果、最高一〇〇万円、最低二四万円、すなわち約七〇万円の格差がつくこととなる。この結果を踏まえて、学部長は下位グループの中で特に努力を必要とする教員に対しては、活動改善書を提出させ、適切な指導・助言をすることになっている。(16)

註

（1）『北九州市立大学改革プラン』、北九州市立大学の今後の在り方検討委員会　平成一五年一二月、二頁。

（2）前掲書　三頁。

（3）前掲書　一二頁。

（4）前掲書　二六頁。
（5）前掲書　一二頁。
（6）北九州市立大学　法人設立準備委員会　第九回委員会　審議資料　平成一六年一二月二〇日　一〇頁。
（7）北九州市立大学法人設立準備委員会第一〇回委員会審議資料、平成17年2月14日、34頁。
（8）晴山英雄「カレッジマネジメント」一二〇、May～Jun、二〇〇三、三四頁。
（9）前掲論文　三四頁。
（10）前掲論文　三四頁。
（11）北九州市立大学経済学部教員評価制度概念図、ホームページ　2/2ページ　3/4ページ。
（12）前掲ホームページ　3/4ページ。
（13）前掲ホームページ　3/4ページ。
（14）晴山英雄　前掲論文　三五頁。
（15）前掲論文　三五頁。
（16）前掲論文　三六頁。

第四節　高知工科大学の人事制度と教員評価システム

一．大学の沿革、基本理念

高知工科大学は平成九年四月に開設された公設民営大学である。高橋寛人によれば、公設民営大学とは「地方自治体が学校法人を設立し、その学校法人が大学を設置するものである。つまり、公設民営大学とは、地方自治体によって作られた私立大学である。」(1)

どうして高知県に公設民営大学がつくられるようになったのだろうか。高知県には国立大学の高知大学があるが、工学部は無い。人口百万に満たない県には県立大学を二つつくることは自治省の規準によってできない。高知県にはすでに高知女子大学という県立大学があり、したがって新たな県立大学をつくることはできない。また、高知県には四年制の私立大学も存在しない。(2)

このような状況の中で平成三年の高知県の県知事選挙が行われ、ＮＨＫの職員であった橋本大二郎氏が当選した。その時の三大公約の一つに大学の設置があった。平成四年度になるとこの大学設立準備の専門の職員が配置され、検討を開始し、最終的に公設民営が望ましいということになった。その後の高知工科大学の沿革は以下のとおりである。

平成四年（一九九二）六月一八日、高知県工科大学（工学部）構想委員会設置
平成五年（一九九三）四月一日、工科大学計画策定委員会設置、一一月五日、高知県工科大学設立準備委員会設置
平成七年（一九九五）一月二五日、高知工科大学設立準備財団設立
平成八年（一九九六）一二月二〇日、学校法人高知工科大学設立　理事長　橋本大二郎高知県知事
平成九年（一九九七）四月一日、開学、初代学長　末松安晴
平成一一年（一九九九）四月一日　大学院工学研究科開設

平成一三年（二〇〇一）三月二一日　学部第一期生卒業式　四月一日　二代目学長　岡村甫[3]

高知工科大学は基本理念として、

① 自発性・創造性の重視
② システムとしての視点の重視
③ 人間と科学技術の関係の重視
④ 学際領域の重視
⑤ 国際的視点の重視
⑥ 学術の中心として広く教育研究を行い、技術立国としてのわが国の将来に必要な、深い専門知識を加え、豊かな人間性と創造性を持った人材を養成し、科学技術の振興を図る。
⑦ 地域産業、社会との連携、産学官の協力、国際的な学術交流を行い、開かれた大学として社会に貢献する。としている。[4]

の五つを掲げ、大学は

この基本理念を実現していくための意気込みを『少子化傾向が顕在化していた平成九年に開学した高知工科大学は、既存の大学ができることをしていたのではその存在意義はなく、「大学のあるべき姿を常に追求する使命」を開学当初からもつ宿命にある。』と考えていた。[5]

第二代学長岡村甫は、高知県工科大学（工学部）構想委員会委員であり、その後の高知工科大学設立のためのすべての委員会の委員でもあった。岡村甫現学長は、大学が開学する一年前にこの大学の構想について三つの観点から提案を行っている。すなわち、①教員にとって魅力的な大学、②学生にとって魅力的な大学、③持続的発展の可能なシステム、である。これら三つの提案は、高知工科大学にほとんどすべて取り入れられたということであるので、岡村学長の論文「大学工学部における伝統の力と改革の波」（コンクリート工学、Ｖｏｌ．４　Ｎｏ．１、一九九六、一）によって詳しく説明することにする。

まず第一に教員にとって魅力的な大学になるために①県立民営方式を採用。県立そのものであれば、教員は県の職員としてさまざまな制約を受けるが、これを民営とすることによってそのような制約から解放され、兼業も可能となる。②空港に隣接して大学を設置。高知県は教員が学会に出席したり、海外に出張したりする場合、地理的に非常に不利である。それを解消するには飛行機に依存するしかない。そのために高知空港から数キロメートルの所にある林業試験場跡地に大学が建設された。空港が近くても潤沢な旅費がなければ出張はできない。そこで岡村は教員一人当たりの年間旅費二〇〇万円を提案し、認められた。(現在は教授五〇万円、助教授・講師は一〇〇万円)。この旅費は、国内外にかかわらず使用できるようになっている。③クォーター制の採用による教員の自由度の増大。[6] 一週間に一科目二回以上授業を行うことにより、学生への教育効果と、教員が一クォーターだけ自由にできる期間(サバティカル・クォーター)とすることをねらったものである。

第二は学生にとって魅力的な大学であり、それは次の五点を重視する。すなわち、①自発性の重視、②学際領域の重視、③システムとしての視点の重視、④人間と科学技術の関係の重視、⑤国際的な視点の重視[7]である。

これらは先に取り上げた大学の基本理念と同一であり、大学の基本理念が学生に魅力あるものとして考えられているということが看取できる。さらに大学院との連携を重視し、学部三年間で卒業に必要な単位を修得することが可能であり、その学生に対しては四年次に大学院修士課程の単位を修得することができるシステムの採用を提案している。こうすることによって修士課程を一年で修了し、博士課程を三年で修了することが容易になるという。[8]

第三は持続的発展の可能なシステムである。少子化の時代を迎え、大学が生き残るためには優秀な学生が入学してくることがきわめて重要である。そのために岡村は先述の学生に魅力ある大学について提案し、それは大学の基本理念となっている。これまでは偏差値の高い順に志望先が決まる傾向があったが、少子化の時代にあってはそれぞれの分野に向いた学生をどうやって採用するかが問われる。しかもそれが継続的に実現できるようになることが大切であり、そのためにはシステムとして確立されなければならない。

このような立場から岡村は入学試験で面接を重視している。各分野に向いた素質を持った学生を入学させる最良の方法は、じっくりと面接することだという(9)。この方法の最大の欠点は時間がかかるということであるが、教員が二人一組で面接することでこの欠点を最小限にとどめるようにする。受験生が教員紹介等を見て、試験官を選ぶことが理想的であるというユニークな発想が見られる。面接による選択で公正が保持できるかという疑問が出てくるが、これに対して岡村は誰が面接を行い、誰が入学したかの結果を公表すると言う(10)。これによって不公正を回避し、さらには入学後の学生に対して教員の責任感が期待できるという。推薦入試や一般入試にも言及しているが、いずれにせよ、高知工科大学に入学して素質を開花させるような選抜を重視しているといえよう。

持続的発展の可能なシステムの第二は教員の評価システムである。新しい大学には種々の恩典（たとえば広島市立大学では定年が最長六九歳まで延長）がある場合が多く、日本全国、さらには外国からも優秀な人材が集まってくる。大学自体も多くの希望に満ちた人々の集団であり、活気に満ち溢れている。しかし、五年、一〇年と時間がたつうちに優秀な先輩の先生方は退職され、若い先生方も授業や委員会の仕事にも慣れて、安心感を持つようになり、毎年同じようなことを繰り返すうちにマンネリズムに陥ってしまう傾向がある。そうなれば大学の持続的発展はまったく期待することができず、多くの新設の大学がその魅力を失っていくのである。

このことを防ぎ、さらによりよい大学へ発展する制度を確立しようとするのが教員評価システムであり、任期制と年俸制の導入である。このことに関しては筆者は平成一六年六月一日高知工科大学を訪問し、教育本部長、工学部長の坂本明雄教授、総務部長の栗山典久氏に面会し、高知工科大学の人事制度と教員評価システムについて詳細な説明を受けた。その折、坂本教授が岡村甫学長と共同執筆された「人事制度と教員評価システム」（高知工科大学紀要第一巻（二〇〇四年）抜刷）をいただいたので以下にこの論文に沿って高知工科大学の人事制度と教員評価システムについて考察することにする。

高知工科大学の人事制度について坂本は「各教員がそれぞれの長所を生かして大学の発展に寄与すると同時に、それぞれの人生がより豊かなものになるように」(11)ということを基本に任期制と年俸制を採用することにしたと述べている。そして、「大学を各教員の教育や研究における自由を保証し、研究を中心としながらも学生の成長を喜びとし、学生と共に一生自己研鑽を行う場であるととらえ、高知工科大学の人事制度はこのような価値観を持った教員の活躍に役立つことを願ってつくられた」(12)とのことである。

(1) 採用方法

二〇〇一年度より教員選考委員会の構成員は、学長、副学長、当該学科長(またはコース長)、大学運営委員会の推薦する教員の計五名としたが、二〇〇三年度より学長の指名に変更した。(13)従来、欠員が出ると学部長の命令で教員選考委員会を設置し、その委員会は欠員を補充するということが任務と考え、将来どのような人材が望ましいかに関して議論を重ねるということはせず、退職した教員と同じ専門領域の人を公募し、採用するのが慣例であった。これではいつまでたっても人事が硬構造から柔構造に移行することはできず、ひいては大学の改革が一向に進展しない状況が続くのである。

これに対して高知工科大学は学長を中心にして大学の将来を見据えて、大所高所から慎重に教員選考を行っている。他の大学が局所的見地から教員選考を行っているのに対して高知工科大学では大局的見地から教員選考を行っているということができる。その立場がより明確にでているのが、九五名の教員定員の中で、常に六名は流動的な定員として活用しているということである。(14)時代が激変する状況の中で、将来の要請をできるだけ的確に受け止めようとするこの教員人事こそは、大学教育経営の構造改革—硬構造から柔構造へ—の基本であるということができる。

この人事制度のすぐれている点は、まず第一にその基本理念にある。すなわち、教員の長所を生かして大学の発展に寄与すると同時に、各教員の人生が豊かなものになるという考え方である。これまで教員は自分の研究を行い、それに基づいて教育をするだけで大学の発展にそれがどのように貢献するかという発想はまったくなかった。個人主義的な考えで、大学自身にも一人ひとりの教員の人生を豊かにするという発想もなかった。また、大学の管理者である学長や学部長もそのような発想を持たなかった。したがって、教員と大学はバラバラな状況にあるといっても決して過言ではない。

すぐれている第二の点は、学長や副学長、それに学長が指名する選考委員（学科長を含む）で大所高所から人事を行うということである。従来、学長が人事に直接かかわることはなかったが、ここでは学長のビジョン（どのような教員が望ましいか）を教員人事にかかわらせようとしている。これは後述する教員評価との関係においても、よりよい大学の発展のために学長自身のビジョンを教員の雇用に反映させようとしている証拠である。大学を発展させるために人事の重要性を高知工科大学が大学ぐるみで考えていることが看取される。

すぐれている第三の点は、定員九五名のうち六名を必要な分野に充当するために流動的な定員として活用するということである。これまでの大学の欠員補充は必ずといってよいほど先任者と同じ学問をしている者を募集し、採用していた。これには二つの問題があった。一つは、採用に際してその分野が大学として、あるいは学部全体としてどうしても必要な分野（専門）であるのかどうかの検討がまったくといってよいほどなされてこなかったということである。第二の点は、学部の将来を考えた人事ができないということである。これがこれまでの大学の構造を硬構造にしてきた大きな原因である。高知工科大学では常に変化する社会状況をにらみ、必要な分野を検討し、常に六名の流動的定員を確保しているということこそまさに柔構造ということができ、ダーウィン流の考え方「変化するものだけが生き残る」を地で行っているように思われる。

二　高知工科大学の教員評価システム

先にも述べたように、高知工科大学では新しい学長が就任したとき、学長自ら新しい教員評価の具体的な提案することになっている。この具体的提案が教授会の議を経て決定される。このことは、これまでの終身雇用、年功序列制度から大きく踏み出して、学長のビジョンが重視される評価ということになった。これこそまさに硬構造から柔構造に大転換したということになる。これは従来、学長のビジョンが大事ということはよく言われるけれども、それが実際に機能することはまったくなかったことからの大転換であり、まさに大学経営の中心に名実ともに学長がいるということになった。

これまで大学は崇高な理念を掲げ、カリキュラムをつくり、教員を配置し、教育を行ってきたが、理念は理念にとどまって、それがどのようにカリキュラムと密接に結びつき、教師はその理念を踏まえてどのように教育活動をしてきたかが不明確というか、その三者の間にはいささかの関係も認められないというのが実情であった。

これに対して、高知工科大学では、教員行動規範を教員評価システムとしてとらえ、あらゆる意味で高知工科大学の発展に貢献する行動を評価しようとする努力が見られる。その際、大学は商品として、①卒業生（教育の成果）、②研究成果、③社会貢献、すなわち大学の三大目的を作り出す装置[15]と考えられている。これに広報活動も含めて評価の対象としている。このシステムは教員の行動規範を定量的にとらえることであるが、次の三つの特徴を備え持っている。すなわち、①自主性、②結果主義、③透明性[16]の三点を重視した評価システムということができる。

(1) 評価方法

評価の対象は、教育、研究、社会的貢献、広報および外部資金導入等、大学に直接間接に貢献する事柄である。評価点は、質（A）、種別（X）、および量（N）を考慮して算定される[17]。

以下に「高知工科大学教員評価システム（平成一五年度改正）、平成一五年六月二五日改正承認」の骨子を紹介することにする。

一．教育

（一．一）講義・演習等

Σ〔3＊（A－1.3）＊X1＊X2＊N1＊SQRT（N2）〕

A＝学生による授業評価ポイント

X１＝１（一般）

１．２（英語、数学、情報科学、物理二科目、化学二科目、生物二科目）

０．１（放送大学や非常勤講師の講義を世話した場合）

X２＝貢献度（複数の教員が担当する場合は合計が１）

N１＝単位数（ただし、英語の場合は１・５倍にする。）

N２＝授業評価提出数（学生を区分する場合はその担当分）

（一・二）指導教員Σ〔X＊N〕

X＝２０（修士課程主指導教員）

６０（博士後期課程主指導教員）

５（博士後期課程副指導教員）

N＝大学院学位取得学生数

（一・三）学生の外部発表指導Σ〔10＊A＊X〕

A＝１（基本）

２（受賞・表彰のあったもの）

X＝１（日本語で発表）

３（英語で発表）

５（外国で発表）

（一・四）一般教材等作成Σ〔A〕

A＝１０～１００

二．研究

（二．一）受賞Σ〔A〕

A＝50～1000

（二．二）論文・作品

二．二．一論文Σ〔A＊X／（N＋1)〕

A＝1～2（First Authorは2、その他は1）

X＝50～300

N＝著者数

二．二．二作品Σ〔250＊(1−0.25（X/500)〕

X＝設計者に支払われる作品の設計費（万円）

（二．三）発表・講演（教員本人が発表することが条件、最大5件）Σ〔10＊X1＊X2〕

X1＝1（自主発表）

2（招待発表）

X2＝1（日本語で発表）

3（外国語で発表）

5（世界的な国際集会等で発表）

（二．四）著作等Σ〔10＊SQRT（N1)〕＋Σ〔100＊X2/N2〕

N1＝印税額／万円

X2＝1（著者）

0・4（編集者）

N２＝著者または編集者の数

（二・五）特許等Σ〔10＊SQRT（N1）〕＋Σ〔100＊X2/N2〕

N１＝特許料／万円

X２＝１（特許出願日）

　１（特許登録日）

N２＝発明者の数

（二・六）研究グループの研究計画とその達成度A

研究グループ全体に対してA＝０～２００（研究評価委員会による評価）

三、社会的貢献、広報活動および外部資金の導入

（三・一）学会活動等（最大５件）Σ〔X〕

X＝１０～１００

（三・二）高知県の地域活動にかかわる委員等（最大５件）Σ〔X〕

X＝５～２０

（三・三）マスメディア（最大５件）Σ〔X〕

X＝１０～５０

（三・四）一般講演等（最大５件）Σ〔X〕

X＝１０～５０

（三・五）科学研究費補助金Σ〔2＊SQRT（10＊N1）＋20＊N2〕

N１：採択金額（万円）

N２：研究代表者として申請して採用されなかった件数

（三・六）その他研究費Σ｛SQRT（N1）＋0.2＊N2｝

N１：大学に導入した入金済み金額（万円）

N２：オーバーヘッド入金済み額（万円）

四．平成一五年度に適用する項目

（四・一）役職者への配分

入学センター長　５００

就職センター長　５００

教育センター長　２００

学科長　２００

大学院コース長（修士・博士後期）　１００

教室長　１００

（四・二）役職者の査定に基づく配分

入学センター長　１０００

就職センター長　Σ｛就職した学生（学部・修士）1人あたり×10｝

教育センター長　７００

（四・三）教育手当（毎年変更、対象者に一律配分。マイナス点あり）

・学科所属者　１０＊（学科の学生数－３４４）／N

・修士コース所属者１０＊（コースの学生数－５０）／N[18]

（2）任期と標準年俸

高知工科大学では任期制を導入しており、講師は五年、助教授は一〇年、教授は五年の任期となっている。これは、講師や助教授には任期がくれば昇格することが期待され、教授には定年まで勤務することが期待されているといえる。標準年俸は採用時または昇格時に十分な人事評価が行われたという前提に立って表Ⅲ―（4）―1の教員年俸の九号俸、すなわち講師七〇〇万円、助教授九〇〇万円、教授一一〇〇万円とされている。(19)

具体的に任期がきたらどうなるかというと、先に述べた教員評価（教育、研究、社会的貢献、広報活動および外部資金の導入）の任期終了三年間の平均値が教授の場合一一〇〇点以上であれば定年まで勤務することができる。しかし、その得点が限度以下（教授七〇〇点、助教授六〇〇点、講師五〇〇点）になった場合には原則として解雇となる。下限値以上であれば再任を妨げられないが、勤務を続行するか否かは各教員にゆだねられる。(20)

表Ⅲ-(4)-1　教育職員年俸表

号給	講師	助教授	教授
	万円	万円	万円
1	−	−	700
2	−	−	750
3	−	600	800
4	−	650	850
5	500	700	900
6	550	750	950
7	600	800	1,000
8	650	850	1,050
9	700	900	1,100
10	750	950	1,150
11	800	1,000	1,200
12	850	1,050	1,250
13	900	1,100	1,300
14	−	1,150	1,350
15	−	1,200	1,400
16	−	−	1,450
17	−	−	1,500

（出所：坂本明雄・岡村甫、人事制度と教員評価システム、高知工科大学紀要第1巻2004、44頁）

（3）昇給・減給

年俸制であるので当然に昇給、減給がある。採用・昇格以後、四年目以降は過去三年間の教員評価の平均値によって表Ⅲ―（4）―1の標準年俸から講師はプラスマイナス二〇〇万円、助教授はプラスマイナス三〇〇万円、教授はプラスマイナス四〇〇万円の範囲内で昇給・減給が行われる。一応一年に一号給、すなわち五〇万円の昇給・減給が行われるが、学長が特別に認めた場合には二号給の昇給も可能となっている。(21)

非常に精巧な教員評価システムを考案し、それを教員の任期、昇給・減給に最初に反映させた大学として高知工科大学は特筆されるべきである。とりわけ大学の発展のために貢献するすべての事柄を評価対象にしているということである。これは教員はそれぞれ異なる能力を持っていることを前提にして、その能力をできるだけ汲み取ることを意図しているといえよう。最近では北九州市立大学、国際教養大学など公立大学にも教員評価システムを導入し、任期制、年俸制に移行するという動きがでている。いずれにせよ、この高知工科大学のこの試みは、大学教育経営の構造改革のターニング・ポイントとなることは間違いなく、高く評価することができる。

表Ⅲ-(4)-2　教員研究費

実験系教員1人あたり　400万円
- 大学プロジェクトへ　50万円
- 学科プロジェクトへ　100万円
- 個人研究費として　250万円
  - 学科共通経費
  - 一般管理研究費（光熱水費など）
  - 個人研究費

非実験系教員1人あたり　120万円
- 個人研究費として　120万円
  - 学科共通経費
  - 一般管理研究費（光熱水費など）
  - 個人研究費

（出所：高知工科大学自己点検・評価報告書－平成12・13年度を振り返って－平成14年5月、高知工科大学、44頁）

三　自己研鑽プログラム

これまで教員評価がきわめて多角的に行われていることを説明してきた。高知工科大学の発展につながる各教員の貢献をあらゆる方面から評価しようとする立場が明確である。これまでの大学では、各教員が大学の発展にどのように貢献したかはまったく問題にされなかった。これまでは大学運営や学部運営がスムーズに行く原則は平等主義であった。すなわち、各教員の負担を同じにするということが最も重要であり、平均で週四コマないし五コマの授業負担となっている。学内の委員や入試の試験官もローテーションで行うというということで負担を同じにすることが大原則であった。その負担の質がどうかということはほとんど議論されないままである。

これに対して高知工科大学では、若い教員は研究八、教育二の割合で努力し、企業や大学で一仕事終え、これまでの業務を教育にも生か

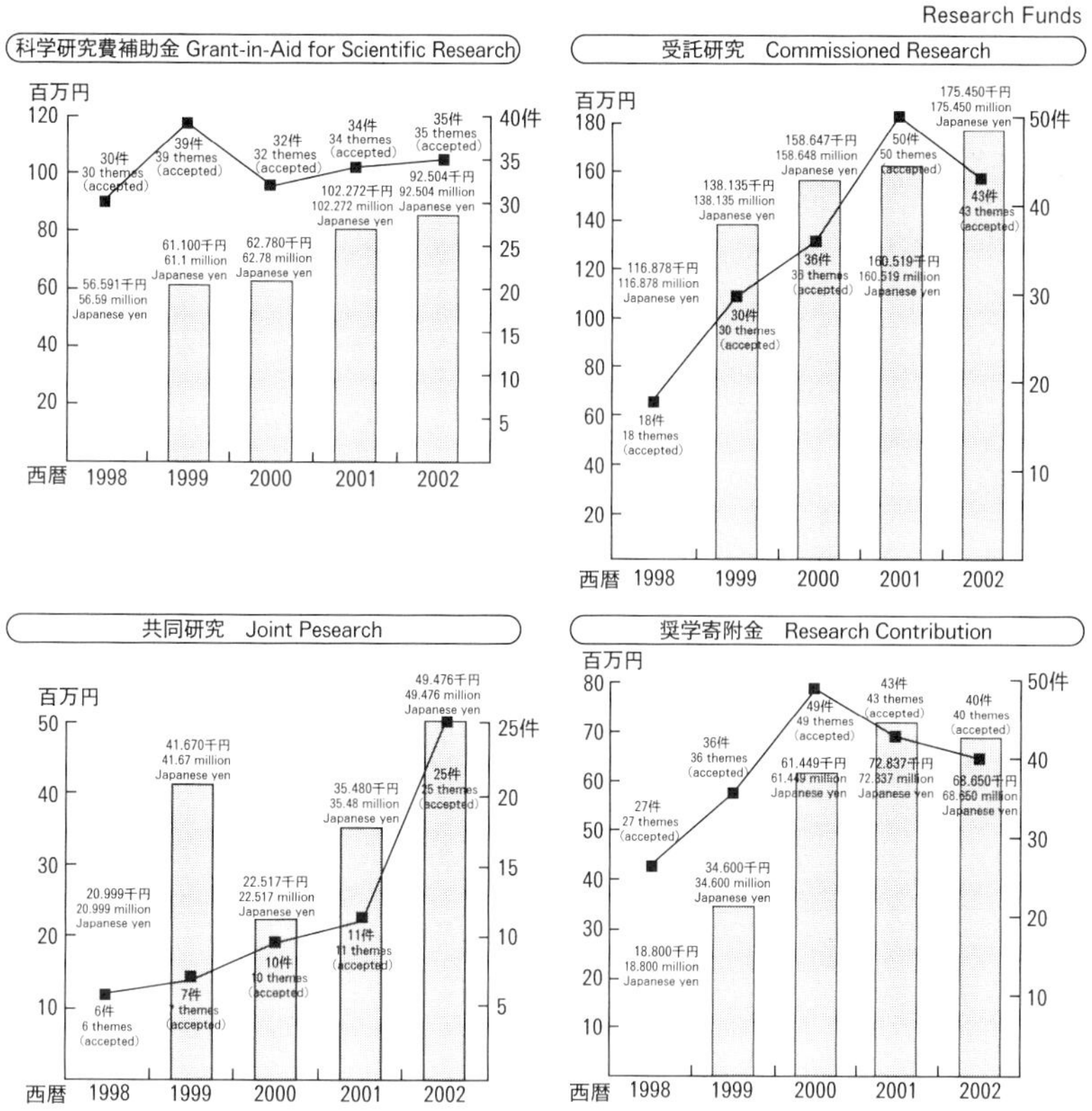

図III-(4)-1　科学研究費補助金及び外部資金

（出所：高知工科大学概要、2003、12頁）

表III-(4)-3　平成16年度「21世紀COEプログラム」審査経過状況一覧（総表）

【分野：革新的な学術分野】

	申　請		ヒアリング		採択拠点	
	大学数	件数	大学数	件数	大学数	件数
国立大学	70	156	24	33	19	23
公立大学	28	34	2	2	1	1
私立大学	88	130	9	9	4	4
全 大 学	186	320	35	44	24	28

（出所：文部科学省高等教育局大学振興課）

したいという教員には、教育主体でやることを期待する。[22] 教員評価システムはこれらのことをうまく汲み上げるよう作成されている。大学の先生は同じことをやって大学の発展に貢献するというのではなく、それぞれの長所を生かして貢献するような教員評価システムになっていくべきである。

自己研鑽システムとして特筆すべきはサバティカルクォーター制度である。高知工科大学では一年を四期に分けたクオーター制度である。したがって三つのクォーターで担当のすべてを終え、その他の業務を終えれば一クォーターまるまる教員が自由に研鑽に励むことができる仕組みになっている。特に教員研究旅費も多く（教授五〇万円、助教授・講師一〇〇万円）[23]、国内の旅費にも海外の研修旅費にも使用することが可能である。しかも年度繰越が可能であるので、数年間に一度、一クォーターまるまる海外研修も可能であり、若手研究者にとっては最先端の研究を行うのに非常に有意義だと考えられる。

次に研究費であるが、表Ⅲ―（４）―２に見るように一人当たり実験系年間四〇〇万円非実験系一二〇万円である。この中から学科のプロジェクト研究や大学のプロジェクトに要する研究費および光熱水道費が差し引かれる。外部資金も図Ⅲ―（４）―１に見るように、積極的に獲得の努力がなされている。

また、平成一六年度「二一世紀ＣＯＥプログラム」にも高知工科大学からは四件の申請があり、そのうち一件「社会マネジメントシステム」が採択された。表Ⅲ―（４）―３に見るように、全国の私立大学のうち八八校から一三〇件の申請があり、わずか四件だけが採択されただけである。その中の一件に入ったということは、高知工科大学の研究レベルの高さを実証しているといえる。

註

（１）高橋寛人著、「公設民営大学設立事情」㈱東信堂　二〇〇四年　ⅲ頁。

（２）前掲書　一五三頁～一五四頁。

（3）坂本明雄「高知工科大学」教員評価システム開発とその運用～評価の項目・基準／学内公開／処遇への反映—平成一五年三月　九〇頁～一一三頁、教員評価制度導入と大学の活性化、高等教育情報センター編集、地域科学研究会所収。
（4）高知工科大学自己点検・評価報告書～平成一二・一三年度を振り返って～高知工科大学。平成一四年五月、一頁。
（5）坂本明雄　岡村甫「人事制度と教員評価システム」、高知工科大学紀要、第一巻（二〇〇四年）、五〇頁～五一頁。
（6）岡村甫、「大学工学部における伝統の力と改革の波」、コンクリート工学。VOL．四　No．1　一九九六　一、八頁。
（7）前掲論文　一〇～一一頁。
（8）前掲論文　一一頁。
（9）前掲論文　一一頁。
（10）前掲論文　一一頁。
（11）坂本明雄、岡村甫、前掲論文　四三頁。
（12）前掲論文　四三頁。
（13）前掲論文　四三頁。
（14）前掲論文　四四頁。
（15）前掲論文　四六頁。
（16）前掲論文　四六頁。
（17）前掲論文　四八頁。
（18）高知工科大学教員評価システム（平成一五年度改正）、平成一五年六月二五日改正承認、一～六頁。
（19）坂本明雄、岡村甫、前掲論文　四四頁。
（20）前掲論文　四四頁。
（21）前掲論文　四四頁。
（22）前掲論文　四六頁。
（23）前掲論文　四七頁。

第五節　広島地域の大学教育経営改革の提案

一　広島地域の大学

ＥＵ諸国ではヨーロッパ単位互換制度（European Credit Transfer System）が進んでいる。これにはアメリカやアジアとの「競争」という考えが表面には出ていないが、存在することは間違いない。しかし、ヨーロッパのＥＣＴＳはそれだけでなく、ＥＵ本部のＮＡＲＩＣ責任者であるセリチアー（Mrs. A. Serizier）の言うように、学生の立場に立ってよりよい教育を提供するために旧東ヨーロッパも含めたヨーロッパのすべての国の大学が「協力」というコンセプトで単位互換を促進してきている。

わが国でもこれまでに考察してきたように財団法人コンソーシアム京都が京都近辺の大学五〇校に呼びかけて大学連合という型で単位互換をするために一九九四年三月に「京都・大学センター」という名称でスタートし、九八年に名前を現在の「財団法人大学コンソーシアム京都」に改めた。長崎県の国・公・私立の全大学（一四校）の単位互換事業は、長崎県総務部学事振興課県立大学班の話では「財団法人大学コンソーシアム京都」の単位互換を参考にしたとのことである。

このような大学連合や単位互換は現在日本の多くの大学で試みられている。筆者の知る限りでも熊本大学法学部、熊本県立大学総合管理学部、熊本学園大学商学部、同経済学部の間で単位互換が行われている。また、学都仙台単位互換ネットワークには、東北大学、仙台白百合女子大学、仙台大学、東北学院大学、東北芸術工科大学。東北工業大学、東北生活文化大学、東北福祉大学、東北文化学園大学、宮城学院女子大学、宮城教育大学、仙台白百合女子短期大学、三嶋学園女子短期大学、宮城県農業短期大学が参加している。

このような大学連合による単位互換は、大学教育経営の構造改革―硬構造から柔構造へ―に対して意義あることではあるが、それは第一歩を踏み出したに過ぎない。広島県でも広島県高等教育連絡協議会のお骨折によって多くの大学、大学院が単位互換に参加している。広島市立大学も多くの授業科目で他大学の学生の履修を受け入れている。しかしながら、この単位互換が多くの学生に受け入れられて大々的に進行しているとはいえない。

　少なくとも筆者の考える大学教育経営の概念からすると、単位互換もそれによって各大学が魅力を増し、経費を削減することにつながるものでなければならないが、この大学連合、単位互換がそのことを明確に意識して実施されているとはいえないところに問題がある。今考えなければならないことは、少子化によって、大学が倒産することを回避する、いうなれば、大学の生き残りに対してどのような意味があるかということである。いまだ広島地域の大学にはそのような切迫感が無く、筆者がこれまでに展開してきた教育経営の概念につながっていない。

　そこで筆者は図Ⅲ―(5)―1に示すような思い切った広島地域の大学教育経営の改革（案）を提案する。これによって各大学の魅力が増し、経費を削減し、全大学の協力によって生き残りを図ろうとするものである。

　ここでいう広島地域とは、広島市を中心とした広島市周辺（廿日市市や呉市に存在する大学を含む）の大学を意味する。広島地域には現在二二の大学が存在する。[1] それらの中の二つは公立大学である。その他の大学はほとんどすべてが中規模ないしは小規模の私立大学である。問題は、たとえこれらの大学の中で最も小さな大学であっても、わが国の現行教育システムでは、従来教養教育科目と称された基礎教育、言語教育、保健体育といった授業を提供しなければならないということである。さらに教員免許資格や学芸員資格を取らせようとすれば、それにかかわる最低限の教員を雇用しなければならない。さらには、留学生のための日本語教師も必要である。

　上述のような基礎教育や言語教育、保健体育、さらには教員免許取得や学芸員資格取得に必要な授業を提供することは大規模の大学にとってはそれほど負担にはならないが、小規模で専門教育を重視する大学にとっては、教職員スタッフやその他の費用の観点からすると大きな負担となる。その結果、多くの場合、上記の基礎教育コースは、その教育のために雇用された者ではなく、他の専門を有する教員に依存することになる。彼らは自分の専門にのみ興味・関心があるのであって、当然にこの基礎教育の授業に熱心になることはできない。ひいては、彼らの専門にも集中することができなくなる。

より重要なことは、基礎科目と専門科目の教育というディレンマに悩む教師の状況は、大学のアイデンティティの確立に暗い影を落としているということである、各大学のアイデンティティは基礎教育によるのではなく、専門教育によると考えられるからである。専門教育を行う教員は常にその専門の最先端にいることが求められ、その研究の成果は何らかの形で公刊される必要がある。そのような意味で、基礎教育の授業には情熱を注ぐことができず、学生は教員の側の準備不足や情熱不足にすぐ気がつく。その結果、基礎教育の無視、不評、要するに人気がなくなる。学生の側も基礎教育を重視しなくなるという悪循環に陥ってしまう。

このような問題を解決するために、筆者は広島地域の二二の大学がお互いに連携し、きわめて効果的と実証することができると思われる急進的な提案を行うことにする。もちろん、このような提案の基礎となる実践はこれまでにいくつか試みられている。それはまず第一にすでに第一節で詳しく説明した財団法人大学コンソーシアム京都で、これは京都駅前に地下一階、地上六階の建物を有し、京都近辺にある大学短期大学四九校が学生一人一〇〇〇円の負担金を払って加盟している。第二は第二節で取り上げた長崎県の国・公・私立の全大学が単位互換を行っている。第三は学都仙台の単位互換ネットワークである。

二　広島地域の大学教育経営改革（私案）

既述のように、少子化→受験生の減少、財政難という圧力の下で大学にとって生き残りの鍵は、どのようにしてリストラを断行し、かつどのようにして明確に競争力のある魅力的アイデンティティを確立することができるかにかかっている。この文脈において、われわれは広島地域の大学が冗費を節減し、財政の健全化を図る必要を認める。このことを行うために、われわれは一組の共通コース、すなわち基礎教育コース、言語コース、保健体育、教職コースが広島地域の大学でどのような形態で、どの程度行われているかを明確にしなければならない。

費用を削減し、魅力を発揮するためには、このような共通コースは、大学で学ぶために広島にやってきたすべての学生に一箇所で提供されることが望ましい。ここで先に述べた基礎教育、保健体育、言語教育、教職教育、日本語教育を多数のクラスを設けて、きめ細かい授業を展開することによって、先に述べた学生に対して満足できる教育を提供することが期待できる。このような協力的アプローチをすることによって、人件費を削減すると同時に、研究、教育の質を改善することに資することができる。専門科目の数を増やし、単位互換を促進し、教育の質を向上させることによって、学生のニーズに呼応し、広島地域の大学が連合することによって東大や京大に対抗できる大学となることが期待される。

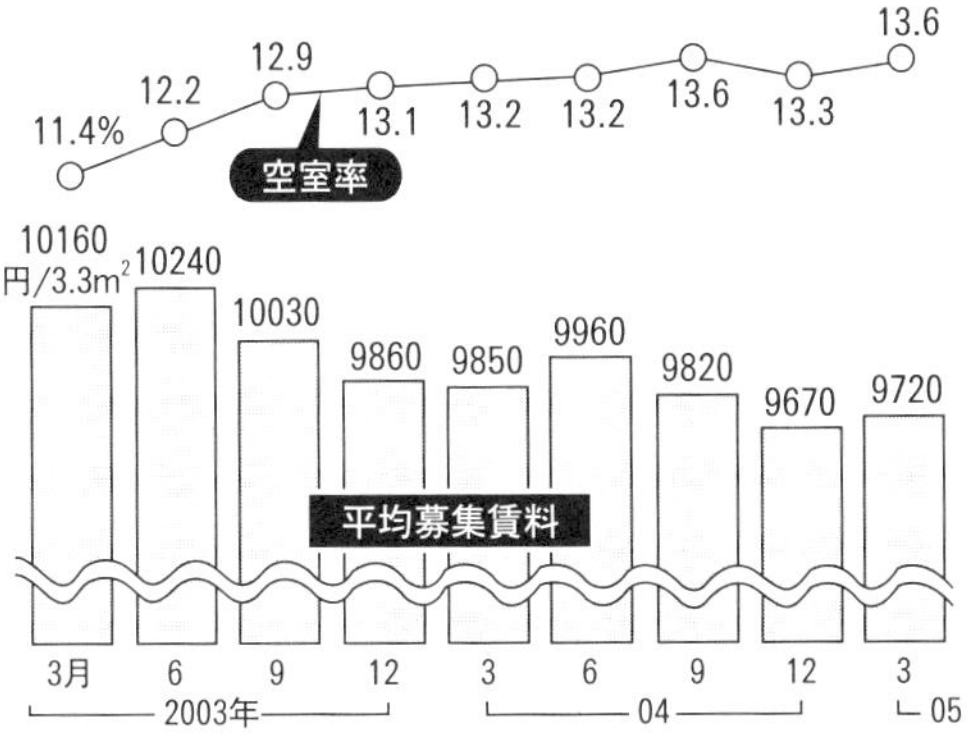

図Ⅲ-(5)-1　広島市中心部の賃貸オフィスの空室率と平均募集賃料（生駒シービー・リチャードエリス調べ）
（出所：中国新聞、平成17年4月22日）

このことを現実のものとするために、筆者は広島インテレクチュアル・センター（仮称）といった名称の教育施設を提案したい。この施設は広島駅周辺に位置し、各大学のすべての学生にとって最も通学に便利な場所であるべきである（そのためには広島駅周辺の賃貸オフィスを利用することが望ましい。図Ⅲ―（５）―１に見るように、広島市の賃貸オフィスの空室率は非常に高い。）。なぜならば、この施設は、広島市周辺のすべての大学に適用可能な中核となるコースの入門パッケージを提供するからである。このようにして専門化に向かう各大学の負担を軽減することができる。広島の大学に出席したいと思うすべての学生はこの施設で基礎的な教育、言語教育、保健体育、教職教育、日本語教育を学ぶことができる。

先に述べたように、広島インテレクチュアル・センターには、基礎教育科目、語学、保健体育、教職科目、日本語教育に関するスタッフが集結しており、これはまた生涯学習やリカレント教育にも大きく貢献することが期待できる。新たにニーズの出てくる授業科目を加えて地の利を生かして、公企業や民間企業に勤務するサラリーマンのキャリア・アップ教育、さらには家庭の主婦を対象とした教養教育、高齢者社会にあって、定年を迎えた人々に対する「生きがいを求める教育」といった内容を充実したスタッフによって教育し、地域社会に大きく寄与することが可能になる。

　これまで述べてきたことは、リベラル・アーツ教育を軽視するという批判を受けるが、決してそうではない。むしろリベラル・アーツを充実させるという立場からの広島インテレクチュアル・センターの設立を提案したつもりである。

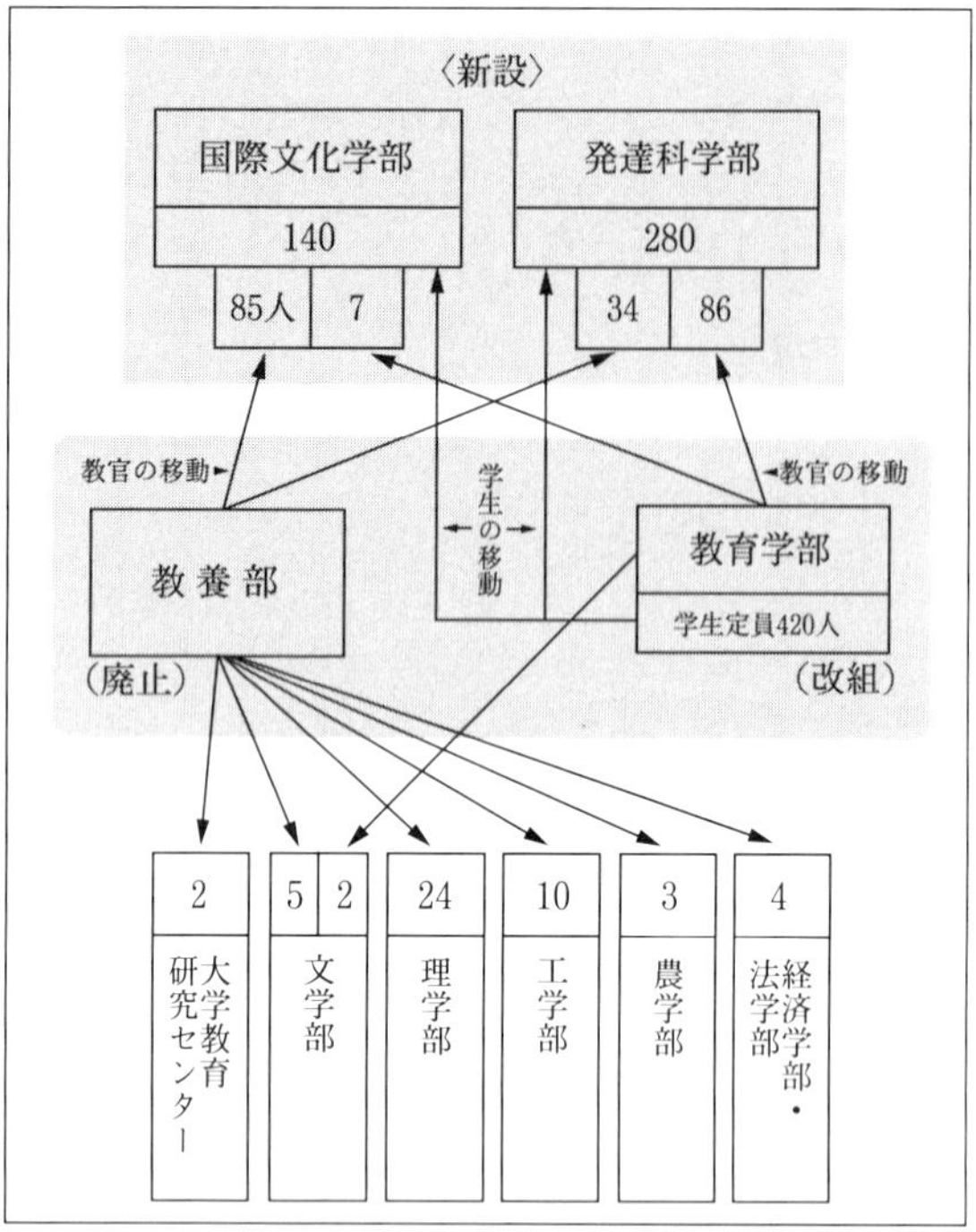

図Ⅲ-(5)-2　神戸大学の全学的リストラにともなう学生定員と教官の移動
（出所：週刊ダイヤモンド、1993年11月6日、特大号、43頁）

　リベラル・アーツとは何か。これについて筆者は明確な考えを持っているわけではないが、少なくとも日本の大学は第二次大戦後、アメリカの影響を受けて大学に教養課程を設けたが、それはリベラル・アーツを教育することにはつながらなかった。リベラル・アーツの教育と教養教育とは厳密な意味で同じではなく、大学の大綱化を契機にして、ほとんどの大学の教養科目担当教員は専門課程に吸収されていったのである。具体的に神戸大学の例を挙げると図Ⅲ－(5)－2のようである。

　リベラル・アーツ教育を充実し、学部学生への教育のみならず、社会のさまざまなニーズに対応できるようにしなければならない。語学にしても、現在広島市立大学ではCALLの新しいプログラムを開発して、学部学生のTOEICのテスト結果を短期間に飛躍的に向上させることに成功したが、これはまた広島インテレクチュアル・センターを通じて社会人にも自由に利用できるようにする。このようにして、広島インテレクチュアル・センターを充実させ、リベラル・アーツ・カレッジとしてより高度な勉強をしたい学部学生や社会人に対して大学院を設置し、高度教養教育の提供も視野に入れて今後取り組んでいく必要がある。

現在の大学

専門コース

共通コース
1. 基礎教育
2. 言語
3. 保健体育
4. 情報処理
5. 教職

将来の大学

専門コース ― 単位互換の促進

大学A　国際学部、情報科学部、芸術学部
大学B　商学部、人間科学部、法学部
大学C　工学部、環境科学部
大学D　経済学部
大学E　音楽学部

広島インテレクチュアルセンター（仮称）

全22大学の学生のための教育－成人教育
1. 基礎教育
2. 外国語
3. 保健体育
4. 情報処理
5. 教員養成教育
6. 外国人のための日本語
7. 成人のためのリカレント教育
8. 生涯学習

図Ⅲ-(5)-3　21世紀広島地域の大学改革（提案）

以上に述べてきたことを図で示すと図Ⅲ－(5)－3のようになる。現在の大学は、各大学が一般教育部門と専門教育部門の両方を持っているが、将来の大学は、一般教育部門を広島インテレクチュアル・センターに集約し、各大学はその専門教育に努力を傾注することによって他の大学との差異化を図り、その大学のアイデンティティを確立し、魅力ある大学になることを予想している。一般教育部門と専門教育部門の切離しにより、充実した教育が提供されるべきだというのが筆者の考えである。

このことをより確実なものにしていくためには、単位互換をさらに一層推し進めていかなければならない。一般教育や語学教育等は広島インテレクチュアル・センターに集中され、無駄を省いて、さらに充実した教育を提供することが期待できるが、専門科目についても一つの大学で必要なあらゆる科目をそろえるというのではなく、お互いに交換できるようにして重複をなくする努力をしなければならない。このことが実行されるために広島地域の大学は最近かなり努力をしているが、必ずしも十分に行われているとはいえない。

筆者の大まかな調査によると、現在の広島地域の大学、短期大学には、教育学関係の教員が三四名、心理学関係三九名、体育（保健）関係二七名、英語（英米文学を含む）一〇〇名、日本語教育一三名がいる。これを広島インテレクチュアル・センターに投入して、一クラス三〇名ぐらいで授業をすればどれぐらい充実した、きめ細かい教育ができるかは誰にでも想像できるであろう。さらに日本語教育、留学生問題、カウンセリングと各大学が抱えている問題もすべて解決するであろう。

このことを実現していくために長崎県の試みは大いに参考になる。長崎県では、国・公・私立大学（一四大学）のすべての大学で単位互換が行われている。単位互換の際に国・公・私立大学の間で常に問題になるのが大学のレベルと授業料の差である。第一の問題に関しては、わが国では財団法人コンソーシアム京都では、京都大学は加盟しているが単位互換は認めていない。これに対して「学都仙台単位互換ネットワーク」では東北大学は単位互換を認めている。面子にこだわることなく、学生のために協力することが大切である。第二の問題については、すべての単位互換科目の受講料は無料とすることで決着がついているようである。

なぜこのような抜本的な施策を実施することができるようになったのだろうか。筆者が聞いたところ、長崎県では総務部学事振興課が中心になって各大学の単位互換を積極的に働きかけて、実際に単位互換が無料ですべての大学で行えるようになったとのことである。この単位互換に伴うもろもろの経費は長崎県が負担しているとのことであった。このことから、コンソーシアム（大学連合）にとって最も重要なことはインテグレート（統合）する能力である。大学同士では、先述のレベルや学生の違い等でなかなかまとまらないが、県が主導でこのことが実行できたことに大いなる興味関心が持たれる。

このように考えてくると、重要なのは広島地域の大学の連携を誰がリーダーシップをとって行っていくかである。長崎県や京都市の場合を考えると県ないし市が中心となって行うべきであろう。広島の場合、二二の大学のほとんどが広島市に存在するという意味から広島市が中心となって連携にリーダーシップを発揮すべきであろう。しかしながら、広島インテレクチュアル・センター（仮称）には多大の財政支出を必要とすることから市のみならず、県からも支援を仰ぐ必要があろう。このことを通じて、各大学はリストラを行い、自分自身のアイデンティティを確立することが可能となるだろう。大学が魅力的になるだけでなく、学園都市として広島市自身も魅力的になることが期待される。

本節は、筆者がこれまで行ってきた大学教育経営改革の調査研究を踏まえて、大学の管理職という立場から広島地域の地域大学教育経営改革について考察した。管理職の一人として実際に改革の努力を行ってきたが、実際の改革に結実しにくいことにいらだちを感じている。大学の教職員、市当局もすでに「外圧」を感じてはいるが、切実なものとして受け止めていない。何よりも「内圧」が無い。そして本稿で述べてきたコンセプトを持っていないことが実際の改革につながらない大きな原因ということができる。

しかしながら、いつまでもこのような状況では持ちこたえられないだろう。いつかは改革は実行されるであろう。どうして改革は遅れるのだろうか。それは、公立大学の場合、パイプの中の水の流れが悪いということだ。大学改革に対しては、「生き残りをかけた大学改革」といったテーマでシンポジウムを開き(3)、多くの教職員が参加したけれども、結果としてそれはお話をする会にとどまっている。それを実行に移すことができないということが最大の問題である。

なぜ実行に移せないのか。まず第一に管理者が明確なビジョンを持っていないこと（最近設立された高知工科大学の岡村甫学長、国際教養大学の中嶋嶺雄学長の場合は例外的に強固なるビジョンを持っておられる。）。第二に今回述べたコンセプトを持っていないということである。第三に現在の大学の運営は教授会が中心になっているということである。教授会は多様な考えを持った人で構成され、彼らのほとんどはよりよい大学に転進するためには研究が最も大切だということを知っている。したがって教育に身を入れない教員がおり、問題になっている（このことはスタンフォード大学の事例研究でアカデミック・レイチットということで詳しく考察した。）。学部運営などは彼らにとって最もわずらわしい仕事と受け止められている。教授会の運営は最終的には多数決で行われる。いわゆるコンセンサス・マネジメントであり、決定に対して一人ひとりの教員の責任は問われない。

さらに大学運営を難しくしているのは、学長にしろ副学長にしろ、さらには学部長にしろ、大学運営や学部運営の権限がほとんど無いということである。仮に学長や学部長がビジョンを持ち、コンセプトを持っていたとしても、権限が無いのでそれを実行することができない。筆者自身、一年間の学部長を経験し、このことを嫌というほど感じてきた。さらに公立大学の場合、設置者である市、そこからきている行政（職員）と教員では違う原理で行動している。行政職の者は教育行政も行政の一部であると考え、行政の原理で物事を推し進める傾向がある。これに対して教員の側はあくまで研究と教育が大事であり、両者の間にはしばしば軋轢が生じることがある（学長、学部長には現在のところ権限が無く、軋轢を解消するためのリーダーシップを発揮することができない。）。以上のような理由で大学改革は言うは易く行うは困難というのが筆者の経験から出てきた率直な感想である。

註

（1）　広島県立大学、広島市立大学、広島修道大学、広島工業大学、広島女学院大学、エリザベト音楽大学、安田女子大学、広島経済大学、広島文京女子大学、比治山大学、広島国際大学、広島国際学院大学、呉大学、日本赤十字広島看護大学、立志舘大学、安田女子短期大学、山陽女子短期大学、鈴峯女子短期大学、広島中央女子短期大学、広島文化短期大学、呉大学短期学部、広島国際学院大学自動車短期大学部。

（2）　平成一四年一一月二日、広島市立大学小講堂で「生き残りをかけた大学改革」を開催、発表者は有本章広島大学大学院教授、三好信浩比治山大学学長、森川泉広島修道大学教授、青木薫広島市立大学教授。

第四章　大学教育経営の構造改革—硬構造から柔構造へ

本章ではこれまで考察してきた大学教育経営の概念、「外圧」、「内圧」（第一章）、大学教育カリキュラムの国際化と単位互換制度（第二章）、日本の大学の教育経営改革（第三章）を踏まえて、大学教育経営改革をはばんでいるものは何か、どうやって硬構造から柔構造に移行するかを論じて本書のまとめとする。

第一節　大学教育経営の構造改革をはばんでいるもの

一　法規中心主義

本書の最初のところで恩師に「教育経営とは何か」と伺ったところ「親方日の丸だから君の考えるような民間企業の経営手法をなかなか取り入れることができないんだよ」と言われたことを述べた。この恩師の「親方日の丸」という言葉が筆者をしてこれまで教育経営の研究に取り組む鍵となる言葉であった。なぜ「親方日の丸」になったのだろうか。これにはさまざまな理由が考えられる。明治以来今日まで日本では官が民より強く、大学の運営も少なくとも国・公立大学は官主導で運営されてきた。そして官がよりどころとするのが法規であり、歴代の文部省事務次官のほとんどすべてが法学部出身であることがこのことを如実に物語っている。

大学を含む学校の運営は法規を中心にして行われてきた。校長・教頭の管理職になるには教育法規を勉強することが必須である。教育法規は「教育を受ける権利を保障する」（憲法第二六条）にも見られるように、教育行政の根幹であることは間違いない。しかし、教育法規にしたがって運営してさえいればよいというのでは激変する社会の中で人びとのためになるよりよい教育を提案することはできない。法規万能主義が大学の現場でどのような形で存在し、どのような意味を持っているか、筆者の三六年にわたる大学勤務から二つの経験を紹介することによって示したい。

第一の経験は、筆者が大学院の博士課程を終えて関東地方にある国立大学の講師として就職したときのことである。一九六九年四月に赴任し、教育の研究に情熱と意欲を非常に強く持っていた。その当時、研究室が空いていなかったので新任の筆者はとりあえず四畳半ぐらいの物置部屋に入れられた。それでも非常に満足して毎朝早くから夜遅くまで研究をしていた。すべては順調にいっているように思われたが、ある日突然に問題が持ち上がった。

それは一一月下旬の非常に寒い朝のことであった。机に向っても寒くてどうしても勉強する気力が出てこなかった。部屋の隅には鉄製の暖房器具が設置されていたけれども作動していなかった。そこで事務長のところへ行き、暖房が作動するようお願いした。しかし、当時石原裕次郎のヒット曲を作曲して有名であった浜口庫之助によく似た事務長は、口の上にたくわえたちょびひげをひねりながら、厳然たる調子で暖房は規定により一二月一日より入れることになっているから今はだめだと言った。新任の若造教員と老練な事務長とでは勝負にならず、すごすごと引き下がるしかなかった。

引き下がるとき、事務室の若い女性事務員の足元を見た時、あっと驚いた。足元には電気ストーブがあり、赤々と火がともっていた。すぐに近くの電気器具店に行き、六〇〇ワットと一二〇〇ワットの二段切り替えの電気ストーブを購入し、快適な研究生活を送ることができるようになった。一二月に入ると研究室に設置されている暖房器具も作動するようになり、大学に対する不満も解消された。

ところが、三月下旬になり、気温が急に上昇し、狭いコンクリートの部屋はむし風呂の状態になった。窓を開け、ランニングとステテコになっても暑くてしようがなかった。そこで事務長のところへ行き、暖房を止めるようにお願いしたが、事務長は規定により三月三一日までは止めることはできないと言った。後でわかったことであるが、全学集中暖房になっており、事務長の裁量によって作動させたり、停止させたりすることはできない仕組みになっていたのである。

もう一つの経験は、最初に勤務した大学から新構想大学の一つに転勤した時のことである、この大学は、小・中・高校の先生に大学院で二年間勉強させ、修士号と専修免許を取得させ、教育の現場を活性化させるという意図でつくられた。日本全国から優秀な教員が各県の代表として派遣されてきた。学部生とは違って、それぞれの院生は教育現場の問題意識を持っており、授業も熱心で欠席する者もほとんど無く、現在大学教員が悩んでいる授業中の私語もまったく無かった。それどころかキャンパスを歩いていると、見覚えのない院生から、今日はいい授業を聞かせていただきありがとうございますと言われて、本当によい大学に来たものだと思った。

しかし、この大学でも問題が出てきた。院生の多くは、大学キャンパス内に設置された寮に住んでいた。院生は院生協議会を結成し、初代の会長は筆者の研究室に所属していたU君であった。彼が私に寮生活の問題について訴えてきた。それは寮内の風呂の問題であった。最初、風呂は週一回しか入ることができなかった。これではたまらないということで院生の間で大問題になった。気温もだんだん上昇し、たまりかねて院生協議会会長が私に相談に来たのであった。筆者はその問題は事務局の問題だから事務と相談するようにと助言した。

早速、彼は事務に相談したのだが、事務官は度々浴室を調査し、四階建ての建物の屋上に上って調べたり、いろいろのことを行った。そして日本全国の国立大学で同じような寮を有するところに電話をし、風呂を沸かす回数を聞き、ようやく週二回風呂を沸かすことが認められたのである。以後の会長も度々お願いし、現在ではほとんど毎日、寮に住む者の管理で風呂が沸かされているとのことである。まったくナンセンスな話であるが、大学の事務官は新しいことをすることに慎重であり、自分の考えで行うのではなく、どこか他所でどのようにやっているかを調べる。前例があれば安心してやるということである。

二　経営観念の欠如

先にも述べたように、これまでの大学運営は法規至上主義、慣習、前例に倣うところが大であった。これはひっくり返して言うならば経営的観念の欠如ということになる。経営的観念は法規至上主義とはまったく反対の考え方である。法規至上主義、慣習、前例が過去の価値観に大きく依存しているのに対して、経営的観念というのは未来志向の考え方である。経営というのは、目的を実現するために資源を有効に用いることであるが、その資源の中に時間という資源を組み入れているところに最大の特色がある。すなわち、未来に向けて目的を最大限に実現するというのが経営的考え方である。

このような観点から実際の大学運営を見たらどうだろうか。大学の教職員は毎日ルーティーヌな仕事に何ら批判もなく従事していると言ったら言い過ぎだろうか。年間の決められたスケジュールがあり、それを毎年評価・反省することなく繰り返している。いうなれば、学校経営でしばしば言及されるプラン—ドゥ—シー（計画—実施—評価）はまったく機能していない。大学全体としても、学部としても将来構想委員会というのがあるが、これは将来のことを考えるのではなく、今、現実に何をすべきかを考えるために存在しているに過ぎない。将来構想委員会ではなく、現実問題解決委員会としての他の委員会では扱えない事柄を処理する委員会に成り下がっている。

どうしてこのようになってしまうのだろうか。二つの理由が考えられる。まず第一に、大学の先生は自分の研究や教育以外の問題について一年以上先のことには関心が持てないということである。もともと重箱の隅をつつくことが得意な人間にとって、大学全体の問題を、差し迫っていない時期にまで及んで考えるような気持ちにはまったくなれないということである。さらに彼ら自身に経営のビジョンがあるわけでなく、毎日研究と教育というルーティーヌな仕事を続けているということである。

第二の理由は、公立大学には設置者である行政の側の事情がある。行政の側から大学の事務に配属された者は、学歴も高く、優秀な人材も多いが、彼らも大学改革に積極的になることはない。先にも述べたように、彼らは物事を行う基

表Ⅳ-(1)-1　職員の平均勤務年数（年）

	現職位に＊	現大学に	大学職員として	全就職期間	平均年齢
（事務局長）					
国立	2.4	1.6	13.3	33.8	54.9
公立	2.0	1.7	1.8	33.8	57.4
私立	3.9	15.6	23.1	35.6	59.7
総計	3.4	11.3	18.6	35.0	58.5
（中堅職員）					
国立	4.0	14.5	19.0	19.4	41.5
公立	4.3	2.9	3.2	20.9	42.8
私立	4.6	13.5	14.9	18.9	41.9
総計	4.4	12.5	14.5	19.3	41.9

＊右欄より長い数値があるのは、現大学外に同等の職があるからである。

（出所：山本眞一、「改革を支える“アドミニストレーター”養成の方策」、カレッジマネジメント、110、Sep-Oct、2001、p.53）

礎として法規があり、法規を超えて自由にやっていくことはなかなかできない。何よりも彼らをして改革に積極的になれなくしているのは、彼らは一生涯大学に勤務するのではないということである。普通五年ぐらい、長い人でも一〇年も勤務すると他の部局に配置転換になる。表Ⅳ－（1）－1にも見るように、私立大学の職員は同じ大学に長く勤務しているが、国公立大学の職員、とりわけ公立大学の職員の勤務年数は短い。このことは大学の運営を将来ということを考えて行うのではなく、正確に行っていくことが彼らの使命と考えざるを得なくなる。

三　人事問題

大学教員の人事もまた古い価値観に支配されている。まず第一に考えられるのが年功序列制度である。大学ぐらい年功序列制度が徹底している世界も珍しい。とりわけ国・公立大学は完全な年功序列制度である。毎年一号俸ずつ昇給していく仕組みになっている。どんなに立派な研究をしようとも、授業で頑張ろうとも、また学部の運営に努力しても給料には無関係である。ただし、講師から助教授、助教授から教授に昇格する時には業績その他の審査があり、早く助教授や教授になったりする場合があり、若干の給与の相違は出てくる。しかしながら、昇格にとっても年齢は重要なファクターであり、年功序列制度は守られている。

年功序列制度によって、一流大学のノーベル賞クラスの教授も何も研究しない教授の給料もほとんど差はなく、これでは一生懸命努力して立派な研究をしようというインセンティブが無いに等しい。筆者も助教授の頃、たまに講演会に呼ばれて講演を行った際、日本の大学では、教授になって家を建てるとほとんどの先生は研究しなくなるといっていたが、まさか自分自身もそうなるとは思いもしなかった。しかし、現在教授になって家を建てた自分が自分の言ったとおりになっていることにびっくりしている。年功序列制度は努力してもしなくても同じということを意味しており、大学がよりよくなることは決して期待できない。

大学改革をはばんでいるもう一つの人事問題は終身雇用制度である。アメリカの大学にはテニュア（終身在職権）という制度があり、助教授の地位を得るまでは身分が保障されることはない。したがって、若手の教員はテニュアを取得するためにものすごく頑張る。さらに、アメリカでは大学教授市場がオープンであるために、よりよい地位と待遇を求めて、テニュア取得後も非常に多くの努力をする。もちろん給与も日本のように画一的ではないので、より多くの努力をし、結果を出した者はそれだけ報われるというシステムになっている。

終身雇用制度により、大学間の人事交流がほとんど行われない。一度、ある大学に就職するとほとんどの者は四〇年近く同じ大学に通って同じ授業をするのである。授業のために最初にノートを作ると、定年になるまでそのノートを使用して授業を行う傾向がある。終身雇用制度こそは、大学を硬構造にし、大学改革をはばむ大きな要因となっていることは間違いない。最近、大学教員にも任期制を取り入れようという動きがある、実際、広島市立大学でも付置機関である平和研究所では助手や講師は助教授に一定期間の間に昇進しないと退職ということになっている。しかし、助教授になってしまえば終身雇用である。

人事問題の第三は学閥である。最近はそうでもなくなったけれども、日本の大学には厳然とした学閥が存在し、伝統のある有名な大学になればなるほどその存在が顕著である。筆者がかつて勤務していた広島大学教育学部の場合、教育学科は全員広島大学大学院教育学研究科で学んだ者であった。新しい大学でも学閥は存在し、昇進の時には大きな学閥に所属する方が早く昇進するという傾向があった。また、学部長選挙、学長選挙にも学閥ということが大きく作用していた。自由な競争によってよりよい成果を上げた者が報われるということをはばんできたといえよう。

人事問題の第四は、ある者が退職した場合、その後任をどうするかという時、学部の将来を考えてどのような領域の研究者が望ましいかを真剣に議論したためしが無いと言うことである。もともと学部の将来について将来構想委員会で検討したことも無いのでこのような結果は当然といえよう。何のためらいもなく、前任者と同じ領域の研究者を募集し、その中から最も適当な人物を採用するというやり方を続けていたのでは、大学はいつまでたっても決して改革されないだろう。いつまでも旧態依然とした状況が続くだろう。

人事問題の第五は、学部長、学長選挙である。学部長選挙は一人ひとりの教員の身近なところにあるので、比較的に適任と思われる人が選ばれる傾向がある。しかし、学長選挙となると、大規模な大学では候補者の学長としての能力や人物もよくわからないままに投票して、誰かが選ばれる。とりわけ、大学も危機的状況に陥る以前の長い間、学長は誰がなっても同じと思われた時代には著名な学者が選ばれる傾向があった。著名な学者であればあるほど重箱の隅をつつく研究をするタイプであり、大学経営にとって最も必要なビジョンとか、大学全体の将来を戦略的に考えることが苦手な人が多い。

小規模の大学では、大学の教員はすべて知り合いであり、顔と名前が一致する状況にある。このような大学では、学長選挙はほとんど毎日話題に上ることである。学長選挙が近づくと各陣営の参謀は、一人ひとりの教員に○・△・×印をつけて票読みをするのが常であった。ある時、筆者は自分が○か△か×か各陣営の知り合いに聞いたことがあるが、どの陣営からも君は△だと言われた。小さな大学では学長選挙の度に、疑心暗鬼が生じ、他者を色眼鏡で見るようになり、人間関係を難しくする。それが嫌で筆者は転勤したほどである。このように考えてくると、人事問題は大学改革に関して暗い陰を落としており、これから抜本的な改革をしていかなければならない問題である。

（1）　大学教授市場

人事の構造が硬構造から柔構造に移行するためには大学教授市場がオープンであるということが前提となる。アメリカの大学がこれまで経営的であった大きな要因は競争的市場の中で研究者が自分の研究や教育にとってよりふさわしいところに移動することが比較的容易であったということである。これに対して日本の大学教授市場は長いことわめて閉鎖的であった。

山野井（大学評価の展開、東信堂）によると図Ⅳ－（1）－1のように、わが国の大学の教員の移動は一・五％にとどまっている。これはほとんどまったくといってよいほど移動していないということと同じである。筆者はこれまで三六年間の大学教員生活で四回移動してきた。最初に就職した千葉大学教育学部の当時の教員はほとんど全員が定年まで勤務した。私が度々転勤するのである教員が青木さんは腰がすわらないと陰口をたたいたと聞いている。筆者からすれば、四〇年近く同じ大学に勤務する教員の気持ちがまったくわからない。同じ大学に四〇年も勤めてマンネリズムに陥らない人はほとんどいないのではなかろうか。筆者はほぼ一〇年ごとに転勤してきた。一〇年ぐらいがマンネリズムに陥らないぎりぎりの年限のように思われる。新しい大学に転勤する度に新たな緊張感を持って仕事に取り組み、いろいろな人にめぐりあい、新たな課題を見いだしてそれに挑戦してこれたことは幸せだったと思っている。とりわけ、最近の一一年間は新設の広島市立大学国際学部に勤務し、これまでの教育学や心理学、教科教育学とはまったく違う、政治学、経済学、文化人類学といった異なった専門領域の先生方と学問について議論できたことは大きな収穫であった。特に教務委員長（四年）、評議員（四年）、学部長（二

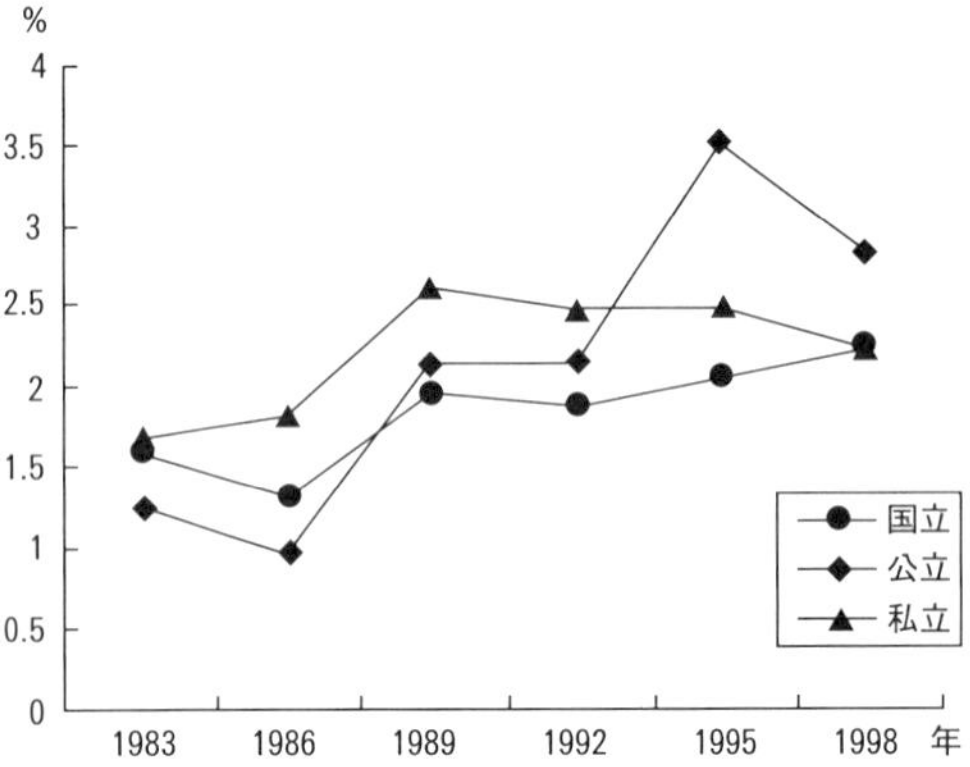

図Ⅳ-(1)-1　設置者別に見た大学間移動率
（出所：山野井敦徳、清水一彦編著、「大学評価の展開」東信堂 2004、244頁）

年）を勤める中で、国際学部とは何か、どのような人材を育成しようとしているかについて真剣に考えさせられたことが最大の収穫であった。それこそが本研究をまとめる最大の誘因であったことを認めることができる。

大学教授市場を流動化させていない要因として山野井はインブリーディング（自家受粉）を取り上げる。インブリーディングとは、各大学の教員のうち何割が自校出身者で占められているか、すなわち自校出身者の割合を示す。これが有名大学になればなるだけ高い。山野井によれば、京都大学文学部、九八・六％、東京大学法学部九七・三％、京都大学法学部九一・八％、東京大学工学部八八・〇％、東京大学文学部八五・五％、京都大学工学部八二・七％、早稲田大学文学部八二・一％、京都大学経済学部八二・一％、慶應義塾大学法学部八一・二％、東京工業大学工学部七九・七％（助教授以上）となっている（山野井敦徳、清水一彦編著「大学評価の展開」東信堂 2004 238～239頁）。これだけ高率に自校出身者で占められているということは大学の人事が学閥に支配されていると言われても仕方がない。大学の構造が柔構造にならない理由の一つである。

人事の面でもう一つの問題は、現在のような国際化の時代にあっても外国人教員の占める割合が非常に低いということである。これも山野井によれば、「一九九八年の時点で四年制大学教員一四万六一五三名（助手以上）のうち外国人教員は四二二七名、二・九％にすぎない」（山野井敦徳、清水一彦　前掲書、239頁）。広島市立大学国際学部には現在五四名の教員がいるが、外国人教員は九名で一七％である。国際学部であるから全国平均より割合が高いのは当然であるがこれとても、アメリカのモントレイ大学大学院国際関係研究科（Montery Institute of International Studies）と比較すれば問題にならない。モントレイ大学大学院国際関係研究科では教員の約六〇％が外国籍である。国際学部といった学部では、少なくとも半分は外国籍の教員で占められることが望ましい。

広島市立大学国際学部には先に述べたように九名の外国籍の教員がいるが、日本の生活に溶けこんで、大学での研究・教育にも真剣に取り組んでいる。それだけではなく、各種委員会の委員も無難にこなし、入試の業務、面接などにも首尾よく対応している。教授会にも必ず出席し、必要に応じて意見を述べており、彼らで困ることは何一つなく、学生からも尊敬されている。今後数多くの留学生を受け入れていく必要や、外国の大学との交流を深めなければならないという点で彼らの存在はますますその重要性が増してくると考えられる。オープンな大学教授市場の中ですぐれた外国人教員を採用することが柔構造への移行にとってきわめて重要である。

四　教授会

憲法第二三条に「学問の自由はこれを保障する」と規定されている。これを受けて学校教育法第五二条には大学が「学術の中心として、広く知識を授けるとともに、深く専門の学芸を教授研究し、知的、道徳的及び応用的能力を展開させる」と規定されている。さらに、学校教育法第五九条に教授会について「大学には、重要な事項を審議するため、教授会を置かなければならない。」と定められている。そしてその第二項に「教授会の組織には、助教授その他の職員を加えることができる。」と定められている。

国・公・私立大学のすべての大学に教授会が設置され、教授会は評議会とともに大学の議決機関であり、さらには大学自治の中核機関としてこれまで認められてきた。

教授会は以上の規定に見られるように、学問の自由を確保するための大学自治の中核的機関となっている。したがって、大学では、重要な問題は必ず教授会で審議され、採決によって決定されることになっている。大学の民主化という立場から、教授会の構成員も教授、助教授だけでなく、講師や助手も含めて構成される場合が多くなっている。大学運営は長いこと教授会を議決機関として権威を与えてきたのである。

しかしながら、この教授会を中心とした大学運営にはさまざまな問題があることがわかった。民主化という観点から助手以上のすべての教員が参加する教授会は人数も多く（広島市立大学国際学部の場合五四名）、意見をまとめるのが非常に難しい。とりまとめに手間取って会議が長引くと、女性の教員は託児所に預けている子どもを迎えに行かなければならず、会議の途中で一人、二人と退室していくという状況が出てくる。

教授会による意思決定は、スタンフォード大学の改革のところでも言及したが、コンセンサスに依存している。コンセンサス・マネジメントは多くの教員の多様な考え方をまとめていくということで人間関係重視の学部運営になる。その意味では集団維持機能は確保されるが、目標達成機能はほとんど機能していない。コンセンサス・マネジメントは、その結果がまずいことになっても誰も責任を取らない。アカウンタビリティが問われている現在、このコンセンサス・マネジメントはパーフォーマンスに対して責任をとらないという欠点がある。

もう一つの問題は、教授会を構成する教員は研究者であり、教育者でもあるということである。彼らは自分の研究に関しては誰にも負けないという自負心を持っており、教育にも熱心である。しかし、学部全体でどうしなければならないかということにはほとんど関心が無い。常に自分自身の立場がどうなるかという観点からしか考えない。このことは立派な研究をしていればいるほどその傾向が強く、また他の教員も研究者としてすぐれている人の意見に賛同する傾向がある。

たとえば、広島市立大学国際学部の教育理念である「国際的に活躍できる人材の育成」に対して、一人ひとりの教員は自分の研究や教育はどのような役割を果たし、どのように貢献しているかに確たる信念をどのくらい持っているだろうか。そのような信念を強く持っているとは思えない。彼らはそのような理念とはほとんど関係なく研究や教育を行っていることになる。国際学部の理念に沿ったカリキュラム改革案を提案すると、先生方からは多くの反対意見が出てくる。先生方は自分の研究や教育を変えることはとうてい認められないのである。自分のこれまでやってきたことに変更を加えることには極力反対する。このことが教授会において、大学改革をいくら言っても賛同が得られないことを如実に物語っている。

五　財政の問題

これまでに大学教育経営の構造改革をはばんできた事例として、①古い価値観、②経営感覚の欠如、③人事の硬直化、

④教授会、について論じてきた。これらの事柄と同様に構造改革をはばんでいる事柄として財政の問題が非常に重要である。教育経営の立場は、魅力的な教育目的を資源を効果的に使って実現するということであるから、その手段としての財政、そのあり方が問われるのは当然である。特に公立大学、とりわけ市立大学は市民の税金に依存しているわけであるから、お金を正しく使用しなければならないと同時に、効果的に使用しなければならない。これまでどれだけの成果が上がったのかという観点、費用対効果という観点からの評価はまったくなされてこなかったといっても決して過言ではなかろう。

同じ市立大学として財政の問題に非常に苦しんでいる下関市立大学が二〇〇一年九月に「下関市立大学―地域貢献と財政構造―」（下関市立大学点検評価委員会）の中で「具体的な公立大学の会計上の問題点」を以下の五点に非常にわかりやすくまとめているのでこれを紹介することにする。

① 単年度会計主義であるため外部からの長期的資金の受入手続が年毎に必要である。

② 歳入、歳出手続が複雑かつ自治体財政当局マターであるため、外部資金が効率的に供給されないおそれがある。

③ 単年度主義に基づき年毎に事業を終了させる必要があるため、毎年年度末に研究に形式的な区切りをつけなければならない。

④ 提案公募型等の大型研究においては、現状では研究者への直接研究費のみしか措置されないため、研究に伴う新規設備負担に耐え切れない自治体の所轄大学では応募すら困難であり、研究の公平な機会が与えられない可能性がある。

⑤ 教育・研究の手法や手段は、しばしばその進行により変化するが、現行の地自法等の規定では予算策定時にあらかじめ支出項目（地自法施行規則による二八種類の節）を決めることになっており、変化にともなう支出内容の変更（予算流用）が困難（下関市立大学―地域貢献と財政構造―下関市立大学　大学検討委員会、二〇〇一年九月、六一頁）。

以上の問題点こそは今後の大学が戦略的な経営を行って生き残りを図るためにも是非とも改善されなければならない事柄である。研究や教育効果の上がる教育財政とは何か、これを徹底的に考えていかなければならないが、少なくとも教育や研究を行い、そのためにお金を使う側の意見を十分に反映させる必要がある。

広島市立大学は平成六年四月一日開学し、当初から一昨年までは研究費は非常に潤沢であった。国際学部でも教員一人当たり約一三〇万円ぐらいあったが、最近市の財政が非常に苦しくなり、平成一五年度、一六年度と相次いで削減され、平成一六年度は合計で四四万円である。市の予算そのものが最近では大幅に切り詰められており、広島市立大学予算は来年度も約二〇%ぐらい削減される見通しである。

広島市立大学でも大学の予算策定に教員側が直接かかわることは開学以来一度も無かったように記憶している。行政当局が各項目ごとに予算を計上し、それを議会にかけて承認を得、それを各学部に配分し、国際学部の教員には各節（賃金、報償費、旅費、消耗品費、通信費、備品費）に分けられて、各教員に対する配分額が決定される。

教員はこの配分金額の範囲内で、それぞれ自分に必要なものを購入したり、学会に出席したり、調査のために出張したり、文献整理のためにアルバイトを雇用し、賃金を払う。自分の研究にはこの分野（たとえばアンケート中心で賃金がより多く必要）で多く支出したいと思っても、自由に枠をはずした使用はできない。唯一可能なのは、他の教員との費目間の交換ができるだけであり、きわめて限定された中での柔軟な予算の執行となる。

第二節　どうやって柔構造に移行するか

前節で述べたように、これまで大学教育経営が構造的に改革されなかったのは、①法規中心主義、②経営観の欠如、③人事問題、④教授会、⑤財政の問題、であることを明らかにした。大学教育経営の構造を硬構造から柔構造に変えていくためには、先に述べた構造改革をはばむ要因をどうやって変えていくかということになろう。したがって、本節では、①行政から経営へ、②人事制度の改革、③留学制度の拡張、④インターンシップの充実、⑤魅力―差異化、⑥大学経営者の育成、⑦組織風土の改革について述べることにする。

一　行政から経営へ

国・公立大学は法規によって長いこと運営されてきた。このことが大学を硬構造にしてきた第一の要因であることを前節で論じた。法規が過去の価値観に対応して制定されたものであり、社会の変化が激しくない時代にはそれで何とか持ちこたえることができた。しかしながら、今日のように社会が激しく変化し、大学もグローバルな競争の中で生き抜いていくためには、どうしても未来を志向した戦略的対応が要請される。ここに経営的な観念が必要となってくる所以がある。

最初にも述べたように、教育経営の概念は教育（魅力・理想、アイデンティティ、ミッション）＋経営（資源の効率的使用）の複合概念である。国・公立大学はこのどちらの概念にも関心を持たずに、ひたすら法規に則った運営を行ってきたといっても過言ではなかろう。自分たちの大学はどうあるべきか、それを長期的な視野で考え、そのために必要な資源をどうやって調達し、分配するかを戦略的に考えていくのが大学教育経営である。その必要な資源を一つの大学だけで賄うという発想を転換して、地域の大学全体で協力し、できるだけ重複の無いような努力をしていかなければならない。

未来志向という意味では、独立行政法人化で示された中期目標・中期計画の作成は非常に大きな意義を有する。これによって国立大学の経営者は単年度ではなく中期的な期間でよりよい成果を上げることが求められるようになった。これこそ筆者が長いこと訴えてきた教育経営の考え方を受け入れるよう仕向けているといっても決して過言ではない。中期目標・中期計画というのは、これまでのような抽象的でお題目のような目標ではなく、実現可能性を踏まえた目標・計画である。

広島市立大学では平成一五年度より、学長のお仕事宣言を大学のホームページに掲載することが求められるようになった。これは従来のルーティーヌな仕事をするというのではなく、一年間に何をどれだけやるかを明確に示すようになっており、年度末には評価されることにもなっている。しかし、これは一年単位でその年に何をやるかを宣言するのであるから、どうしても短い期間で達成可能な事柄のみを取り上げる傾向がある。これでは筆者の教育経営の概念である理想を仕事として取り上げることはできない。

中期目標・中期計画は先に述べたように、大学経営者に対して経営的考え方を要請するという意味で画期的なように思われるが、その期間が六年ということであるから、大学を管理するものがその中に夢を折り込むまでには至らない。大学経営者の夢を折り込んだ中期目標・中期計画を立てるには最低一〇年ぐらい先の社会を予想する計画になるべきである。若者が最も求めているのは夢であり、大学はその若者の夢を実現するという立場での研究や教育の機関になるべきである。そのように考えが定着してくれば筆者の大学教育経営の概念はますます精彩を放つようになるだろう。

これまでは、大学自身で自己評価をすることになっていたが、独立行政法人化になるとこれは第三者機関による評価となる。自己評価では、目標が達成されていなくても「不十分」というような言葉で終わってしまう傾向がある。お互い仲間同士かばいあう傾向があり、厳密で客観的な評価を期待することはできない。

これに対して、独立行政法人化による中期目標・中期計画、ならびに第三者機関による評価では良い面も悪い面もすべてさらけ出されることになり、大学の構造改革に直接につながっていくことが期待できる。特に国・公立大学は国民の税金で賄われているのだから、また私立大学といえども政府から多くの補助金が交付されているのであるから、評価をされるべきは当然である。

教育経営というのは、英語ではeducational administrationであり、教育行政とも訳されている。アメリカでは公の経営も民の経営も同じように組織の目標を効果的に達成するための組織的ノウハウと考えられ、同じように理解されている。ところが、日本では教育行政と教育経営では大きな違いがある。多くの研究者がこの二つの学会に同時に入会しており、研究発表を行っているが、教育行政と教育経営の概念を峻別しているとは言えない。ずっと以前にこの二つの概念を峻別するよう迫ったことがあるが、誰にも相手にされなかった。どうやらこの二つの学会に所属して教育経営の研究を行っている者は、教育行政の枠、すなわち法規の範囲内で経営を考えようとしているように思えてならない。

そのような研究者にとっては、現在の法規定を超えたところでの教育経営を構想することはとうていできない。大学のもろもろの決定は規定に基づいて教授会で行うとあれば、教授会がいくらコンセンサス・マネジメントで時間がかかりアカウンタブルでなくてもそれ以上のことを考えることはできない。高等教育の研究は現在わが国では教育社会学者の独壇場になっている。大学経営に関しても教育社会学者によって多くの論文や著書が刊行されている。それは教育社会学者は教育行政学や教育経営学の研究者と違って、法規に縛られることが比較的少ないからではないだろうか。

二　人事制度の改革

前節で構造改革をはばむ人事制度として、①年功序列制度、②終身雇用制度、③学閥を中心に論じてきた。年功序列制度や終身雇用制度では、すべての者は同じように扱われ、努力してもしなくても待遇は同じであった。これでは研究者に何らのインセンティブも働かず、グローバル時代になって、国際的競争にさらされる大学は生き残っていくことができない。このような状況を打破するために導入され始めているのが任期制と年俸制である。前章第四節で高知工科大学の事例を詳しく紹介したが、一人ひとりが大学の理念の実現に向って、個々の能力を最大限に発揮できるようにすることが肝要である。

年俸制への切り替えにとって最も大切なのは、一人ひとりの教職員の多様な能力を認める客観的な評価制度を確立することである。その点、高知工科大学の評価システムは多岐にわたっており、教員の研究・教育の実際を多様な面から評価する仕組みになっている。これこそこれまで研究中心、論文の数による評価から大学の発展に貢献するという評価への転換であり、大学の発展と関係づけているところに大きな特色がある。これからの教員評価にとって何よりも大切なことは大学が発展するということであり、何が直接・間接に大学の発展と関係しているかについて大学全体で合意していることである。大学には研究・教育、学部運営、学生指導、就職指導、広報活動、入試業務、社会貢献等多様な仕事があり、これを今まではローテーションでやってきたが、これからは誰がどのような仕事に能力を最大限に発揮できるかという観点からそれぞれの仕事を担当して貰うのが望ましい。

任期制も筆者の知る限りでは、先に述べた高知工科大学、北九州市立大学、国際教養大学等で導入されている。広島市立大学でも平和研究所は任期制であり、助手や講師は三年任期で二度契約を更改できるが、その間に助教授に昇進できない場合は解雇ということになっている。これまで終身雇用制度、年功序列制度にどっぷりつかってきた教員にとって急に任期制が導入されると混乱することが予想される。しかしながら、この任期制は五年なら五年がたつと解雇されるというのではない。五年ごとに審査が行われ、その間の活動状況が評価されれば再任される。このことがすべての教員に周知徹底することが望ましい。

終身雇用制度では、教授になってしまえば、それ以上昇格することは無いので、次第に努力をしなくなる。これでは国民の税金や学生が納付する授業料に対してそれに見合った活動をしていないということになる。したがって、教員は常に社会から評価されているという立場で自己研鑽に励まなければならないことは当然である。あくまでも多角的な観点から研究、教育、その他の活動が評価されるべきであろう。すぐれた能力を持ち、大学の発展に大きく貢献することが期待される人には定年制も一律に課されるべきではない。

広島市立大学平和研究所のように、最初から任期制をとっているところでは何も問題は無い。このことは任期制そのものがいけないということではないということを証明している。はじめから任期制を納得して就職した者は、任期の期間中にあらゆる面で実績を上げて昇格する努力をしなければならない。任期制は終身雇用にどっぷり浸ってきた者にとっては特に問題となる事柄であるといえよう。これからは任期制はすべての教員に当然のこととして受け入れられるようになると思われるが、あくまでも評価の妥当性ということが問題である。

このような年俸制、任期制の導入は一つの大学のみによって行われるのでは十分な効果を期待することはできず、すべての大学で行われるようになることが望ましい。その前提として大学教員市場がオープンにならなければならない。社会の変化がますます激しくなるこれからは、大学にとって必要な人材も変わってくるであろうし、大学ごとに異なってくることが予想される。大学教員の流動化は大学教育経営の構造改革—硬構造から柔構造へ—にとってきわめて重要である。たとえば、先ほど任期制を採用している大学で、再任されなかった者でも、大学教員市場がオープンであれば、その人を採用する大学も出てくるであろう。そうなれば任期制もすべての者に容易に受け入れられるようになるであろう。

高知工科大学の事例に見られるように、大学教員の一定割合はどの分野で採用するかを固定せず、学長を中心とした執行部で大所高所から今後最も必要となる分野に振り分けることが柔構造への転換にとって大切である。これまでは退職（主に定年退職）者が出ると、自動的に前任者と同じ専門分野で募集するのが常であった。これではいつまでたっても大学は変わることはできない。ここで執行部の能力が最も試されるのは、今後どの分野にどのよな教員が必要になるかに対するビジョンや統計を使って将来を分析し、推計する能力である。

人事の問題で最後に取り上げたいのはアウトソーシングを積極的に行うことである。財政逼迫が続くことが予想され、教員の増加はまったく望めない。非常勤講師で何とかしのいでいるのが現状であるが、これからは非常勤講師だけでなく、市民の中でさまざまな能力を持っている人たちを大学のさまざまな活動に参加して貰う方式を考えてみてはどうだろうか。その反対に大学の教員は公開講座等を通じて市民の中に入っていく、いうなれば双方向の仕組みも整えていってはどうだろうか。

三　留学制度の拡張

広島市立大学はハノーバー専科大学、西南師範大学、ハワイ大学マノア校、モハメド五世大学、オルレアン大学、チュニス・アルマナール大学、西京大学等と学術交流協定を締結し、学生の留学を可能にしているが、公費での留学は非常に限られている。ホーム・ステイなどして個人的にアメリカ、カナダ、オーストラリア、イギリスの大学に語学研修に行っている学生もかなりいることが把握されているが、組織だった形の留学は他にない。

他の国からの留学生としては、大学院国際学研究科に中国からの留学生が主に企業経営や金融論を勉強するためにやってきている。彼らが毎年留学してきたのには特別な理由がある。まず第一に、現在中国では市場が開放されて前記のような勉強をすることが求められていること、第二に、広島市立大学は外国人学生には授業料支払いに便宜を図ってきたこと、第三に、市の中心に安い家賃でアパートを借りることができること、第四に、トンネルができて大学まで短時間（一五分位）で通学することができるようになったからである。

広島市立大学大学院には以上のような理由で特定の国から多くの学生が入学して一生懸命勉強しているが、学部には最近数年間一名の留学生もいない。これは大問題である。というのは、国際学部は「国際的に活躍できる人材の育成」を標榜しているわけであるからその名が泣く（筆者自身、その間教務委員長、評議員、学部長を務めていてもこの問題を真剣に考えようとしなかった。）。海外の大学、とりわけアメリカの大学には非常に多くの留学生がおり、大学自体が国際社会を形成しているように見える。単に書物や授業で国際問題や異文化を学ぶだけでなく、さまざまな国からやってきた留学生との接触によって異文化を学んだり、国際問題を話し合ったりすることこそが大事である。意図的教育だけでなく、無意図的教育の持つ影響力を取り込まなければならない。

学部に海外からの多数の留学生がやってくるにはどうしたらよいかに関して、広島市立大学国際学部ではこれまで一度も検討された記憶がない。誰も留学生のいることの意義を深くかつ真剣に考えたことが無いからである。もし仮に、一学年、日本人の学生一〇〇名に対して二〇名の留学生がいるとすると四学年では八〇名の留学生がいることになり、このことがもたらす意義は非常に大きいだろう。海外から多くの留学生を迎えるためには、広島市立大学は楽しく、素晴らしい教育が受けられることをアッピールする必要がある。これまで広報活動にしてもそのようなことを念頭に置いて企画したことは無かった。

留学生を受け入れるためにはさまざまな努力が必要である。最も大切なことは留学生寮の確保である。これは広島市立大学が独自にやるか、市周辺の二二の大学が提携してやるかの二つの方式が考えられる。次に日本語の教育であるが、これは市内および市周辺の二二の大学が一緒になって市の中心部で行うのがよい。国際学部としては、日本語が十分に使えない学生もいることが予想されるので、日本語と英語の両方で授業するよう先生方にお願いをする。

現在広島市立大学国際学部には五四名の教員がいるが、その内、三〇名ぐらいの先生は何とか英語でも授業ができるのではないだろうか。英語で授業すると授業の進行が遅れるというデメリットが予想されるが、これはレポートを書かせるとか、宿題を出すという方法で多少なりとも取り返すことが可能であろう。これまでマンネリ化した講義からディスカッションを中心とした双方向の授業に変えていくべきである。このような方式を大学としても十分に支えていくために硬構造（レクチャー）から柔構造（ディスカッション）に変わっていくことが必然的に要請されるであろう。

留学生を増加させるために留学生寮や日本語教育の充実、さらには本学教員による英語での授業をはじめること、それを広報で宣伝してもすぐに効果が上がることは期待できない。もっと積極的に留学生の招致に努力すべきである。そのためには学部長を中心とした留学生招致チームをつくり、リクルート活動をはじめることを提案したい。数年前に連

表Ⅳ-(2)-1　応募・受講状況

Intensive Summer Course 2004　応募・受け入れ状況					
					2004年9月14日
国　籍	応　募	受け入れ	受講確認	受　講	備　考
アメリカ	11	9	11	11	ハワイ大学4人
シンガポール	16	8	6	6	
ドイツ	2	2	3	2	
スペイン	1	1	1	1	
ポーランド	1	1	1	1	
ニュージーランド	1	1	1	1	
オーストラリア	1	1	1	1	
ウガンダ	1	1	1	1	
ノルウェー	1	1	0	0	
カナダ	1	1	0	0	
スリランカ	1	1	0	0	
ネパール	1	1	0	0	
ナイジェリア	2	-	-		
マレーシア	1	-	-		
中国	1	-	-		
香港	1	-	-		
日本	7	4	4	4	
計	50	32	29	28	
広島市立大	33	27	21	21	
総計	89	65	50	49	

合王国コベントリー大学副学長が広島市立大学にやってきたが、来日の目的は何かと聞いたところ、日本の学生をコベントリー大学に招致するためにやってきたと述べた。

　幸い、広島市立大学はハワイ大学と提携して、集中講義「国際学特講」(HIROSHIMA & PEACE)を開催し、表Ⅳ－(2)－1に見られるように世界各地から多くの学生の参加を得ている。特にシンガポールから多くの学生の参加希望者があった。また、数年前には、マレーシアからも多くの研究者が来学され、交流を深めていきたいとの申し出があった。フィリピンの大学の客員教授をされた教員もおり、最近大韓民国の西京大学とも学術交流協定が締結された。

このような状況を踏まえて、現国際学部長に東アジアの諸国に留学生のリクルートに行かれるよう進言したところである。

四　インターンシップの充実

第二章第二節でコロンビア大学大学院国際関係研究科のインターンシップについて述べた。ニューヨークのマンハッタンというあらゆる面で世界の中心という地の利を生かして、アカデミックイヤーにおいてもインターンとなって仕事をしながら勉強することは、単なる書物や講義による勉強よりも、実地に学ぶことにより、勉学が一層深まることが期待できる。と同時に、数々の経験をすることによって、自分の将来の仕事に対しても確固たる自信を持つことができるようになる。まさにインターンシップは勉学と就職がセットになっており、一石二鳥ということができる。

後で魅力＝差異化のところで取り上げるのだが、大学としてはできるだけ大学の理念、教育方法、学風をよく理解し、そこで勉強したいという学生を、ＡＯ入試なり、それができないにしても面接を重視したやり方で採用したいと思っている。しかし、学生は入学後も自分の進路に自信が持てない場合が出てくることが予想される。そうした場合でも、いろいろな職場でインターンシップを経験することによって新しく興味関心を持つことができるかもしれない。

このような努力をしていても、どうしてもその学部や学科になじめないということがはっきりした場合には同一大学内でも他大学にも容易に転学や転部ができるようにすることも構造改革―硬構造から柔構造へ、という趣旨からするならば当然のことである。もちろん就職してからもその仕事が性に合わないと思うようになる場合もあるであろう。そのようなことも考えて、これからは各大学も生涯学習に力を入れていかなければならない。大学で学んだ知識や技術はすぐに陳腐化する時代である。これからは一生涯学んでいかなければならない。そのような意味で大学は主に大学院にリカレント教育を行う体制を整えるべきである。そのような体制が整うことによって学生は将来に不安を覚えることなく、毎日の学業やインターンシップに専念することができるのである。

このようなインターンシップの重要性を認識することができたのは、筆者が長年にわたって教育実習にかかわってきたからである。学生は事前指導を行うと、実習に行くことに不安のあることを訴える。不安を表明しないまでも緊張している様子がうかがえる。しかし、教育実習から帰ってくると、ほとんどの学生が充実感を表明する。そしてそれ以後の授業においても、実習以前よりもはるかに真剣に学んでいることが判明している。やはり、現実に教育に取り組み、問題にぶち当たり、問題意識を持つということが最も大切だということである。

このことは兵庫教育大学に九年間勤務してすでに経験済みであった。兵庫教育大学大学院には、各県から優秀な教員が現職教育のために送り込まれてきた。彼らは教育現場でさまざまな問題にぶっつかり、悩みを抱えてやってきていた。授業においてもその悩みの観点から話を聞き、意見を述べ、ディスカッションを行った。そして自分の問題意識を解明するという立場で修士論文を作成し、現場に帰って大学院で学んだことを踏まえて教育実践を行っている。そんな院生であるから、講義にしても演習にしても真剣そのものであり、教育の成果が大いに期待できた。

先に述べたように、現代および将来はまさに生涯学習の時代である。学生自身も成長の真っ只中にある。したがって、大学はあらゆる意味でこの学生の成長が促進されるような環境を整えていかなければならない。インターンシップの持つ意味は、教育実習や兵庫教育大学の院生の勉強ぶりを見てもきわめて大きいことは実証済みである。しかしながら、今日までインターンシップが盛んに行われているという状況には至っていない。学生に対してインターンシップの意義をもっと啓蒙し、インターンシップがより自由に受けられるようにしていかなければならない。そのためには大学のカリキュラムの中にインターンシップを組み込み、単位として認定していく必要がある。

五　魅力―差異化

「生き残りをかけた大学教育経営改革」を考えるとき、生き残るために最も大事なことは、その大学が「魅力」を持っ

表IV-(2)-2　夏期集中講座「ヒロシマと平和」スケジュール（予定）

日次	月日	曜日	行事内容等	宿泊先
1	7月27日	日	学外参加者　到着	ホームステイ
2	7月28日	月	AM：講義　90M×2	
			PM：講義　90M×1	
			夜　歓迎交流会	
3	7月29日	火	AM：講義　90M×2	
			PM：講義　90M×1	
4	7月30日	水	AM：平和記念資料館、原爆死没者追悼平和祈念館などの見学	
			PM：原爆記録映画鑑賞、被爆者のとの対話	
5	7月31日	木	AM：講義　90M×2	
			PM：講義　90M×1	
6	8月1日	金	AM：講義　90M×2	
			PM：講義　90M×1（学外研修）	
7	8月2日	土	終日フリー	
8	8月3日	日	終日フリー	
9	8月4日	月	AM：講義　90M×2	
			PM：講義　90M×1	
10	8月5日	火	AM：講義　90M×2	
			PM：講義　90M×1	
11	8月6日	水	平和記念式典等、平和関連行事への参加	
12	8月7日	木	解散	

ていることである。もう間もなく学齢人口の減少で定員割れの大学が続出する可能性が非常に高くなった。大学にとって定員割れはその財政の基礎を危うくするだけでなく、だれでも無競争で入学できるということになり、大学自体の魅力も無いということになってしまう。魅力が無いということは大学の存在理由自体も問われることであり、大学は生き残りをかけて、それぞれの魅力をアッピールしなければならない。

魅力をアッピールしなければならないことはわかっているが、どの大学もどうやってアッピールしたらよ

表IV-(2)-3　夏期集中講座「ヒロシマと平和」講義テーマ等一覧

	日付	講師	講義テーマ
1	7月28日1時限	福井治弘	第二次世界大戦後の戦争と平和－新しい現実、古い理論、そして政策の失敗
2-3	7月28日2-3時限	田中利幸	太平洋戦争－残虐行為と戦争犯罪
4	7月29日1時限	ウルリケ・ヴェール	「加害者の娘、被害者の姉妹」－日本のフェミニズムと「慰安婦」問題
5	7月29日2時限	水本和実	広島の被爆体験と日本の核関連政策
6	7月29日3時限	嘉指信雄	芸術で表現されたヒロシマ
7	7月31日1時限	ウェイド・ハントリー	北東アジアにおける米国の安全保障政策
8	7月31日2-3時限	上村直樹	1990年代における日本の市民社会、地方自治体、日米安全保障関係
9	8月1日1時限	百瀬　宏	戦後日本の平和主義
10	8月1日2時限	直野章子	「ヒロシマ」の構築と日本のイメージ形成－広島平和記念資料館に関する言説をめぐって
11	8月4日1時限	クリスチャン・シェラー	国際テロリズム－大義名分、「テロリズム戦争」と軍備競争、今日の集団暴力の背景
12	8月4日2時限	嘉指信雄	グローバル概念としての「被爆者」
13	8月4日3時限	井上泰浩	日米間のニュースの流れ－相互理解と誤解を生み出すメディアの役割
14	8月5日1時限	キャロル・リナート	日本語と英語におけるコミュニケーション様式の違い－文化間の誤解を克服するために
15	8月5日2時限	百瀬　宏	総括、結論、最終討議

1時限　9:00−10:30　　2時限　10:40−12:10　　3時限　13:00−14:30

いかがわかっていない。真正面からアッピールを考えるよりも他の大学との差異化を考える方が実際的である。たとえば、広島市立大学では表Ⅳ—(2)—3に見られるように、平成一五年ハワイ大学と提携してSummer Intensive Course「ヒロシマと平和」を開催し、ハワイ大学の学生と広島市立大学の学生、その他内外の学生合わせて約三〇名に英語による授業を行った。授業はハワイ大学と広島市立大学国際学部、同平和研究所の教員が受け持った。なお、この授業は「国際研究特講」として単位(四)が認められることになった。

また、先にも言及した青木信之教授と渡辺知恵助教授による「コンピュータを利用した英語教育、CALL」のプログラムは(平成一六年度より、CALL英語集中Ⅰ《一単位》、CALL集中英語Ⅱ《一単位》として認められた)、TOEICのスコアを飛躍的に上昇させることが実証され、平成一五年度の文部科学省「COE教育支援プログラム」に採択された。「コロンブスの卵的発想による英語教育改革—ネットワーク型集中英語学習プログラムによる大学英語教育の効果と効率の追求—」は新聞、テレビでも度々報道され、広島のみならず、全国の多くの人々に知られることになった。全国の大学の英語教育関係の先生方が毎週訪ねてくるほどであった。

広島市立大学「CALL英語集中」、「CALL英語総合」によるTOEICの現実と目標(図Ⅳ—(2)—1)について、青木信之教授は「白色で示したグラフは入学時のTOEICスコア分布(平成一四年度の実数値)、薄いグレーのグラフは『CALL英語集中』または『CALL英語総合』実施後のTOEICスコア分布(平成一四年度実数値)、濃いグレーのグラフは二年終了時に目標とするTOEICスコア分布をそれぞれの人数割合で示したものである。当該取組みの目標は、白色の分布を最終的に濃いグレーの分布にまでシフトさせることであるが、平成一四年度の『CALL英語集中』と『CALL英語総合』(半期一単位)の実施結果から、薄いグレーの分布まではシフトできることはすでに実証済みである。したがって、当該取り組みを実施することにより、残りの一年半で濃いグレーの分布にまでシフトさせることは十分実現可能であると考えられる。また、これまでのプログラム実施結果から、受講前のスコアが四〇〇点未満の受講者は、一回の受講で平均一五〇点、四〇〇点台では一二〇点、五〇〇点台では一一〇点、六〇〇点台以上で

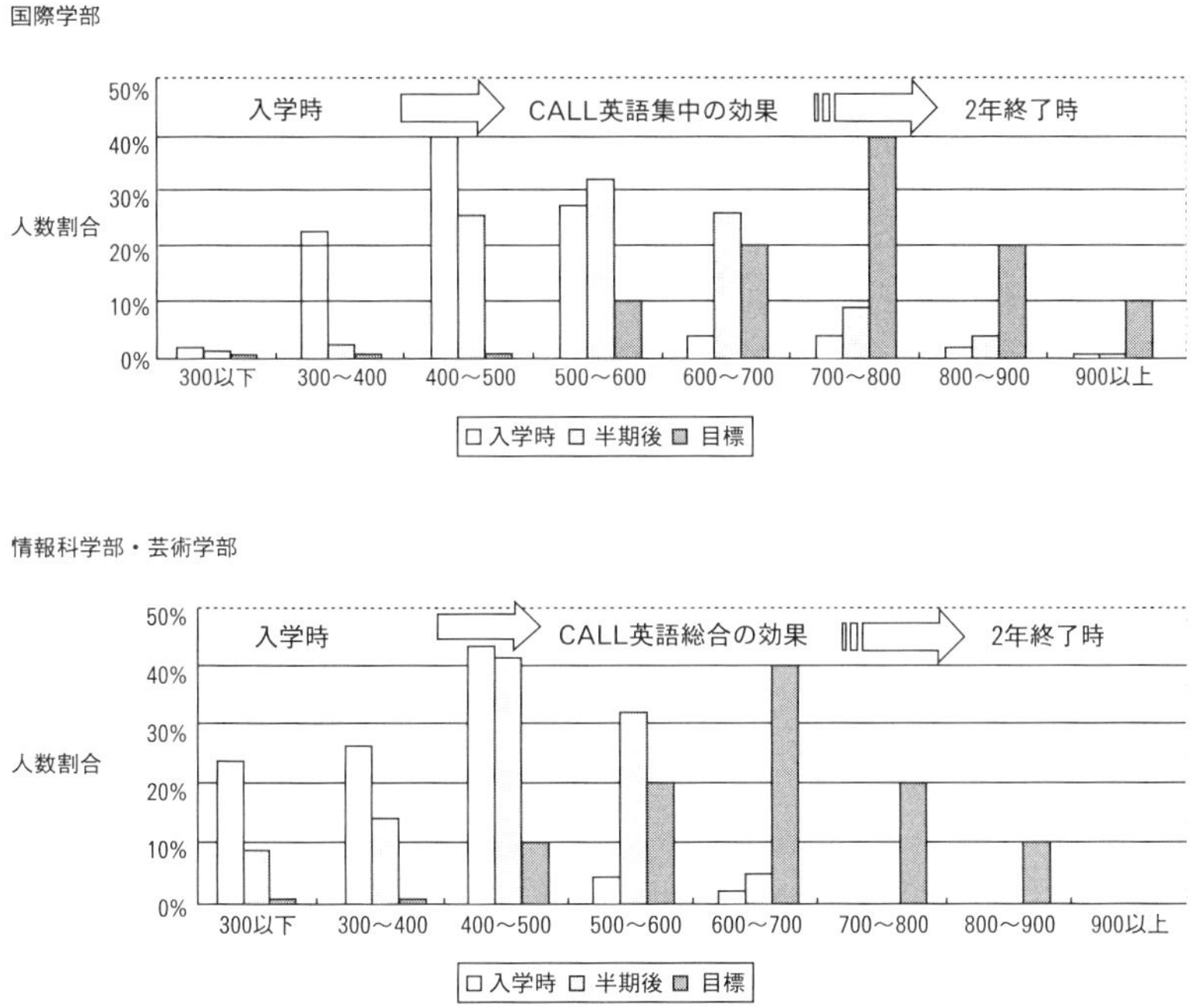

図IV-(2)-1　CALL英語集中の効果

（出所：「特色ある大学教育支援プログラム」申請書、8頁）

は七〇〇点スコアを伸ばすことが明らかになっている。この結果に基づくと、例えば入学時のスコアが四七〇点（国際学部の平均）の学生は、当該取組みによる一年前期の授業には五九〇点、一年後期の授業後には七〇〇点、二年前期の授業後には七七〇点へとスコアを伸ばすものと予想でき、上で掲げた目標は十分に達成可能である。」（特色ある大学教員支援プログラム答申書八頁）と述べている。

　審査委員会による採択の理由は「教育目標のためのCALLシステムを活用し、具体的でわかりやすいプログラムと数値目標を掲げ成果を挙げていることを評価する」「大学英語教育の抱える『学習時間絶対不足』と『実際的なコミュニケーション能力を養成できない』という二つの根本的問題点を大規模な人的及び予算的措置なく現行の教育体制で解決できる画期的な取り組みである」（特色ある大学教育支援プログラム実施委員会　委員長　絹川正吉「審査結果について」大基特プ一三号平成一五年九月一八日）と非常に高く評価している。

大学が生き残るには競争に打ち勝つことだけでなく、第三章第五節でも言及したように、地域大学教育経営改革という立場に立ち、資源の配分を一校だけでなく、地域全体の大学で考えていく、言うなれば各大学が「協力」を単位互換を通じて行っていくことが大切である。その上で各大学はそれぞれの個有の特徴を発揮して、大学受験者、ひいては社会全体に対してvisibleになることが望まれる。

さらに言うならば、大学の教育の目的、たとえば広島市立大学国際学部の場合、「国際的に活躍できる人材の育成」となっているが、これが学部の教育内容（カリキュラム）との関係で一貫性を持っているかどうかである。広島市立大学国際学部では青木信之教授等により開発された英語教育プログラムによって一年次にTOEICの点数を平均で七五〇点以上にすることにしている。国際研究入門Ⅰ、Ⅱ（オムニバスの授業、コーディネーターが授業内容について担当教員間の調整をきめ細かく行う）で国際問題をどのように見るかを指導し、三、四年次の専門ゼミで学生に自分の考えを主張できるようにする。そして四年次にハワイ大学との提携によるSummer Intensive Courseに参加して世界各国から参加してきた学生と英語でディスカッションができるように計画している。

このように見てくると、大学が魅力的になるということは、その大学がいろいろな角度からvisibleになるということである。要するに、大学はそのインプット、スループット、アウトプットに対してもっと関係性を厳密に吟味し、一貫性のあることを明示すべきである。そうすることによって、受験生からも、入学者からも、さらには採用者（公企業、民間企業）側からもvisibleな存在として認められるだろう。

六　大学経営者の育成

大学教育経営の構造改革―硬構造から柔構造へ―をこれまでさまざまな角度から論じてきたが、最終的には大学を経営する人の育成が重要であることが認識されてきた。他の領域では経営者はその業界でさまざまな経験を積み、将来を託される人物がその地位に就くことが多い。大学経営は最初にも述べたように教育経営、すなわち教育（魅力、理想）

経営（効率）の二つの立場が大切であり、教育が主で経営が従という立場での複合概念として考え、それに立脚して実践していかなければならない。このような立場に立って大学経営者を養成していく必要がある。

これまで大学はその魅力を発揮することも効率的な運営をすることも十分に行うことができなかったが、それは学長を頂点とする教育・研究集団が大学としての魅力を考えることができなかったし、また考えようともしなかったところに最大の原因がある。また事務局長を頂点とする事務サイドにおいても毎年同じことの繰り返しという場合が多く、効率的に資源を活用しようという発想が稀薄であった。特に、高い理想を掲げてそれらを限られた資源で最大限に達成しようということはまったくといってよいほど行われてこなかった。

大学教育経営者にとって最も難しいのは魅力、すなわち教育の理想を描くことである。このような「魅力とは何か」、もなかなかわからない事柄を構想できるように要請することは不可能と考えられよう。しかし、ここで高い理想というように考え、発想を転換して未来から考えるというようにしてはどうだろうか。幸い、独立行政法人化では中期目標・中期計画を策定することが義務付けられている。すべての国立大学はいやおうなしに少なくとも六年先のことを考え、それを見込んだ目標や計画を立てなければならなくなっている。

独立行政法人化の中期目標・中期計画は魅力や理想というよりは、将来（中期的に）向けて何をどのようにやるかの目標であり、計画である。したがって、きわめて現実的な対応とならざるを得ない。そこで、これを一〇年後にはどのような理想を描くかということにすれば現実を離れた発想も出てくるのではなかろうか。最近読んだ本の中に「ビジョナリーカンパニーとしての学校法人」というのがあり、「未来志向（ビジョナリー）の企業」、「先見的な企業」、「業界で卓越した企業」（川原淳次著「大学経営戦略」東洋経済　新報社　二〇〇四年　一七頁）として大学を位置づけている。その中に、「長期的かつ普遍的なビジョンこそが未来永劫にわたり存続する理由となる」と述べられている。本書の立場と同じである。

この厳しい社会情勢の中で夢物語のようなことを言うのは不謹慎のように思われるかもしれないが、教育こそは夢を描く対象としてきわめて適切なのではなかろうか。誰でも若い頃は自分の人生に夢を持っていた。夢があってはじめて輝くことができるのである。大学も夢（理想）を持ち、そこで学ぶ者に夢を与え、夢を実現できるようにしてはじめて魅力的になれるのではなかろうか。

広島市立大学国際学部長、研究科長をしていた時、大学院国際学研究科を含めて抜本的な改革をしなければということで、国際公務員、外務省職員、多国籍企業の職員になれるようなことを考えてはどうかと提案したことがある。しかし、ある教員が広島市立大学ではどんなにあがいても国際公務員にはなれないので反対だと言い、他の教員もそれに賛同し、筆者もそれに対して説得できるものを持ち合わせていなかったのでその話は立ち消えになってしまった。

一〇年先のことを考えるのであればこのくらい飛躍した考えを持ち、そこから将来に向けて現状をどのように変えていくべきかを考える必要があるのではなかろうか。大学経営者の育成の最も重要な部分がここにあるのではなかろうか。グローバリゼーションが急速に進行し、大学の競争も世界的規模で進行している。文科省も「民間的発想の経営手法を普及し、国際競争力の大学を」目指すべきとしている。このような状況で来年のことしか考えられないような大学経営者で大学は存続することができるであろうか。

大学経営者の養成は夢ばかり語っておればよいというのでは決してない。その夢を現実化する方策を立てることができるということが大学経営者の大きな能力といえる。大学経営者の養成はどのようにしてその方策を立てるかを指導していくのが最大の仕事ということになる。それにはこれからの社会がどのようになっていくか。どのようなことが求められるかに対して調査し、統計的に分析する能力を培っていかなければならない。もちろんコンピュータが発達してきているので、コンピュータを駆使して、将来予測をより完全なものにしていくことができる。かけ離れた目標を実現するための統計的推計がコンピュータによって可能となることが考えられる。

大学経営者の育成に関して「改革を支える〝アドミニストレータ〟養成の方策、国立大学が独立法人化するために」（山本眞一　筑波大学大学研究センター長）という論文があり、事務職員の能力向上のための研修について大学院修士課

表Ⅳ-(2)-4　関心ある修士課程および研修等の内容（複数回答　%）

	リーダーシップ組織の統率	財務等伝統分野の専門知識	知的財産権等新専門知識	経営戦略等の企画能力
（事務局長）				
国立	47.6	50.0	80.5	87.8
公立	53.8	61.5	55.8	65.4
私立	58.3	56.6	49.5	86.7
総計	55.8	56.0	56.0	84.4
（中堅職員）				
国立	42.9	38.1	78.6	86.9
公立	30.0	50.0	62.0	66.0
私立	55.5	58.1	63.6	82.5
総計	50.2	53.4	66.3	81.4

	紛争処理など危機管理能力	日常的事務処理能力	その他
（事務局長）			
国立	36.6	7.3	7.3
公立	25.0	7.7	3.8
私立	22.7	15.2	2.3
総計	25.5	12.9	3.4
（中堅職員）			
国立	31.0	17.9	3.6
公立	20.0	10.0	0.0
私立	22.1	17.2	3.2
総計	23.5	16.5	2.9

（出所：山本眞一、「改革を支える“カレッジアドミニストレーター”養成の方策」カレッジマネジメント、110、Sept-Oct、2001、p. 54）

程を中心に調査研究を行っている。研修の内容として表Ⅳ－（2）－4に見るように、①経営戦略等の企画能力、②知的財産権等新専門知識、③財務等伝統分野の専門知識、④リーダーシップ、組織の統率、を学ぶことに高い関心を示している。

このように大学経営者の養成の必要性が高まる中で東京大学大学院教育学研究科総合科学専攻では二〇〇五年度より大学経営・政策コースを設置することを決定した。これは大学の管理運営、高等教育政策についての理論的・実践的な教育を

表Ⅳ-(2)-5　東京大学大学院教育学研究科総合科学専攻大学経営・政策コース（修士課程）

試験科目及び受入予定人員

コース名	教育研究分野	筆記試験科目		口述試験	受入予定人員
		外国語	専門科目		
大学経営・政策	大学経営論 大学政策論 比較大学論	英　語	大学の歴史と理念、大学制度と政策、大学のガバナンスと財政の各分野から出題する。	主として専門科目について行う	15

（出所：東京大学大学院教育学研究科事務部大学院係）

表Ⅳ-(2)-6　東京大学大学院教育学研究科総合科学専攻大学経営・政策コース（博士課程）

試験科目及び受入予定人員

コース名	教育研究分野	第一次試験（筆記試験）	第二次試験（口述試験）	受入予定人員
		外　国　語	専門分野	
大学経営・政策	大学経営論 大学政策論 比較大学論	英　語	大学経営、大学政策、比較高等教育、及び高等教育に関する分析方法論の各分野	5

（出所：東京大学大学院教育学研究科事務部大学院係）

通じてこの新しい分野のリーダーと研究者を育成する大学院としている。

二〇〇五年四月に開設される東京大学大学院教育学総合教育学専攻大学経営・政策コースは、表Ⅳ—(2)—5、表Ⅳ—(2)—6に見るように、修士課程、博士課程ともに教育研究分野は、①大学経営論、②大学政策論、③比較大学論、の三分野であり、修士課程の入学定員は一五名、博士課程の入学定員は五名になっている。主な入学の対象者は大学の幹部事務職員で、彼らが専門家として高い識見と、自立的な判断力を身につけることをねらいとしている。

私立大学では、桜美林大学大学院国際学研究科が二〇〇四年四月より「大学アドミニストレーション専攻（修士課程）」を開設している。対象は現職の大学職員であり、大学のアドミニストレーターの養成を目的としている。ここでは、アドミニストレーターとは、大学の固有のミッション（使命）を成就するための戦略を策定し、それに基づいて積極的な大学運営を行っていくエキスパートであるという。この「大学アドミニストレーション専攻」の特色は通信制であり、日本全国の多くの大学職員に開かれているということである。

以上に考察してきた東京大学大学院の大学経営・政策コース、桜美林大学大学院の大学アドミニストレーター専攻のいずれも、養成の主たる対象を事務職員としている、養成の内容は両大学院ともにオーソドックスなものであり、大学教育経営のほぼ全領域をカバーしているように思われる。また、筑波大学大学教育センター長山本眞一教授の調査でも、大学経営戦略等の企画能力といった大学経営の中核部分に事務職員が高い関心を示している。さらに桜美林大学大学院では、事務職員に対して、大学の固有のミッションを成就するための戦略策定といった教育経営の中核に踏み込んだ部分での養成も示唆している。

これに対して筆者の立場は、教育が主で経営は従の関係であるということはこれまで度々言及してきた。ミッションがアイデンティティの確立につながって魅力ある大学になるためには、実際に教育をした経験を持つ者による経営努力が不可欠である。最近高校の校長に民間企業に勤務している者を採用し、学校を活性化しようとする動きが見られるが必ずしも成功していない。学校経営には教職経験は不可欠である。長い教職経験の後に校長になった者が学校経営を活性化できないのは、法規にしたがって学校を管理するという従来の学校経営のやり方にどっぷりと浸ってきたからである。人柄がよく、調整力に長けた校長や学長が長いこと学校や大学を管理してきたのである。

そのような時代が終焉し、戦略的経営が求められるようになった。これまで学長サイドも事務サイドも、少なくとも国公立大学では戦略的ではなかった。その意味で東大や桜美林大学での幹部事務職員を対象にした大学アドミニストレーターの養成はきわめて大きな意義があるといえる。しかしながら、事務職を中心としたアドミニストレーターの養成のみでは教育不在の大学経営に陥ってしまう危険性がある。やはり、ミッションがアイデンティティの確立につながり、大学が魅力を持つようになるためには、何よりも教育への想いというものが大切であろう。それは、教育現場で学生への授業やゼミを通じて彼らが何を求めているか、それに対してどのようにすべきかということから培われてくるものである。その長年にわたる教育経験から出てくるのがアイデンティティであり、魅力であると考えられる。そのよい例が高知工科大学岡村甫学長の、①教員にとって魅力ある大学、②学生にとって魅力ある大学である。

そうは言っても、大学の学長が大学経営のすべてを取り仕切ることは不可能である。これからますます重要性を増してくる経営戦略、知的財産検討の専門知識、財務等伝統分野の専門知識等に関しては大きく事務局に依存しなければならない。したがって、上記の養成機関で養成されたアドミニストレーションのエキスパートに副学長の一人として大学経営に参加してもらい、長期に亘って大学が発展するよう協力していくことが望ましい。

七　組織風土の改革

広島市立大学の三年次の学生が広島修道大学にインターンシップに行った。大学の事務の勉強に行ったのであるが、そこで彼が最も印象的と思ったのが、次の言葉であった。「広島修道大学では、事務員は教育のことを考え、教員は経営のことを考える」を合言葉にしているということであった。大学ぐるみで大学教育経営の改革を考えているといえよう。これは教育経営の構造改革―硬構造から柔構造へ―に対してもきわめて重要な事柄を示唆しているように思われる。すなわち、大学教育経営の構造改革にとって組織風土というか組織文化の変革が大切であるということである。

これまで大学教育経営が改革されなかった理由をさまざまな観点から述べてきたが、その根底に長い間に形成されてきた組織風土があることに本書を書いているうちにようやく気がついた。これこそ文献研究ではなかなか気がつかないことであるが、学部長職を経験し、数々の経営改革を提案したが、必ずといってよいほど抵抗勢力が存在し、教授会というコンセンサス・マネジメントでは改革を実現することが難しかった。個々の教員は研究者としても教育者としても立派であり、人格高潔であるが、大学改革となるとなぜかいろいろな理由をつけて反対をする。反対するものが少数であればなんとか多数決で決定することができるが、抵抗勢力に賛同する者が多く、これこそ組織風土の問題であると気づかされた。

なぜ大学の教員は大学の改革に反対するのか。これをマズロー（Abraha. Maslow）の欲求段階説に立脚して説明す

自己実現の欲求

↑

自律の欲求

↑

尊敬の欲求

↑

社会参加の欲求

↑

安定の欲求

↑

生理的欲求

動機づけに関連する人間の欲求のヒエラルキー

（出所：ロバート・G・オーエンズ、カール・R・シュタインホフ、岸本幸次郎監訳、明治図書、1977、145頁）

ると、ほとんどの教員は「安定の欲求」の段階にある。先にも述べたように、日本の大学は終身雇用制度であるので、大学教員は就職して最初の二、三年は授業やその他の仕事に一生懸命に取り組むが、だんだん慣れてくるとそれ以上に向上しようと努力することはない。ひと安心して自分の研究にエネルギーを傾注する。研究に努力している人はある意味で輝いており、授業にもその成果が反映して学生にとっても魅力的に感じられるであろうが、研究もしなくなった教員はどうしようもない。これは先に述べた年功序列制度が大いに関係している。多くの教員が安定志向になり、それが長続きするとマンネリズムに陥ってしまい、抵抗勢力となる。

大学の教員はこの「安定の欲求」に二〇年も三〇年もどっぷり浸っている。「安定の欲求」が満たされるとそれは安心へとつながっていく。それが年月を経ていくと無意識のうちに彼らにとって既得権のように思われ、それが侵害されそうになると強い抵抗を示す。まさに大学改革はあらゆる意味でこの「安定の欲求」を突き崩すことになり、教員の強い抵抗を受けるのである。世の中は絶えず変化しており、あらゆる事柄は変化に対応していかなければならない。しかし、教員はそのことに無頓着で日々同じような行為を繰り返している。「生き残りをかけた大学改革」は、先にも述べたVisionary Company（未来志向の企業）であり、教員の「安定欲求」との落差は非常に大きい。大学経営者が未来志向になればなるほど教員の意識との落差は大きくなり、抵抗は強くなっていく。

このような「安定志向」の大学組織風土から、未来志向の風土へと変えていくこと無しには大学教育経営改革がスムーズに実施され、実を結んでいくことは決して期待できない。それにはマズローの「欲求の段階」を上に上げていか

表Ⅳ-(2)-7　動機づけ・衛生理論における諸要因

衛生要因	動機づけ要因
環境	仕事自体
政策と管理	達成
指導監督	業績に対する承認
作業条件	仕事の挑戦性
対人関係	責任（権限）の増大
全・地位・安定性	職能の成長と発達

（出所：ロバート・G・オーエンズ、カール・R・シュタインホフ、岸本幸次郎監訳、学校経営の革新、明治図書．1977、147頁）

なければならない。究極的には「自己実現の欲求」まで高めていくことが考えられるが、自己実現というのは具体的に論じることが難しいので、ここではハーズバーグ（Frederick Harzberg）の「動機づけ・衛生理論」によって説明することにする。

改革がスムーズに実施される組織風土は、ハーズバーグの動機づけ、衛生理論からすると、動機づけ要因が機能するようにすることである。この動機づけ要因の中で、達成、仕事に対する承認は、第三章の北九州市立大学の教育改革―教員評価制度、任期制、年俸制、高知工科大学の人事制度と教員評価システムで述べたように、評価という形で表現されるようになった。これこそがまさに大学改革に向けた組織風土の変革をドラスティックにもたらすものといえよう。さらに組織風土を変革する要因としてハーズバーグの仕事の挑戦性が重要である。不確実な時代になり、未来志向で切り開いていくという立場からするならば、この仕事への挑戦性の意義はいくら強調してもし過ぎることはない。全教職員の意識改革としてもこの挑戦性の意義はきわめて大きい。

マズローの欲求段階説を修正したポーター（Lyman Porter）とハーズバーグの動機づけ・衛生理論を重ね合わせると図Ⅳ―(2)―2のようになる。このポーターの欲求段階説とハーズバーグの動機づけ・衛生理論の両方から考えると、動機づけはポーターモデルの尊敬、自律、自己実現であり、ハーズバーグの動機づけ要因は、地位、承認、進歩、職能の成長、発達、責任の増大、達成、仕事自体ということになる。大学の組織風土は、これまでポーターモデルの安定、すなわちハーズバーグのモデルでは衛生要因を中心とするものであったが、これからは動機づけ要因を中心とした組織

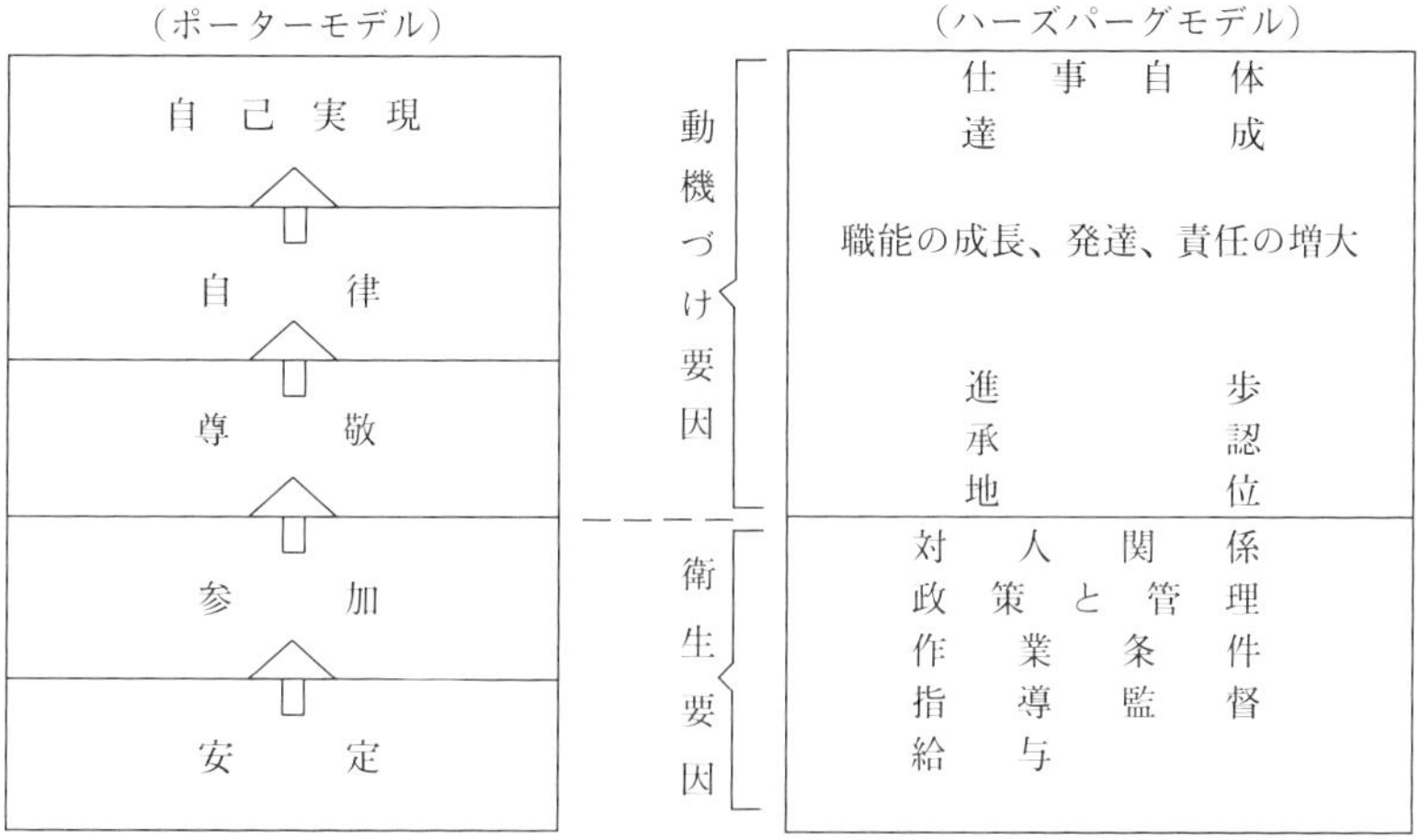

図IV-(2)-2　欲求の5段階と動機づけ要因・衛生要因

（出所：Robert G. Owens, Organizational Behavior in Education. 1991, p.59）

風土に変革する必要がある。

先に述べたように大学はビジョナリー・カンパニー（未来志向の企業）の代表格である。動機づけ要因を中心とした組織風土の形成にしても学長のビジョンが確立していなければならない。この点、高知工科大学の場合、岡村学長のビジョンは明確であり、それは大学の基本的理念となり、人事制度や教員評価にも浸透している。理念（ビジョン）が理念にとどまっている場合が多いが、この高知工科大学のように、大学のあらゆる面にゆきわたっていくことが肝要である。このことによってはじめて、大学はそのビジョンに立却して大学の目標を教職員が一丸となって実現する努力につながっていくからである。

あとがき

教育経営の研究をはじめて約四〇年、教育経営とは何か、が筆者のはじめて疑問に思った問題である。以来、その問題の解明にずっと取り組んできたが、いまようやく教育経営とは、教育と経営の複合概念であり、これまで度々述べてきたように、魅力（高い理想）をよりよく実現するために資源を効率的に用いることである。そしてこの概念が日本の大学教育経営にぴったりあてはまる概念になってきている。そしてこの概念を用いて構造改革—硬構造から柔構造への転換—を考えることも有意義であることが明らかになった。

研究をし始めた頃には、「あなたの専門は何ですか」と聞かれた時、教育経営学と答えるとほとんどの方がけげんな顔をされ、筆者自身も何となくうしろめたい気がした。学校経営は容易に理解できても教育経営となると理解が難しい。筆者自身も自信を持つことができなかったが、今ようやく胸を張って教育経営学を専攻していると言えるようになったような気がする。

■著者紹介

青木　薫（あおき　かおる）

1936年山口県に生れる。1969年広島大学大学院教育学研究科博士課程単位取得。教育学博士。千葉大学講師、助教授、兵庫教育大学助教授、教授、広島大学教授（教育学部）、広島市立大学教授（国際学部）を経て、現在、岡山商科大学教授

編著書

「学校経営の革新」（共訳、明治図書、1977）

「アメリカの教育思想と教育行政」（ぎょうせい、1979）

「教育経営における大学の役割」（共著、ぎょうせい、日本教育経営学会編日本の教育経営6所収、1987）

「教育経営学」（編著、福村出版、1990）

「ウィリアムT.ハリスの教育経営に関する研究」（風間書房、1990）

その他論文多数

大学教育経営の構造改革
―硬構造から柔構造へ―

2006年4月15日　初版第1刷発行

■著　　者――青木　薫
■発 行 者――佐藤　守
■発 行 所――株式会社大学教育出版
〒700-0953　岡山市西市855-4
電話(086)244-1268㈹　FAX(086)246-0294
■印刷製本――モリモト印刷㈱
■装　　丁――原　美穂

ISBN4－88730－665－2